测绘地理信息科技出版资金资助

城市道路网模式识别与分析的理论与方法

Pattern Recognition and Analysis of Urban Road Networks: Theories and Methods

田　晶　刘耀林　任　畅
余梦婷　雷英哲　方华强　著

测绘出版社

·北京·

内容简介

城市道路网构成了城市的结构框架。本书以大样本数据的实证为基础,围绕城市道路网的模式识别与分析,提出了一些新理论与新方法。主要内容包括:从不同学科视角介绍了道路网中的模式;提出了网格模式识别的机器学习方法;对度相关性进行了深入研究,并提出了拓扑分析的尺度效应问题;提出了网络景观的概念,引入景观指数分析法对元胞模式进行了分析;对网络空间现象的同位模式进行了挖掘;提出了单纯运用道路网和关注点提取城市中心的方法。

本书所涉及的内容及讨论的深度适合测绘地理信息相关专业的研究生、高年级本科生,可作为其教材或教学参考书,也可供从事道路网模式识别与分析相关研究的科研人员参考。

图书在版编目(CIP)数据

城市道路网模式识别与分析的理论与方法/田晶等著.—北京:测绘出版社,2018.7

ISBN 978-7-5030-4083-2

Ⅰ.①城…　Ⅱ.①田…　Ⅲ.①城市道路—道路网—研究　Ⅳ.①U412.37

中国版本图书馆 CIP 数据核字(2018)第 154127 号

责任编辑　李　莹　**封面设计**　李　伟　**责任校对**　石书贤　**责任印制**　陈　超

出版发行	测绘出版社	**电　　话**	010—83543956(发行部)
地　　址	北京市西城区三里河路 50 号		010—68531609(门市部)
邮政编码	100045		010—68531363(编辑部)
电子信箱	smp@sinomaps.com	**网　　址**	www.chinasmp.com
印　　刷	北京九州迅驰传媒文化有限公司	**经　　销**	新华书店
成品规格	169mm×239mm		
印　　张	11.5	**字　　数**	222 千字
版　　次	2018 年 7 月第 1 版	**印　　次**	2018 年 7 月第 1 次印刷
印　　数	001—600	**定　　价**	52.00 元

书　　号　ISBN 978-7-5030-4083-2

本书如有印装质量问题,请与我社门市部联系调换。

前 言

城市道路网构成了城市的结构框架，是城市意象的主要组织元素。城市道路网在自发演化与人为规划的过程中形成了一定的模式，蕴含着特定历史时期的政治、经济和文化特征。本书主要关注城市道路网中的模式。

城市道路网模式分析与识别受到地理信息科学、城市形态学、模式识别、统计物理学等多个领域的关注，广泛应用于隐式信息发现、地图自动综合、演化模型构建和网络空间分析中。不同学科有不同的观点，本书试图融合不同学科视角，对城市道路网模式分析与识别做一个较为全面的介绍，同时在前人研究的基础上，提出一些新理论与新方法。

我们希望本书有助于具有不同学科背景和经验的人们，交流关于城市道路网模式分析与识别的见解。同时，为进一步揭示道路网演化的机理，解释道路网模式形成的原因，探索特定模式对自然与社会经济生活的影响提供有力支持。

书稿第 1 章由田晶、刘耀林和任畅编写，第 2 章由田晶和任畅编写，第 3 章由田晶、任畅和方华强编写，第 4 章由田晶、余梦婷和雷英哲编写，第 5 章由田晶和任畅编写，第 6 章由田晶和雷英哲编写。宋子寒、张泊宇、何青松和林镠鹏参与了第 2 章的编写，王一恒和颜之玮参与了第 5 章的编写。最后，田晶、刘耀林负责统稿，任畅、余梦婷负责校对。

本书为国家自然科学基金项目(41701439)和国家基础科学人才培养基金项目(J1103409)研究成果，得到此两项基金项目的支持。

值此书完成之际，衷心感谢武汉大学资源与环境科学学院刘艳芳教授的大力支持，衷心感谢中山大学地理科学与规划学院张新长教授、北京大学地球与空间科学学院邬伦教授和南京大学地理与海洋科学学院李满春教授的鼎力推荐。最后，感谢家人的全身心支持。

由于作者自身水平和能力有限，加之地理信息科学及相关领域的快速发展，书中难免存在错误和不妥之处，敬请各位专家、学者及广大读者批评指正。

目　录

Contents

第1章 绪 论

§1.1 模式的概念

模式指普遍存在并重复出现的特征或特性，是自然形成或人为产生的清晰可辨的规律。它是对现实事件的内在机制和事件之间关系的直观、简洁的描述，能够向人们表明事物结构或过程的主要组成部分及其相互关系（韩明安，1991；Wikipedia，2015）。在术语“模式识别”中，模式主要指需要识别的目标（Theodoridis et al，2009）；在理论计算机科学术语“模式匹配”中，模式则是必须明确给定的序列，常见的形式为正则表达式（Alfred，2014）；在软件工程术语“设计模式”中，模式是解决特定问题的经验（胡文华 等，2002）。

模式具有以下特点：

(1)出现的频繁性。模式普遍存在，频繁出现于自然与社会经济活动中。

(2)对应的多样性。模式是认知思维通过一定的加工简化的结果，同一模式对应的实际情况可能有多种。

(3)尺度的依赖性。模式具有尺度依赖性，尺度是地理要素的本质属性，地理要素形成的格局以及变化的过程具有尺度依赖性（Mackaness，2007）。例如在某一尺度观察到的模式在另一尺度下不存在。

(4)显式与隐式性。某些模式具有视觉的可辨别性，而另一些模式不具备。

§1.2 城市道路网中的模式

城市道路网构成了城市的结构框架，是城市意象的主要组织元素和交通流依附的载体。城市道路网在自发演化与人为规划的过程中形成了一定的模式，蕴含着特定历史时期的政治、经济和文化特征。不同学科对于道路网中的模式有不同的观点，针对其分析与识别有不同的研究方法。本节介绍了城市道路网中的模式，包括形态模式、拓扑模式、元胞模式、依附模式和派生模式。

1.2.1 形态模式

形态模式指部分道路网或者全部道路网与人们思维中的某种形象相似，如网格模式、辐射模式等(图 1.1)。由于其具有视觉的可辨识性以及图形的自解释性，所以提到道路网模式，首先会联想到形态模式。形态模式分类体系较为成熟，这些分类有些从道路网形态出发，有些从居民地的形态出发(Marshall,2005)。通过总结已有分类体系(Marshall,2005)中模式出现的频率，发现常见的形态模式包括网格模式(16.4%)、线性分支模式(15.2%)、辐射模式(10.8%)和环模式(5.7%)。

(a) 网格模式　　(b) 辐射模式

图 1.1　网格模式与辐射模式(Heinzle et al,2007)

1.2.2　拓扑模式

拓扑模式指由网络连接派生出的各种拓扑参量的统计特征以及不同拓扑参量间的统计特征符合一定的规律，如无标度网络即为度分布服从幂律分布的网络，如图 1.2(a)是 Berlin 道路网，图 1.2(b)是其对偶图形式，图 1.2(c)是其度分布图像。无标度、小世界、度相关性和层次组织是较为关注的模式，道路网呈现的无标度和小世界特性具有普遍性(Porta et al,2006;Jiang,2007)，道路网的度相关性呈现非同配的模式(Porta et al,2006;Buhl et al,2006;Masucci et al,2009)，是否具有层次组织特性存在地域和数据的差异性(Porta et al,2006;Jiang,2009)。

1.2.3　元胞模式

元胞是由道路将空间划分成的最小单位(Louf et al,2014)。由道路网构成的元胞在形态、尺寸和邻接关系上具有一定的特点。元胞的各种指标及其相互关系符合一定的规律，是谓元胞模式。图 1.3 显示了元胞的平均形状显著不同的两个城市道路网。图 1.4 显示了 Berlin 元胞形状因子 Φ_C(即元胞的几何面积与该元胞的最小外包圆的面积之比)(Chan et al,2011)与元胞拓扑度 k_C(即与该元胞相邻接的元胞数量)间的统计关系，其中横轴表示元胞拓扑度，纵轴表示元胞的形状因子。形状因子值越小表示元胞形状越狭长和不规则，值越大元胞的形状越趋近于圆形。

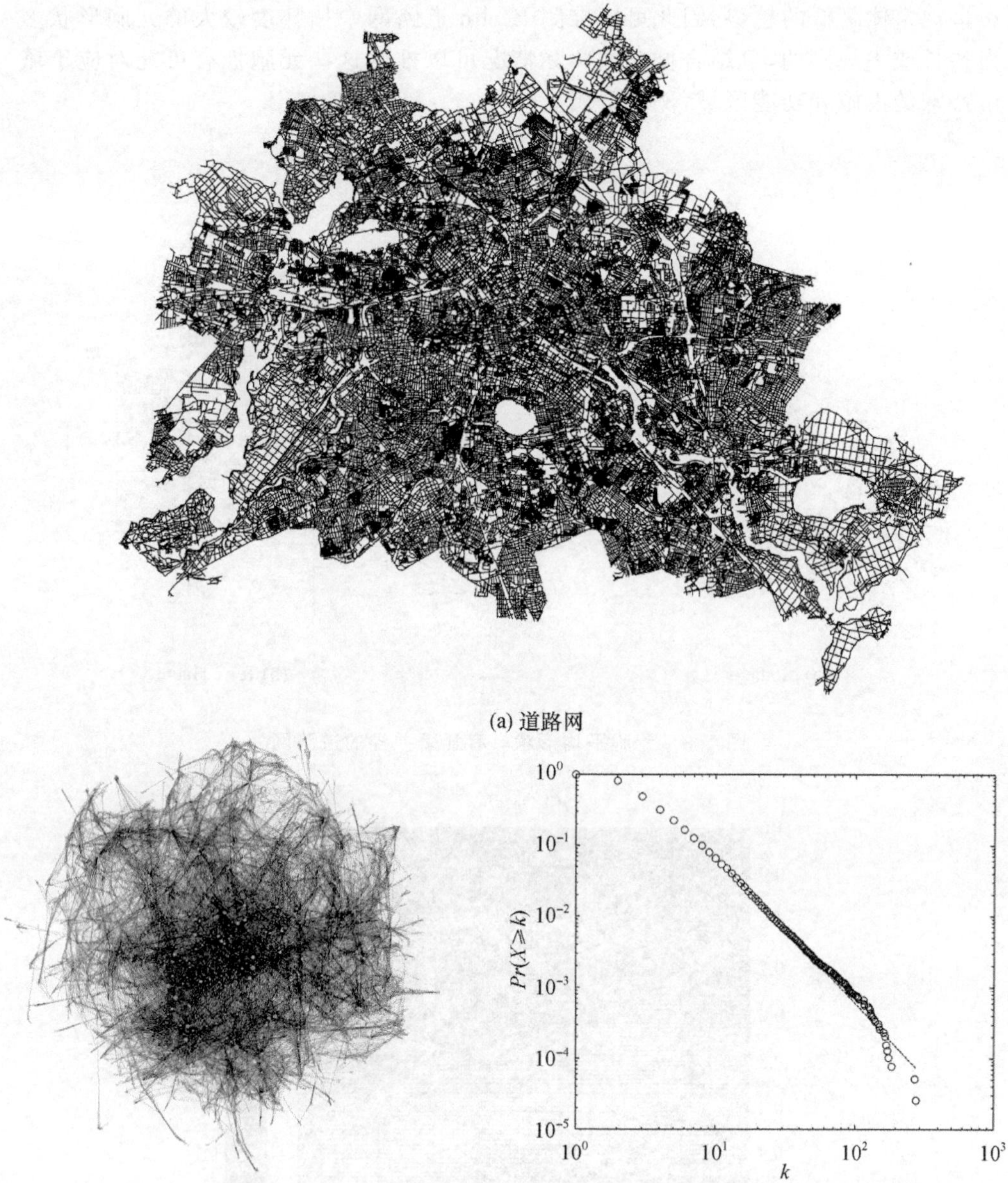

(a) 道路网

(b) 对偶图

(c) 度分布

图 1.2 无标度道路网示例(Berlin)

由图 1.4 可知,在拓扑度较小时,元胞的形状因子大多数分布在 0.3～0.6 之间,由于正三角形和正方形的形状因子分别约为 0.41 和 0.64,因此可以推测 Berlin 道路网中拓扑度较小的元胞形状较多类似三角形、四边形或者介于三角形和四边形之间的形状。随着元胞拓扑度的增大,Berlin 道路网元胞的形状因子分布呈现整体降低的趋势，因此可以推测 Berlin 道路网中拓扑度较大的元胞形状多为狭长或不规则的，且结合城市的实际情况可以推测这些元胞极有可能对应于城市特殊的设施和功能区域，例如公园。

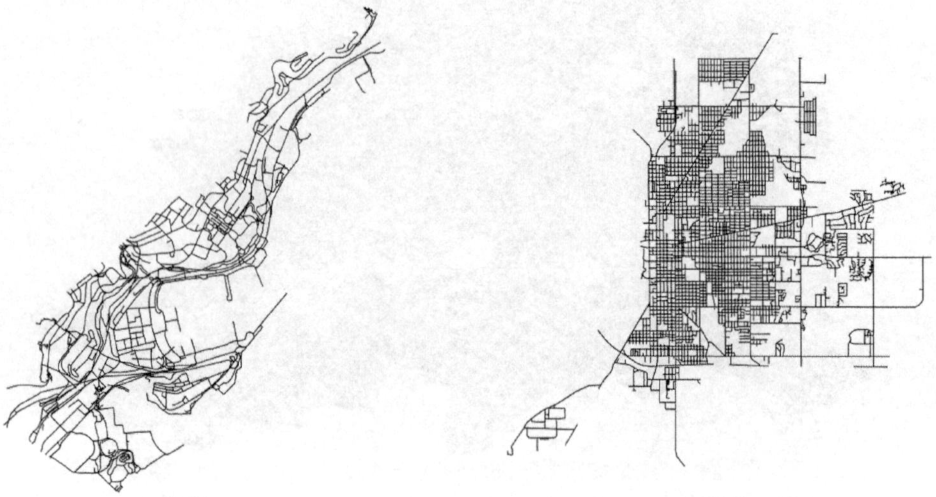

(a) Monaco　　　　(b) Terre Haute

图 1.3　元胞平均形状具有显著差异的道路网

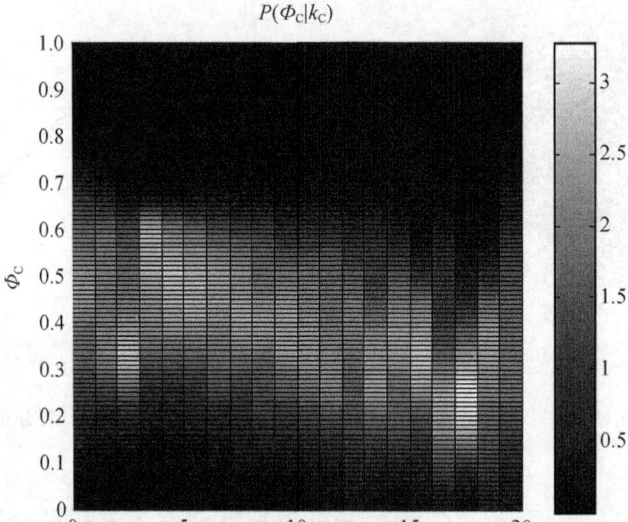

图 1.4　Berlin 道路网的元胞形状与拓扑度之间的关系

1.2.4　依附模式

依附模式指以道路网为载体或依附于道路网的现象所呈现的模式，而非道路网本身的模式。以道路网为载体的典型例子是交通流量。通过对交通流量的调查发现交通流主要集中在通行能力较强的主要道路(秦颖，2008；Jiang，2009)，在瓶颈处形成拥堵，其他道路中的多数处于既不拥堵也不畅通的中间状态(Kerner，2004)。大量交通流在空间上还汇聚在有限几个活跃的中心区域(Roth et al，2011)。这种空间上不均匀的分布特征体现了道路网本身作为交通系统固有的清晰层次结构(Yerra et al，2005；Lämmer et al，2006)，此外也受到个体行为(Kazerani et al，2009)和社会经济因素的影响(De Montis et al，2007)。还有学者从区域划分的视角将交通流的区域分布分为了几种常见模式，如各条连接流量均衡的区域、有个别极高连接的高流量区域、有个别极高连接的低流量区域等(Chen et al，2006)。这些空间特征大都具有随时间动态变化的特点(Kerner，2004；Kazerani et al，2009)。

依附道路网的典型例子是网络空间现象。现实世界中，很多与人相关的现象和事件沿着或邻近发生于交通网络，如交通事故、街头犯罪、基础设施的分布等。这些现象被称为网络空间现象，几何上可抽象表达为网络上或邻近网络的点(Okabe et al，2001，2006)。图 1.5 为洛阳市体育设施的分布及其对应的网络 K 函数，由图可知体育设施呈现聚集分布的模式。其中网络 K 函数由 SANET 工具箱生成(Okabe et al，2006)。

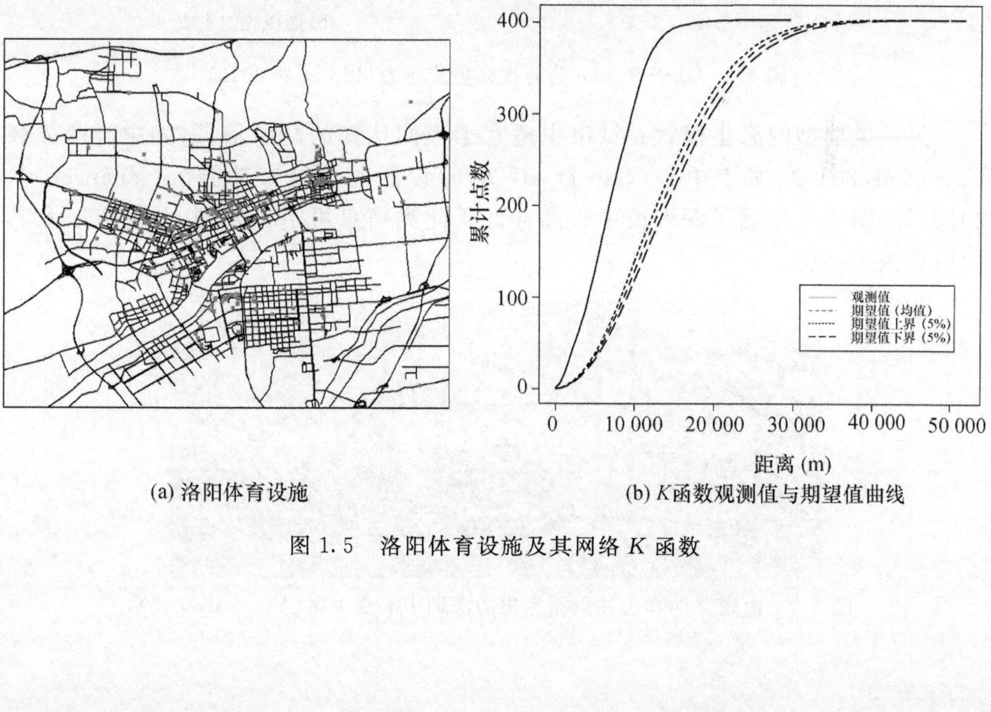

(a) 洛阳体育设施　　(b) K函数观测值与期望值曲线

图 1.5　洛阳体育设施及其网络 K 函数

1.2.5　派生模式

派生模式指由道路网派生出的高阶信息或者其他形式的对象，亦非道路网本身。一个典型的例子是空间句法研究领域的通视线。通视线是空间句法研究中的核心概念，它指建筑空间中最长可通视的直线，用于描述人在建筑空间中的社会动态（Hillier et al，1984；Klarqvist，1993；Hillier，1996；Batty et al，2002；Bafna，2003）。传统的通视线生成方法是对照地区的建筑物图，根据一些模糊的原则人工找出区域内最长的通视线（Hillier et al，1984），但由于其主观性强，引发了自动生成方法的研究。从 Hillier（1996）的全线图（all-line map）到 Peponis 等（1997，1998）的空间 s-划分，再到 Turner 等（2005）从全线图中提取通视线图，这一过程均遵照最初的通视线定义。随着自动生成方法的研究及其应用范围扩大到整个城市，其定义也进行了逐步调整（Batty et al，2002；Thomson，2003），相应地产生了基于可视域（Jiang et al，2010）和基于 Stroke 的方法（Liu et al，2012）。其中基于 Stroke 的方法所生成的通视线由道路网派生，如图 1.6 所示。

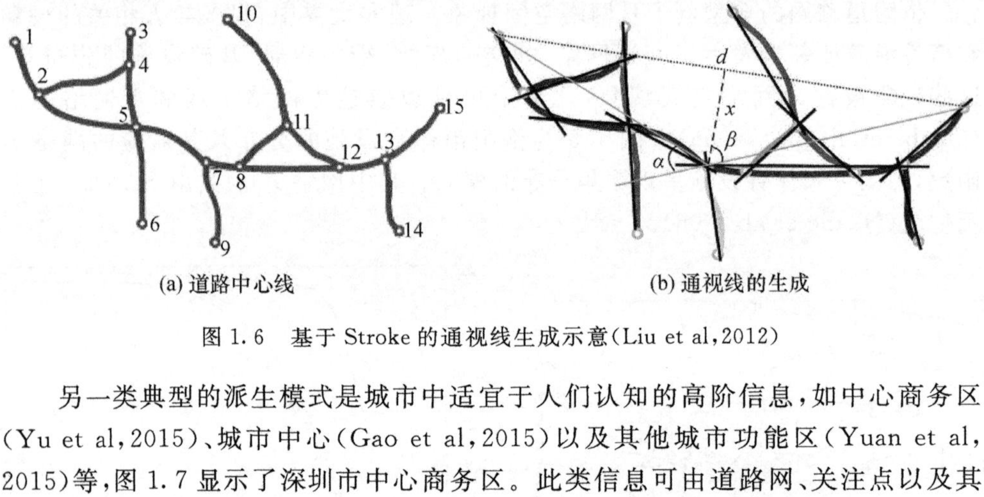

(a) 道路中心线　　　　(b) 通视线的生成

图 1.6　基于 Stroke 的通视线生成示意（Liu et al，2012）

另一类典型的派生模式是城市中适宜于人们认知的高阶信息，如中心商务区（Yu et al，2015）、城市中心（Gao et al，2015）以及其他城市功能区（Yuan et al，2015）等，图 1.7 显示了深圳市中心商务区。此类信息可由道路网、关注点以及其他信息派生而得。

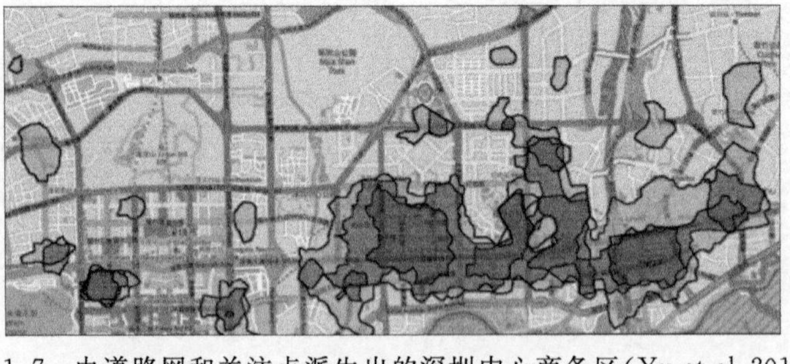

图 1.7　由道路网和关注点派生出的深圳中心商务区（Yu et al，2015）

§1.3 道路网模式识别与分析的应用

1.3.1 隐式信息发现

通过对道路网模式的识别与分析，可以从城市格局变迁中发现有关城市发展的隐式信息。中国隋唐时期都城的道路网是规范的网格模式，反映了帝王对城市的管制的主导思想，是当时实行里坊制的需要。中国北宋都城汴梁的道路网是退化的网格模式(图 1.8)，适应了城市经济高度发展的需要，从规范的网格模式到退化的网格模式反映了古代城市发展中坊里制与街巷制长期并存及渐变的过程(董鉴泓，1991)。日本的古都平城京(奈良)的道路网也是网格模式(图 1.9)，反映了

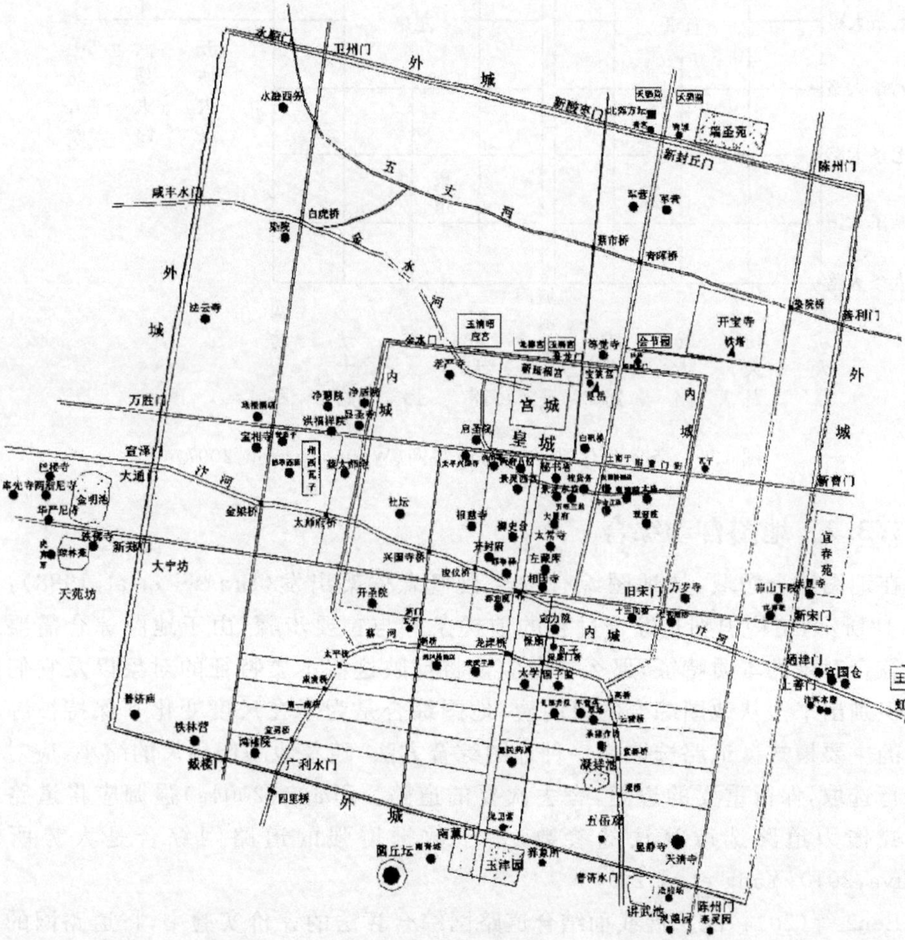

图 1.8 北宋时期汴梁的道路网(李合群，2005)

重要的历史背景，即中日文化交流频繁、隋唐的政治制度和城市规划思想对日本影响深远。对道路网模式的识别与分析有助于城市地理和发展历史的研究。

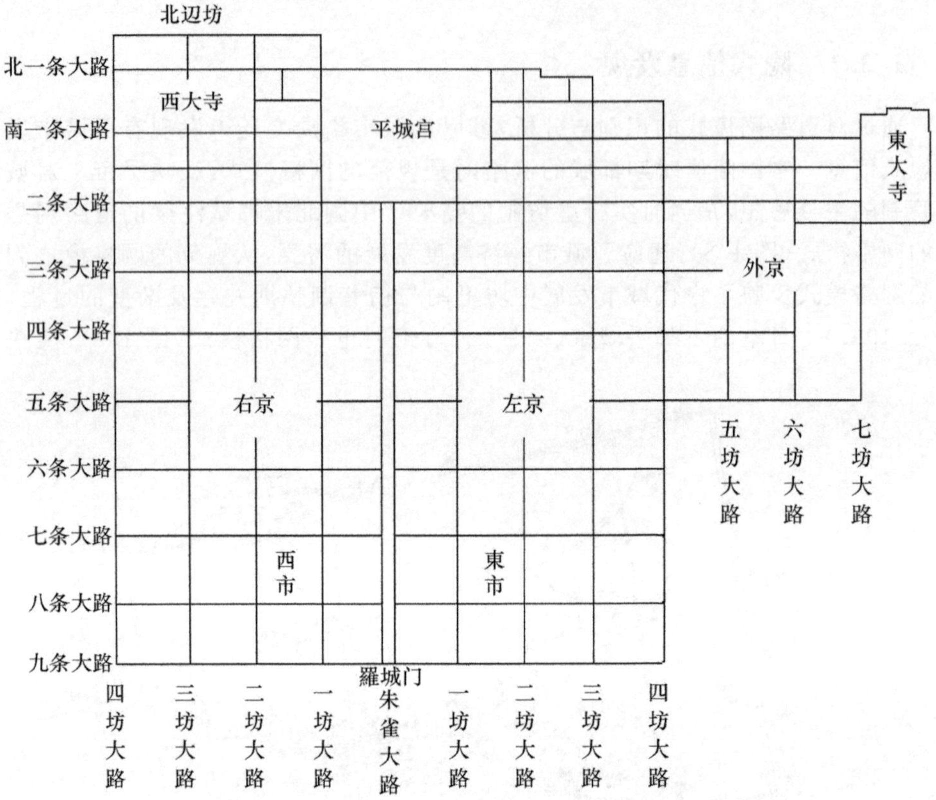

图 1.9 奈良时代平城京的道路网(Wikiwikiyarou,2007)

1.3.2 地图自动综合

在地图综合领域，从地图综合的经典概念框架出发(Brassel et al,1988)，如图 1.10所示，结构识别是综合过程的前提条件与首要步骤，由于地图综合需要表现被综合对象的本质特征，那么首先应该将反映这些本质特征的对象以及它们的关系识别出来。从地图综合的目的看，地图综合是为了在尺度变化下保持被综合对象的主要模式。道路选取是一种地图综合方法，随着地图比例尺的缩小，应对道路进行选取，保留重要的道路，舍去次要的道路。Zhang(2004a)强调应将道路网的模式作为道路选取算法的参数，基于数据增强的道路网综合是大势所趋(Touya,2010;Yang et al,2010)。

Benz 等(2014)的扩展线面结合道路网综合算法的评价实验中，将道路网的总体结构特征作为一项重要标准。如图 1.11 所示，原有线面结合综合算法未考虑城区与郊区的道路网模式差异，导致城区道路网被过度删除，综合前后城乡道路网密度差异被严重削弱，见图 1.11 中(b)。而用居民地轮廓作为城区道路网高密度区域的界限，对城乡道路网进行不同约束条件的综合则可以较好地保留城乡道路网密度的对比，见图 1.11 中(d)。这说明道路网模式识别有助于提高道路网自动综合的质量。

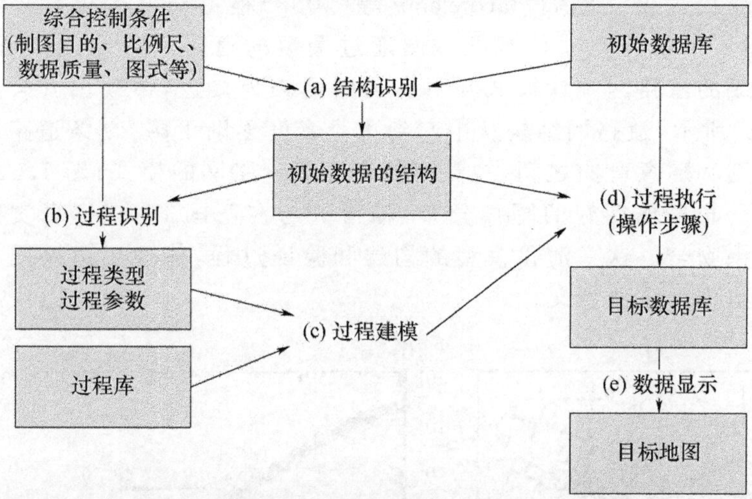

图 1.10　地图综合的概念框架(Brassel et al,1988)

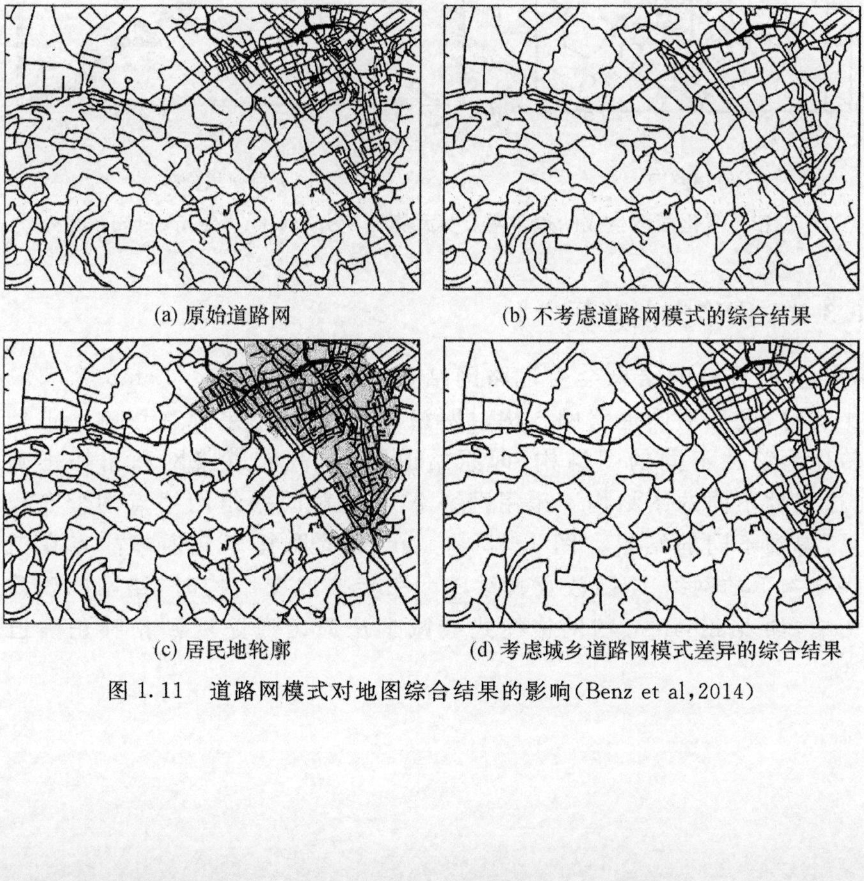

图 1.11　道路网模式对地图综合结果的影响(Benz et al,2014)

1.3.3 演化模型构建

演化模型的构建是为了对实际道路网进行模拟，所以应顾及实际道路网的模式特征。了解道路网中存在的模式，有助于通过模型与实际道路网特征的对比来作出评价。例如 Barthélemy 等（2008）根据局部优化过程和叶脉模型，逐步引入一系列空间位置并试图通过最短的道路尽可能连接所有位置。该模型生成的道路网统计模式与真实道路网较为接近，体现出其合理性。如图 1.12(a)所示，道路网结构从中心到边缘密度逐渐下降，单条道路的形态介于完全规则和随意弯曲之间，视觉上符合一般道路网的模式；图 1.12(b)所示元胞面积分布呈现良好的幂律分布，幂指数与在德国 Dresden 真实道路网中的观测结果吻合。这一演化模型的构建和验证过程，体现了道路网模式在演化模型构建中的重要意义。

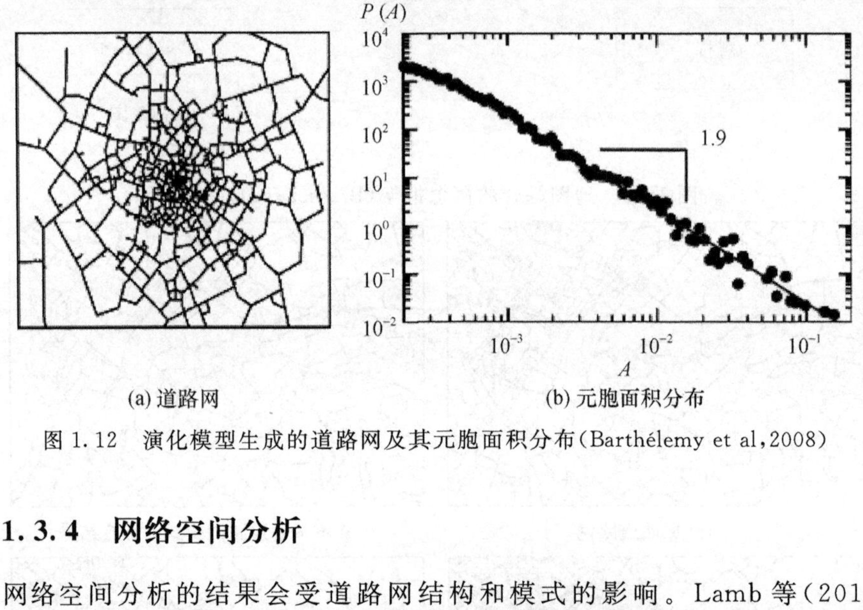

(a) 道路网　　(b) 元胞面积分布

图 1.12　演化模型生成的道路网及其元胞面积分布（Barthélemy et al，2008）

1.3.4 网络空间分析

网络空间分析的结果会受道路网结构和模式的影响。Lamb 等（2016）通过对比实验，发现不同道路网结构对网络 K 函数的结果存在影响。他们将道路网转化为三种不同的图结构，即原始道路网、有向道路网和拓扑正确道路网，在这三种不同的图结构下采用网络 K 函数对同一组网络点的分布模式进行度量，得到不同的结果。图 1.13 是 Tampa 的摩托车交通事故点在三种不同网络结构下的网络 K 函数及其对比。在转换成图结构时，路网的模式具有一定影响，如 Manhattan 的网格模式会减少从原始道路网到拓扑正确道路网的改变。

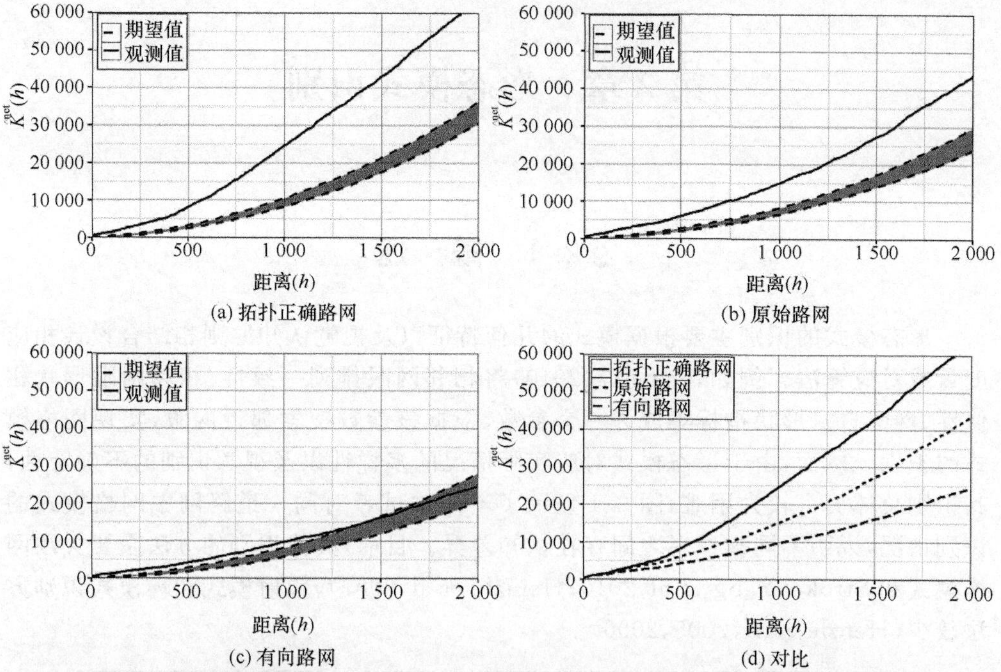

图 1.13　三种道路网结构下相同网络空间现象的网络 K 函数(Lamb et al,2016)

§1.4　本书安排

上述应用仅仅是城市道路网模式可能应用中的典型示例。本书将通过后续的 5 个章节对城市道路网模式识别与分析的理论与方法进行介绍。第 2 章关注形态模式的识别，介绍网格模式和辐射模式的识别方法，并对 Stroke 模式的生成方法进行形式化表达和改进；第 3 章介绍拓扑模式的分析，从无标度特性、小世界特性、度相关性、层次组织和鲁棒性等方面呈现对全球大规模数据样本的实证分析结果，重点研究城市道路网的度相关性，并探讨拓扑分析的尺度效应；第 4 章以道路网形成的元胞为研究对象，提出网络景观指数分析法，从组成和配置两个方面进行元胞模式的挖掘；第 5 章聚焦依附模式发现，通过两个案例介绍网络空间现象同位模式的发现方法；第 6 章介绍城市中心的识别方法，旨在提取由城市道路网派生出的城市高阶信息。

第 2 章　形态模式识别

§2.1　概　述

形态模式的识别主要根据模式的几何特征以及视觉认知原则相结合设计相应度量或对应算法。例如，Yang 等(2010)将相邻网眼排列一致性、相邻网眼形状相似性、网眼自身形状指标集成为一个参数，根据该参数搜索邻近网眼，实现网格模式的识别。然而，由于形态模式对应实际情况的多样性以及视觉识别的不确定性，其识别总体而言较为困难，图 2.1 显示了不同被试者对同一道路网中网格模式的识别情况，说明不同被试者之间存在认知差异。目前，具体识别的方法主要关注网格模式和 Stroke(Yang et al,2010;Heinzle et al,2007)，辐射模式和环模式识别方法较少(Henzle et al,2005,2006)。

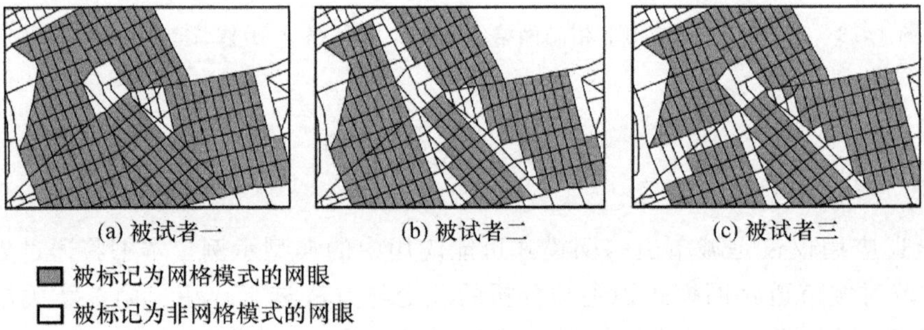

图 2.1　不同被试者识别同一道路网的结果

更进一步，模式具有尺度效应(Mackaness,2007)。对于同一形态模式，存在不同定义。例如，对于网格模式，Jiang 等(2009)的定义是针对整个道路网是否呈现网格模式(图 2.2 所示整体)，而 Heinzle 等(2007)、Yang 等(2010)和 Wang 等 2017 的定义则是具体到哪些道路构成了网格(图 2.2 圈形部分所示)。本书所指的网格模式以及识别的对象为后者。

本章关注形态模式的识别方法。§2.2 将网格模式的识别作为分类问题，提出了一种基于 C4.5 算法识别网格模式的方法；§2.3 对 Stroke 生成问题进行了形式化表达，提出了一种改进的自身最大适合策略；§2.4 阐述了一种利用化简使得模式凸显的辐射模式识别方法。

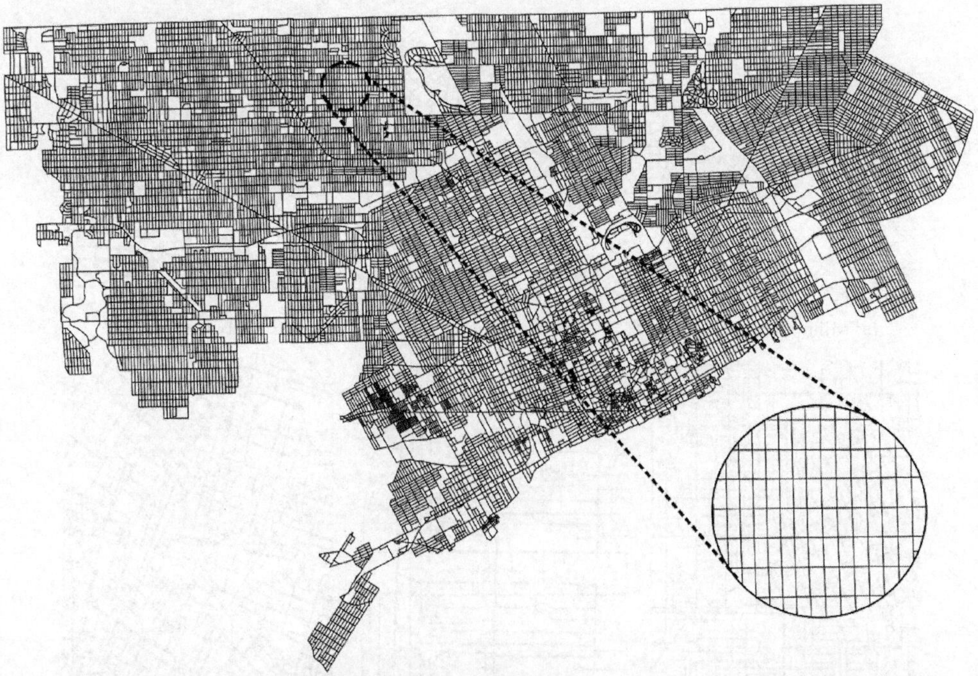

图 2.2　网格模式的不同定义(Detroit)

§2.2　网格模式识别

2.2.1　研究现状

网格模式是一种十分普遍的形态模式。从线的角度来看,网格模式由两组互相垂直的平行线构成(Heinzle et al,2006);从面的角度来说,网格模式由一组具有近似矩形形状、相近尺寸和一致排列的网眼构成。其中,网眼作为构成道路网的基本单位,是由道路构成的封闭多边形。

对于网格模式的识别,第一种思路是建立相关参量,反映道路网总体结构,如平均网格系数(average grid coefficient)可以用来描述道路网的整体结构(Caldarelli et al,2004;Figueiredo et al,2007),平均网格系数越大,整个道路网越呈现为网格状。图 2.3 是 9 个城市的道路网,表 2.1 是它们的平均网格系数值(Caldarelli et al,2004;Figueiredo et al,2007)。为方便比对源数据,本书图表延用外文地名,其对应的中文名见附录 B。该度量可以从整体上描述道路网的结构,道路网作为一个整体被判别为是否为网格模式,但哪些道路构成了网格模式不得而知。

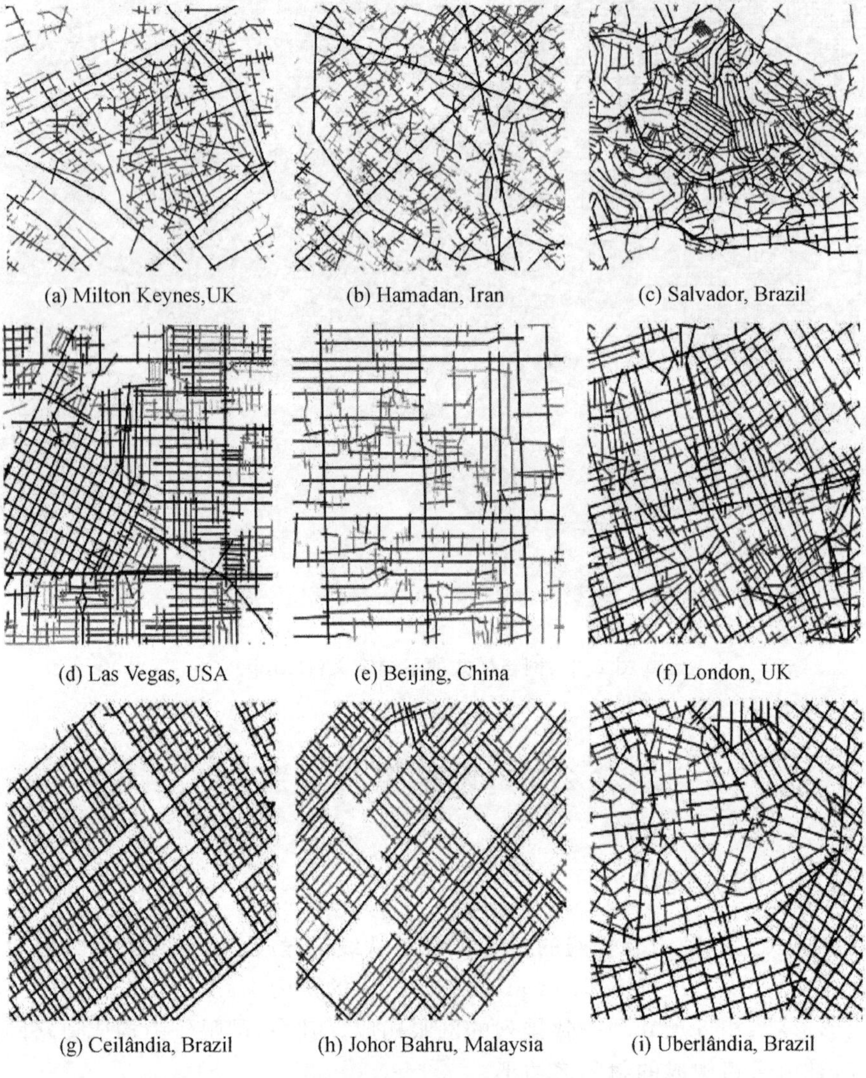

图 2.3 城市道路网示例(Figueiredo et al,2007)

表 2.1 城市平均网格系数(改自 Figueiredo et al,2007)

城市	平均网格系数	城市	平均网格系数	城市	平均网格系数
Milton Keynes	0.116 7	Hamadan	0.109 9	Salvador	0.156 4
Las Vegas	0.185 5	Beijing	0.190 4	London	0.170 1
Ceilândia	0.269 0	Johor Bahru	0.296 4	Uberlândia	0.204 0

第二种思路主要根据模式的形态特征及视觉认知原则相结合，设计对应算法。Heinzle 等(2005)以连通度为 4 的道路交叉点为起点，搜索包含该节点的网眼，然后通过其中一个网眼，寻找符合质心排列一致的邻近网眼，综合考虑网眼间的相似性，完成网格模式的识别。但由于参量阈值依赖于数据的具体情况，因此并不容易被准确设定，并且该方法对于连通度不为 4 的复杂道路交叉点在处理上存在困难。Yang 等(2010)将相邻网眼排列一致性、相邻网眼形状相似性、网眼自身形状指标集成为一个参数 R_gridpattern，根据该参数搜索邻近网眼，实现网格模式的识别。但是该方法无法剔除不属于网格模式的线性排列网眼(例如梯子模式)，并且由于该方法的自适应特征，参数 R_gridpattern 的阈值往往难以精确设定。

第三种思路是基于道路网的线性剖分，得到等长的线素(lixel)的几何和统计特征来构建分类器进行识别，判断该线素是否属于网格模式。He 等(2017)提出了包括线素的方向分布、正交度、偏离度、弯曲度、连通度在内的一系列局部算子，并将这些针对线素的算子提取的特征用于分类器的训练，得到了较好的识别结果。

2.2.2 基本思路

本节提出了一种识别网格模式的新方法。其灵感来源于通过对人识别网格模式的结果进行分析，发现虽然识别过程的具体机理未知并且每个个体的识别结果不尽相同，但识别结果最终都呈现出同一种状态：所有的网眼自然地被分为属于网格模式或者不属于网格模式。例如图 2.4(a)，经过识别后，见图 2.4(b)，识别结果自然地将网眼分成属于网格模式和不属于网格模式，见图 2.4(c)。基于此，本节提出了一种基于分类思想的识别方法，该方法根据网眼自身的特征和空间上下文条件，通过监督学习的方法进行网格模式识别。

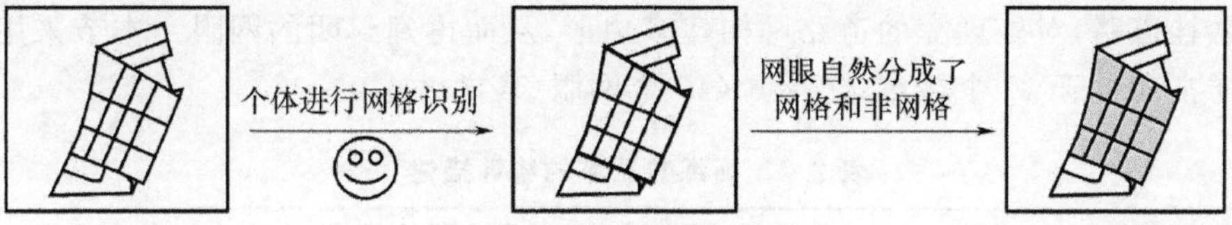

(a) 城市道路网　(b) 个体对道路网进行识别　(c) 两种不同的网眼类型

图 2.4　识别过程

将网格模式的识别看作是考虑空间上下文关系的分类任务，其理由是：网格模式由一系列形状和尺寸相似并满足特定排列方式的网眼构成，构成网格模式的网眼与其他网眼相比具有不同的特征，所以可以将网眼分为属于网格模式和不属于网格模式两类。值得强调的是，群目标的模式识别与单个目标的识别有所区别，它更关心整体的分布态势。例如，在网格模式中，或许存在少数“坏”的网眼，在人的视觉判断上不会对网格模式构成影响，而少数“坏”的网眼将在这种空间上下文关系下被识别为属于网格模式。

2.2.3　方　法

方法包括5个步骤：训练样本准备、网眼特征定量化表达、基于C4.5算法的分类器建立、分类器应用、后处理，如图2.5所示。

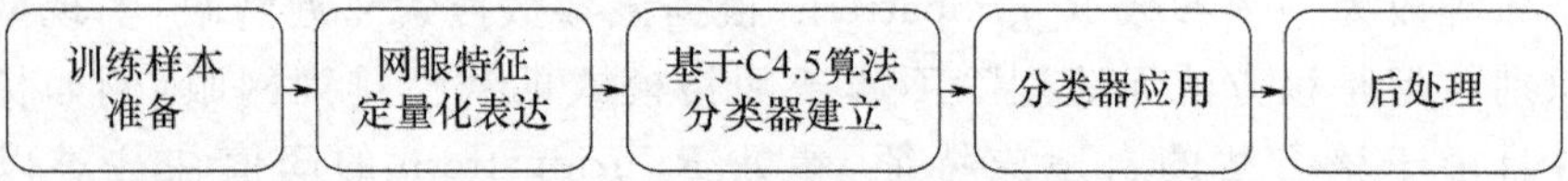

图2.5　网格模式识别的方法流程

1. 训练样本的准备

本实验中的训练数据来自于世界范围内的不同城市，为了确保分类器的普适性，选择的训练城市具有不同的历史和文化背景。例如，训练数据中的城市Singapore位于马来半岛南端，共有大小岛屿63个。Singapore的建成历史不到两百年，但文化多元，常驻居民包括华人、马来人和印度人。用于训练分类器的另外一个亚洲城市Bangkok是泰国首都，坐落于昭拍耶河流域，其道路网中的辐射模式和环模式将城市划分成不同功能区。美国威斯康星州首府Madison三面环湖，但其道路网模式和大部分北美城市相同，均是以网格模式为主。欧洲城市Birmingham是英国除London外最大的城市，其文化多元，半数以上的居民是来自加勒比地区、南亚和爱尔兰的移民。

受到Xie等(2007)的启发，网格模式是封闭结构，不包括悬挂道路和孤立点。所以数据集中所含有的悬挂道路都会被重复删除，重复删除的意思是删除一条悬挂道路后，重新检查剩余的道路网是否还存在悬挂道路，如果是，继续删除，直到不存在悬挂道路，对处理完的道路网构建多边形，从而得到封闭的网眼。本节采用的训练样本来自于46个城市，包括3 440个网眼(表2.2)。

表2.2　训练数据集的统计描述

城市名	属于网格模式的网眼数量	不属于网格模式的网眼数量	数量总计
Athens	125	6	131
Auckland	68	35	103
Bangkok	0	15	15
Barcelona	150	2	152
Bangalore	0	26	26
Berlin	0	104	104

续表

城市名	属于网格模式的网眼数量	不属于网格模式的网眼数量	数量总计
Birmingham	4	56	60
Bejaia	0	4	4
Bogota	183	22	205
Bordeaux	0	13	13
Brno	0	21	21
Brussels	0	18	18
Cardiff	0	16	16
Edinburgh	0	3	3
Evansville	0	8	8
Gdansk	0	17	17
Harare	53	8	61
Honolulu	156	41	197
Islamabad	32	247	279
Kamloops	0	31	31
Karachi	0	15	15
Krakow	130	34	164
Las Vegas	0	38	38
Lawrence	0	22	22
London	0	31	31
Madison	0	10	10
Marseille	0	20	20
Mexico City	174	13	187
Milwaukee	0	20	20
Mobile	76	3	79
Montpelier	0	7	7
Munich	34	3	37
Nairobi	0	7	7
Newcastle	0	10	10
Odessa	63	6	69
Paris	22	93	115
Rotterdam	39	5	44
San Diego	147	8	155
Santander	14	1	15
Santo Domingo	85	36	121
Seoul	37	245	282

续表

城市名	属于网格模式的网眼数量	不属于网格模式的网眼数量	数量总计
Singapore	0	13	13
State College	76	17	93
St. Louis	137	20	157
Taipei	126	71	197
Toronto	13	55	68
总计	1 944	1 496	3 440

本方法通过监督学习的方式实现，因此网眼标记对训练结果有重要影响。不同个体对网格模式的定义不同，为避免随意性，这里通过视觉识别的认知实验来确定网眼多边形是否属于网格模式，此认知实验可以发现网格模式的一些共同特征，从而就人眼视觉识别的多样性达成一定共识。

认知实验的参与者为武汉大学资源与环境科学学院本科生 60 名，男女各占 30 名。采用操作测试法，不进行小组讨论，60 名参与者对训练数据单独进行识别。如同 § 2.1 中所强调的，虽然人对道路网网格模式识别过程的具体机理未知，且每个个体的识别结果不尽相同，但识别结果最终都会自然呈现出同一种状态，所有的网眼被分为属于网格模式和不属于网格模式。值得注意的是，网格和非网格模式之间存在有“模糊”部分，每个参与者对于这些“模糊”部分的判断并不统一。为了尽量减小参与者识别的不一致性对标记结果产生的影响，在此设定了网眼标记的标准：当网眼被大部分（大于或等于 80%）参与者判别为属于网格模式，那么这个网眼会被标记为网格模式（Yes）。这种标准如同在选举中一样：候选人只需要获得大部分票数即可当选，而并不用获得所有人的支持。经统计，训练数据共包括 3 440个网眼，其中1 944个被标记为构成网格模式（Yes），1 496个被标记为不构成网格模式（No）。表 2.2 中显示了训练数据的具体情况，图 2.6 中是一些不同训练城市的样例，可以看出训练样本较为多样。

通过分析认知实验的标记结果可以看出，虽然参与者对网格模式的判断标准不一，但是被判别为属于网格模式的网眼至少满足下列特征之一：网眼自身形状近似矩形，与周围网眼的尺寸和排列较为一致，网眼的空间上下文环境呈现网格状。其中空间上下文环境呈现网格状表示某个网眼的周围邻居都有着近似矩形的形状，以及较为一致的排列方式和尺寸。如图 2.7 所示，网眼 M 处于网格状的空间上下文中。

2. 网眼特征的定量化表达

本方法需要根据网眼特征对网眼进行分类，因此定义描述网眼的参量是关键问题。基于上文中认知实验分析结果和前述研究（Heinzle et al，2005；Yang et al，

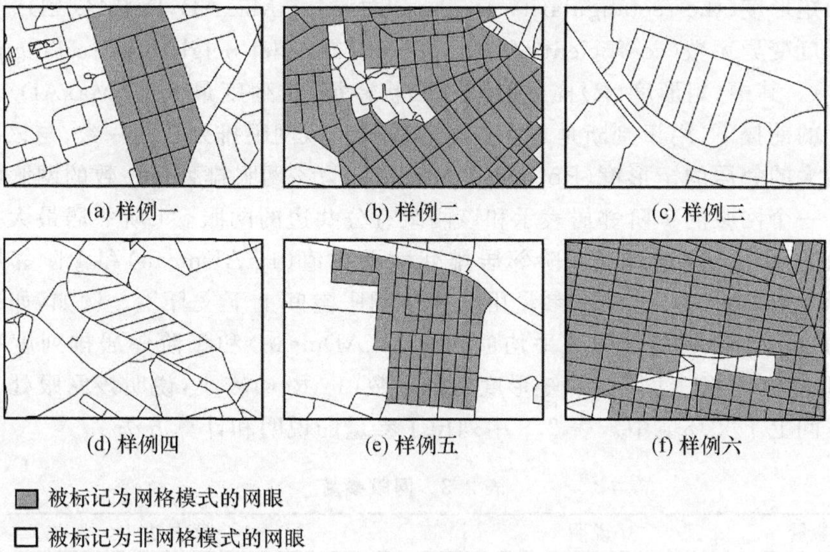

图 2.6　训练数据样例

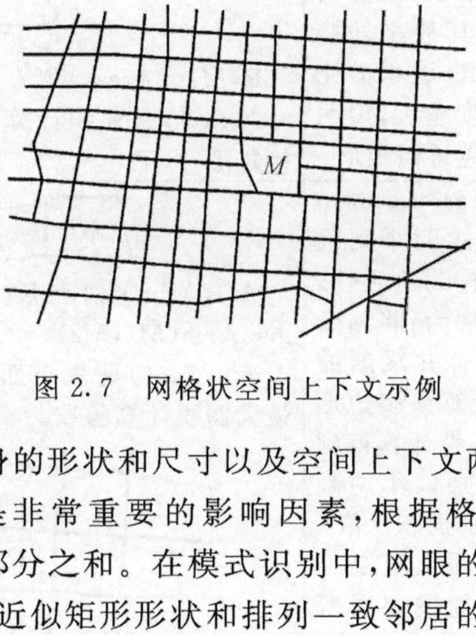

图 2.7　网格状空间上下文示例

2010)，本小节从网眼自身的形状和尺寸以及空间上下文两个方面定义网眼描述参量。其中，空间上下文是非常重要的影响因素，根据格式塔原则(Wertheimer，1923)，事物整体大于各部分之和。在模式识别中，网眼的周围环境有着至关重要的影响。因此，不仅具有近似矩形形状和排列一致邻居的网眼会被判别为网格模式，对于那些不是近似矩形形状的网眼，只要其处于网格状的空间上下文中，依旧可以被判别为网格模式，主要原因在于人在识别网格模式时，更倾向于从整体的角度识别一片网眼，并非逐个判断每个网眼的归属。

本书设计了六个网眼描述参量，包括：矩形度(rectangularity，R)、排列度最大值(maximum arrangement degree，MaxAD)、1 阶邻居最大排列度平均值(mean MaxAD of 1st-order neighbors，1stMaxADmean)、1 阶邻居排列度平均值(mean arrangement degree of 1st-order neighbors，1stADmean)、与该网眼排列度最大的

邻居的矩形度(the rectangularity of a mesh having MaxAD,RofMaxAD)、1 阶邻居矩形度变异系数(coefficient of variation of 1st-order neighbors' rectangularity,1stRcv)。其中,矩形度(R)描述网眼的形状特征;排列度最大值(MaxAD)是在考虑尺寸的前提下,用于判断是否存在相邻网眼与该网眼排列较为一致;与该网眼排列度最大的邻居的矩形度(RofMaxAD)表示了与该网眼排列最一致的网眼的形状特征。一个网眼的 1 阶邻居表示和该网眼有公共边的网眼。1 阶邻居最大排列度平均值(1stMaxADmean)、1 阶邻居排列度平均值(1stADmean)和 1 阶邻居矩形度变异系数(1stRcv)这三个参量用来描述网眼空间上下文环境。例如,如果一个网眼的 1 阶邻居最大排列度平均值(1stMaxADmean)和 1 阶邻居排列度平均值(1stADmean)较大,1 阶邻居矩形度变异系数(1stRcv)较小,说明该网眼处于网格状的空间上下文环境中。表 2.3 中列出了参量的说明和计算方法。

表 2.3　网眼参量

参量	说明	计算方法
矩形度(R)	描述多边形呈矩形的程度,根据 Rosin(1998)的建议,选择网眼面积与其最小外接矩形(MER)面积的比值。矩形度越大,说明网眼形状越近似矩形	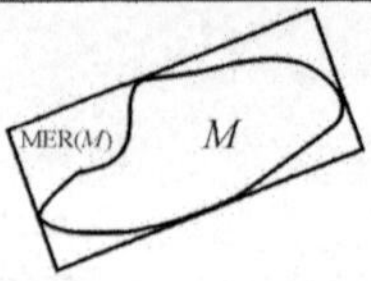 R(*M*)=Area(*M*) / Area(MER(*M*)) Area ()是面积计算函数,MER(*M*)返回最小外接矩形
排列度最大值(MaxAD)	排列度(arrangement degree)描述两个网眼的尺寸和排列一致性,其计算方法为:将两个相邻网眼合并成新的多边形,计算该多边形的矩形度,将计算得到的矩形度乘以小网眼与大网眼的面积比值。 排列度最大值是一个网眼与周围邻居所有排列度中的最大值。可以从右图图示看出,网眼 *M*5 和网眼 *M* 排列最为一致且尺寸近似,因此 *M* 的排列度最大值是和 *M*5 共同计算出来的。排列度最大值越大,说明两个网眼排列得越一致	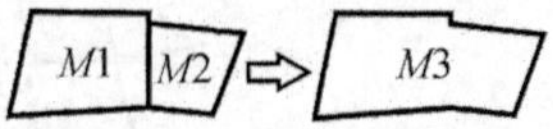 AD(*M*1,*M*2)=R(*M*3) * minArea(*M*1,*M*2)/maxArea(*M*1,*M*2) minArea()是最小面积计算函数,maxArea()是最大面积计算函数。 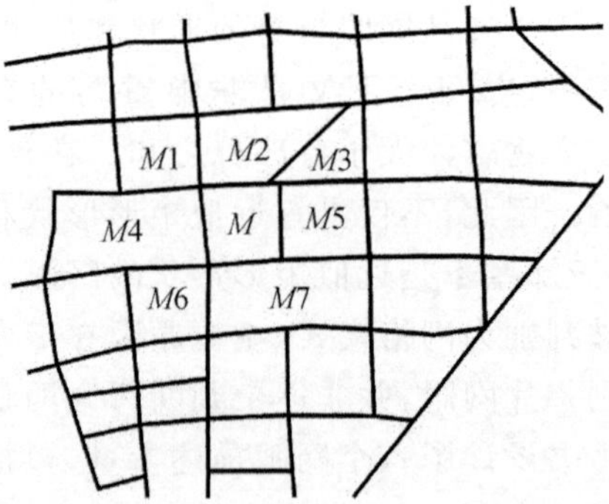 MaxAD(*M*)=Max(AD(*M*,1st_Neighbor(*M*))) Max()是计算最大值的函数,1st_Neighbor()函数返回网眼的 1 阶邻居

续表

参量	说明	计算方法
1 阶邻居最大排列度平均值(1stMaxADmean)	描述网眼周围 1 阶邻居的平均排列情况，反映网眼是否处于网格上下文环境中，是一个网眼与周围邻居的排列度最大值的平均值	1stMaxADmean（M）＝ Avg（MaxAD（1st_Neighbor(M)）) Avg()是计算平均值的函数
1 阶邻居排列度平均值(1stADmean)	和 1 阶邻居最大排列度平均值共同描述网眼周围 1 阶邻居的平均排列情况，反映网眼是否处于网格空间上下文环境中	1stADmean（M）＝ Avg（AD（M，1st_Neighbor（M））)
与该网眼排列度最大的邻居的矩形度(RofMaxAD)	与该网眼排列一致度最大的网眼的矩形度，如排列度最大值算例图所示，网眼 $M5$ 是和网眼 M 排列的最一致的网眼（M 的排列度最大值是和 $M5$ 共同计算出来的），那么网眼 $M5$ 的矩形度就是 M 的与该网眼排列一致度最大的网眼的矩形度	RofMaxAD(M)＝R(ID(MaxAD(M))) ID()函数返回多边形标识
1 阶邻居矩形度变异系数(1stRcv)	描述网眼的 1 阶邻居形状的差异性，和 1 阶邻居最大排列度平均值以及 1 阶邻居排列度平均值共同描述空间上下文环境特征	1stRcv(M)＝Std(R(1st_Neighbor(M))/Avg(R(1st_Neighbor(M)) Std()是计算标准差的函数

运用箱图初步估计每个参量对类的可分性。图 2.8 是由训练数据道路网构成的 3 340 个网眼生成的关于上述 6 个参量的箱图，每个箱图上方是参量名称，下端为是否属于网格的标识(IsGrid)，Yes 代表属于，No 代表不属于。从图 2.8 中可以看出，提出的网眼参量均具有良好的一维可分性。为了进一步分析参量之间的关系，使用 Pearson 相关系数检验参量间的相关性，这种做法受到景观指数分析启

发(Riiters et al,1995)。由于景观指数数量较多,因此只要两个指数的相关性大于+0.9,那么其中一个指数即可被删除。同样,如果两个网眼参量的相关指数过大,那么就需要对相应参量做出调整。表 2.4 显示没有任何两个参量的相关系数大于 0.7,可以从侧面反映出网眼参量设计较为合理。

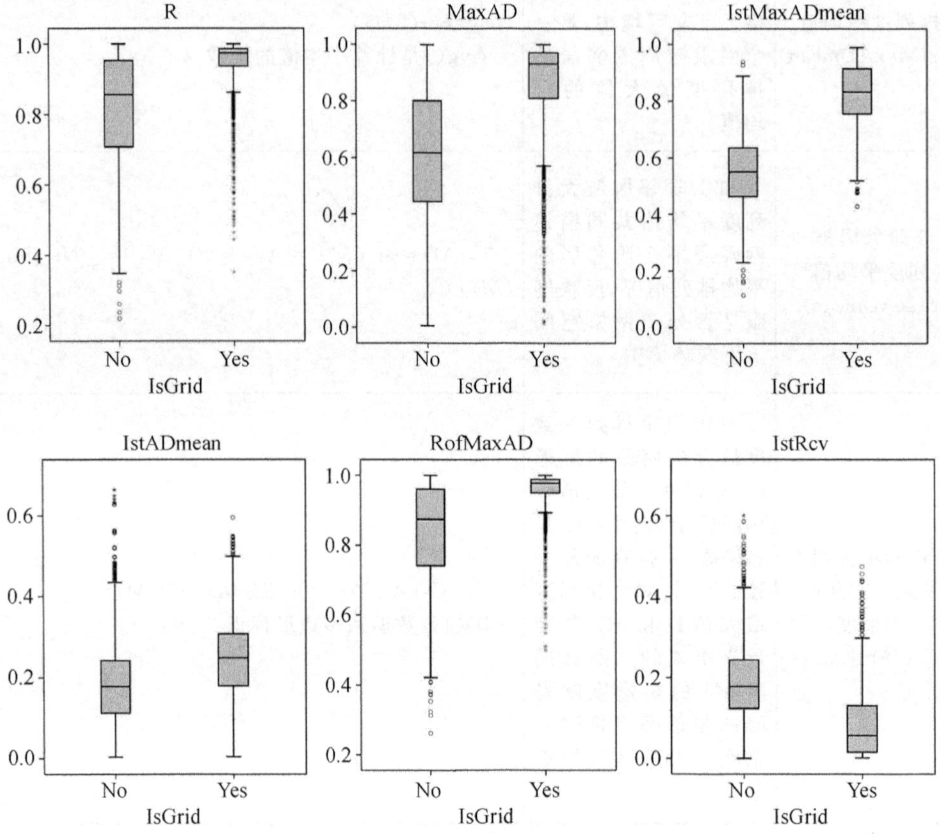

图 2.8　由 3 440 个网眼生成的 6 个参量的箱图

表 2.4　网眼参量的 Pearson 相关系数

参量	R	MaxAD	1stMaxADmean	1stADmean	RofMaxAD	1stRcv
R	1	0.694**	0.537**	0.495**	0.648**	−0.361**
MaxAD	0.694**	1	0.638**	0.661**	0.650**	−0.303**
1stMaxADmean	0.537**	0.638**	1	0.386**	0.585**	−0.635**
1stADmean	0.495**	0.661**	0.386**	1	0.451**	−0.149**
RofMaxAD	0.648**	0.650**	0.585**	0.451**	1	−0.281**
1stRcv	−0.361**	−0.303**	−0.635**	−0.149**	−0.281**	1

注:"**"表示在双侧显著性水平 0.01 上相关。

3. 基于C4.5算法的分类器建立

在网眼标记、参量并计算后，通过机器学习的方法训练分类器，本方法使用广泛应用的C4.5算法(Witten et al,2005)。C4.5算法的核心思想是，选择信息增益率最大的属性作为分类属性，递归地构造决策树的分支，完成决策树的构造(Quinlan,1993)。C4.5算法的基本步骤为：首先将训练数据集总体视为根节点，根据信息增益率最大这一标准，选出能使某一类别的样本最有效地集中在一个子集的属性，作为分裂属性；然后根据数据样本在此分裂属性上的不同取值，将训练数据集进一步分为若干子数据集，作为根节点下的第一层子节点。再分别将这些子节点视为根节点，重复以上属性分裂步骤，直到满足终止条件，即停止构造，得到所需的决策树。数据集 S 的信息熵计算公式如下：

$$\mathrm{Entropy}(S)=\sum_{i=1}^{c}-P_i\log_2(P_i) \tag{2.1}$$

式中：P_i是数据集 S 中 i 类别所对应的概率，c 为类别的数目。而一个参量的信息增益则是用这个属性对样本分类而导致的熵的期望值下降：

$$\mathrm{Gain}(S,A)=\mathrm{Entropy}(S)-\sum_{v}\frac{|S_v|}{|S|}\mathrm{Entropy}(S_v) \tag{2.2}$$

式中：S_v是 S 的子集，参量 A 的值为 v。而参量 A 的信息增益率则可定义为：

$$\mathrm{GainRatio}(A)=\frac{\mathrm{Gain}(A)}{\mathrm{Entropy}(A)} \tag{2.3}$$

其他分类模型，如判别式、神经网络及它们对应的算法都可用来构造分类器，但本节选用决策树C4.5算法作为构造分类器的方法，原因在于算法输出的决策树可以很自然地表示成分类规则，是一种非常直观的分类模式表示形式(Witten et al,2005;Wu et al,2008)。分类器的精度评价通过分析正确率(正确分类的样本的比例)和Kappa统计值实现(Lillesand et al,2000)。

4. 分类器应用

分类器建立后，将其运用于新的数据集中，识别网眼是否属于网格模式。

5. 后处理

在应用分类器对新样本分类时，对于得到的网格模式初步结果，需要对其进行后处理。自身被识别为非网格但周围所有1阶邻居都是网格的网眼会被标为网格模式，而含有线性排列网格或者网格数目小于4的候选组则会被从网格模式中删除。虽然这些类别的网眼样例都被特意挑选并且加入到了训练数据中，见图2.6中的样例(c)和(d)，但由于分类器训练过程中存在一定量的误判个例，实验中对于网眼的错误分类不可避免。误分类网眼的数目并不多，可以进行后处理操作将其加入或剔除。

2.2.4 结果与评价

1. 训练结果

在开源数据挖掘软件 Weka 平台（Witten et al,2005）上运用 C4.5 算法实现分类器构造。最终结果显示准确率为 87.5%，Kappa 统计值为 0.74。训练得到的决策树如图 2.9 所示。

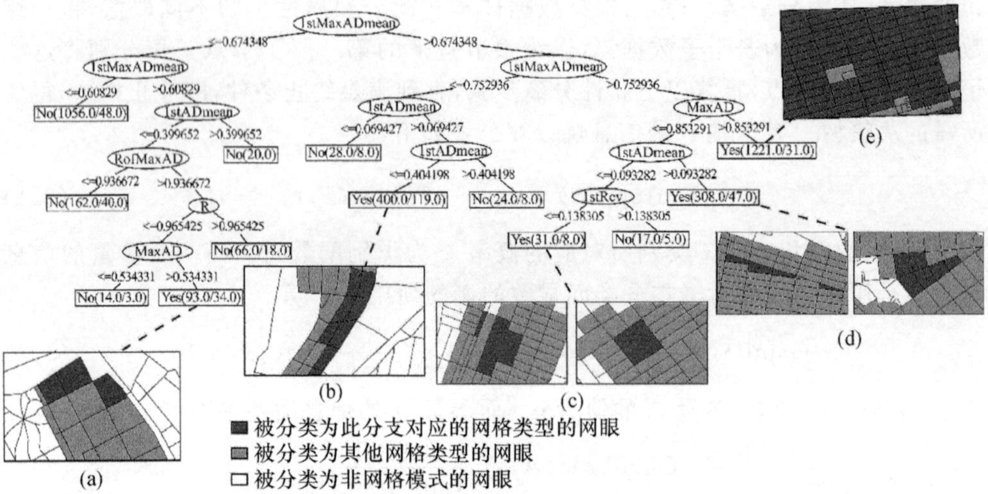

图 2.9 决策树和网格模式分类

对决策树的解释可以检验决策树是否很好地表达了知识，如图 2.9 所示，深色网眼代表了某个分支所对应类型的网格模式，浅色网眼则是其他类型的网格模式。决策树将网格模式划分成三个类型。第一类被判别为属于网格模式的网眼往往拥有形状近似矩形或者排列一致的周围邻居（MaxAD 和 RofMaxAD 较大），但它们并不完全处于网格状的空间上下文环境中（1stMaxADmean 和 1stADmean 较小），此类网眼一般处于网格和非网格的交界边缘，如图 2.9 中的(a)和(b)。可以看到这类网格模式没有固定的形状特征，有些甚至呈现“被拉伸”状（如(b)对应的网眼）。对于第二类属于网格模式的网眼，其不一定具有近似矩形的形状或者排列一致的周围网眼，但处于网格状空间上下文中。例如图 2.9 中的(c)和(d)，它们并没有排列极其一致的邻居（MaxAD 较小），并且图 2.9 中(c)的网眼尺寸相较于周围邻居很大，图 2.9 中(d)的网眼形状较不规则，但由于处于网格状的空间上下文中（1stRcv 较小，1stMaxADmean 较大），因此这些并不规则的网眼会和周围网格状空间上下文一起被判别为网格模式。第三类被判别为属于网格模式的网眼具有较大的 MaxAD 和 1stMaxADmean，这类网眼通常拥有排列较为一致的邻居和网格状空间上下文，是道路网中最为常见的规则网格，图 2.9 中的(e)是这种模式的具体体现。

2. 分类器应用

训练步骤完成后，将分类器用于新数据集。图 2.10 到图 2.12 中展示的是三个测试城市——New York、Budapest、Tel Aviv 的道路网经过分类器识别以及后处理的最终识别结果，其中在网眼训练样本准备步骤中被删除的悬挂道路也被添加上去。一些区域的网格候选结果和最终识别结果被挑选出来放大表示，以展示后处理的具体效果。

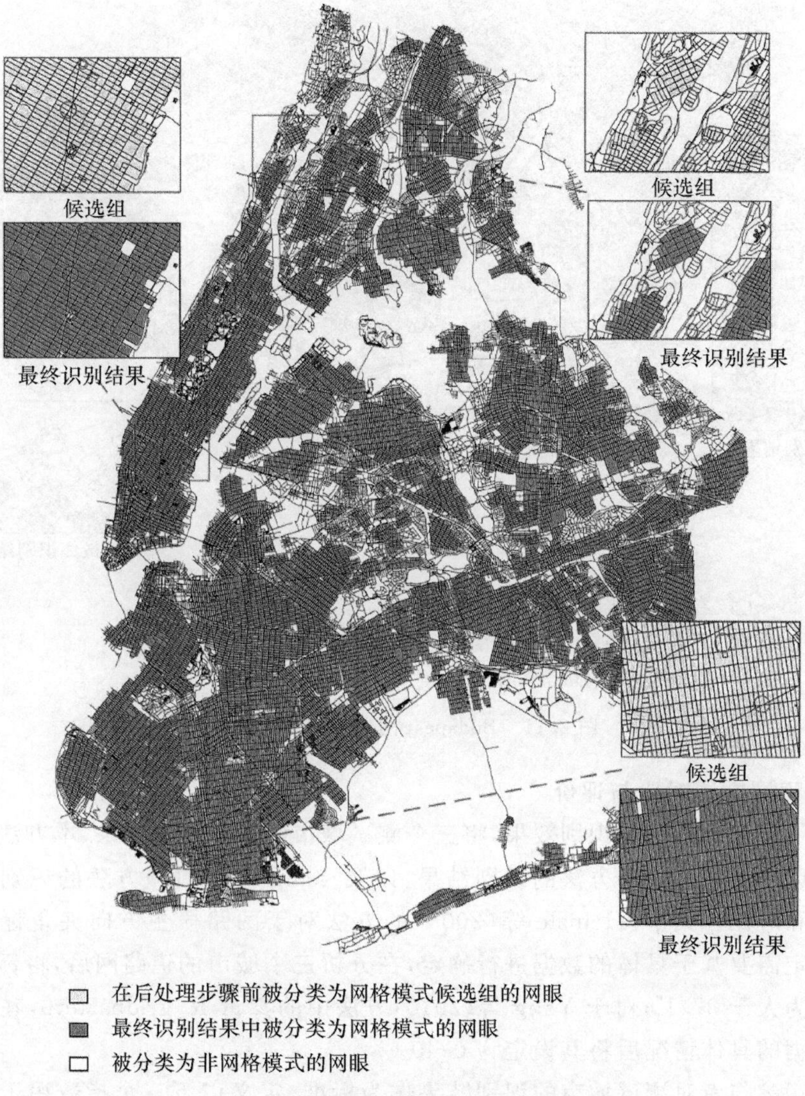

图 2.10　New York 网格模式识别结果

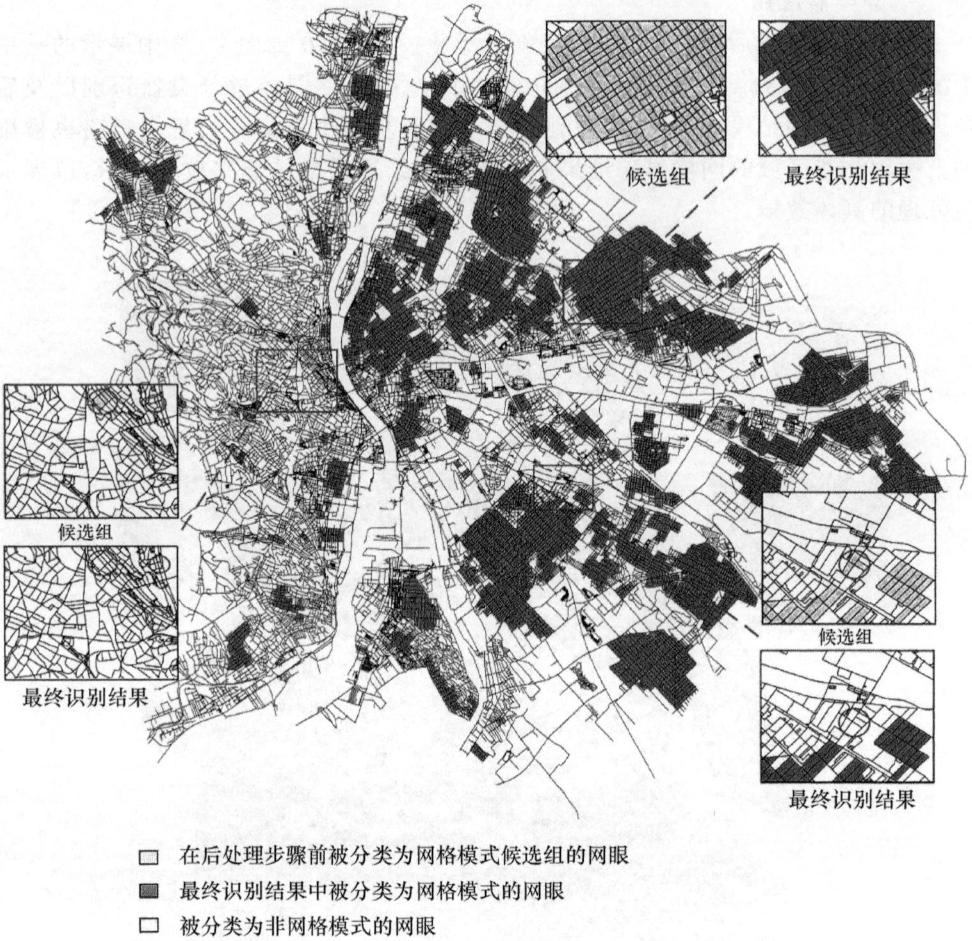

图 2.11　Budapest 网格模式识别结果

3. 识别方法对比与评价

为了评价本方法的识别效果，将三个测试城市的视觉识别结果、本方法的识别结果、Heinzle 等（2005）方法的识别结果，以及 Yang 等（2010）方法的识别结果进行分析和对比。其中，Heinzle 等（2005）的方法对于两路段主方向夹角标准差的阈值设定需要基于具体的数据进行确定，在分析三个城市的道路网后，将标准差阈值设定为大于 37.1°；对于 Yang 等（2010）方法中的参量 R_gridpattern，在考察了测试数据的具体情况后将其设定为 0.40。

采用参与者对测试城市的识别结果作为标准，定义以下三个指数用于具体对比分析：

相似指数（similarity coefficient），表示与视觉识别结果的相似程度。

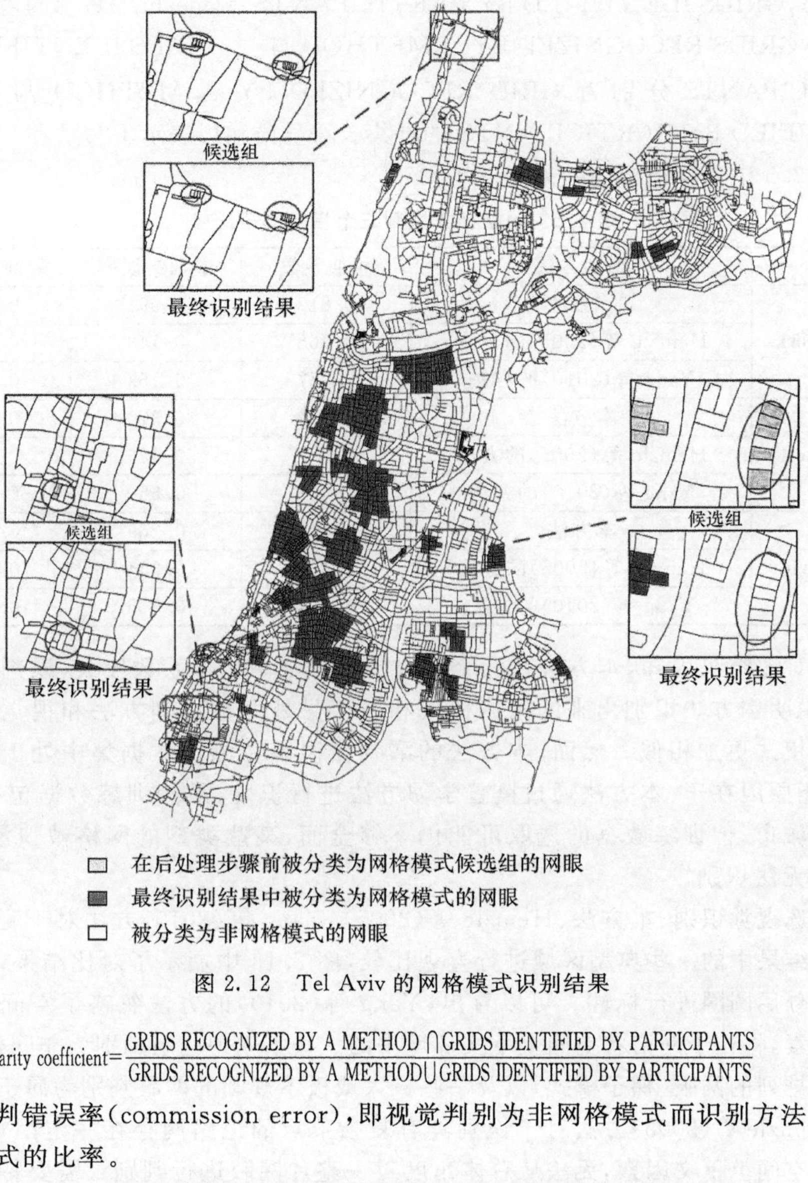

图 2.12　Tel Aviv 的网格模式识别结果

$$\text{similarity coefficient}=\frac{\text{GRIDS RECOGNIZED BY A METHOD}\cap\text{GRIDS IDENTIFIED BY PARTICIPANTS}}{\text{GRIDS RECOGNIZED BY A METHOD}\cup\text{GRIDS IDENTIFIED BY PARTICIPANTS}} \tag{2.4}$$

误判错误率(commission error)，即视觉判别为非网格模式而识别方法判别为网格模式的比率。

$$\text{commission error}=\frac{\text{GRIDS RECOGNIZED BY A METHOD}\cap\neg\ \text{GRIDS IDENTIFIED BY PARTICIPANTS}}{\text{GRIDS RECOGNIZED BY A METHOD}} \tag{2.5}$$

漏判错误率(omission error)，即被人眼判别为网格模式而被识别方法判别为非网格模式比率。

$$\text{omission error}=\frac{\neg\ \text{GRIDS RECOGNIZED BY A METHOD}\cap\text{GRIDS IDENTIFIED BY PARTICIPANTS}}{\text{GRIDS IDENTIFIED BY PARTICIPANTS}} \tag{2.6}$$

其中，GRIDS RECOGNIZED BY A METHOD＝{mesh i | $i\in$ 识别方法的识

别结果},GRIDS IDENTIFIED BY PARTICIPANTS={mesh $i|i\in$参与者识别结果},¬ GRIDS RECOGNIZED BY A METHOD 与 ¬ GRIDS IDENTIFIED BY PARTICIPANTS 分别为 GRID RECOGNIZED BY A METHOD 与 GRIDS IDENTIFIED BY PARTICIPANTS 的补集。符号∩和∪表示了"并"和"交"的操作。表 2.5 中是各指标的结果。

表 2.5 网格模式识别三个指标结果比较

城市	识别方法	相似系数	误判错误率	漏判错误率
New York	本方法	0.812	0.091	0.116
	Heinzle 等(2005)的方法	0.765	0.143	0.122
	Yang 等(2010)的方法	0.757	0.162	0.113
Budapest	本方法	0.589	0.370	0.100
	Heinzle 等(2005)的方法	0.471	0.449	0.236
	Yang 等(2010)的方法	0.403	0.580	0.092
Tel Aviv	本方法	0.530	0.269	0.342
	Heinzle 等(2005)的方法	0.427	0.384	0.419
	Yang 等(2010)的方法	0.388	0.565	0.218

由对比结果可知,本方法在三个城市的数据集中相似系数较大,误判错误率较小,说明本方法识别出来的网格模式相较于另外两种识别方法和视觉识别出的网格模式更加相似。然而,本方法的漏判错误率在测试数据集中处于中等水平,可能原因在于:本方法通过监督学习方法进行识别,虽然训练数据包括了 46 个世界城市,但训练数据的选取可能仍不够全面,某些类型的网格被遗漏,导致分类器无法识别。

挑选视觉识别、本方法、Heinzle 等(2005)、Yang 等(2010)方法对于测试数据集识别结果中的一些典型区域进行直观比较,图 2.13 中展示了对比结果,其中不同的部分用圆圈进行标注。可以看出,Yang 等(2010)的方法忽略了空间上下文环境因素,将处于网格状空间上下文环境中的一些不规则网眼判别为非网格,并且将线性排列的网眼(梯子模式)以及一些极大或极不规则的网眼判别为属于网格模式。Heinzle 等(2005)方法对于识别具有复杂节点的道路网存在一定困难,同时也忽略空间上下文因素,无法从总体角度对一整片网眼进行判别。需要特别说明的是,对于 Heinzle 等(2005)和 Yang 等(2010)的识别方法,其参量或阈值设置的不准确同样会导致这些识别问题。在这两种方法中,参量或阈值对识别结果会产生重大影响,对其进行精确设定也比较困难。除此之外,从图 2.13 中可以看出对于含有很多不规则网眼的复杂道路网区域,三种识别方法均和视觉识别方法有着较大差别,无法准确识别出合适的网格模式。

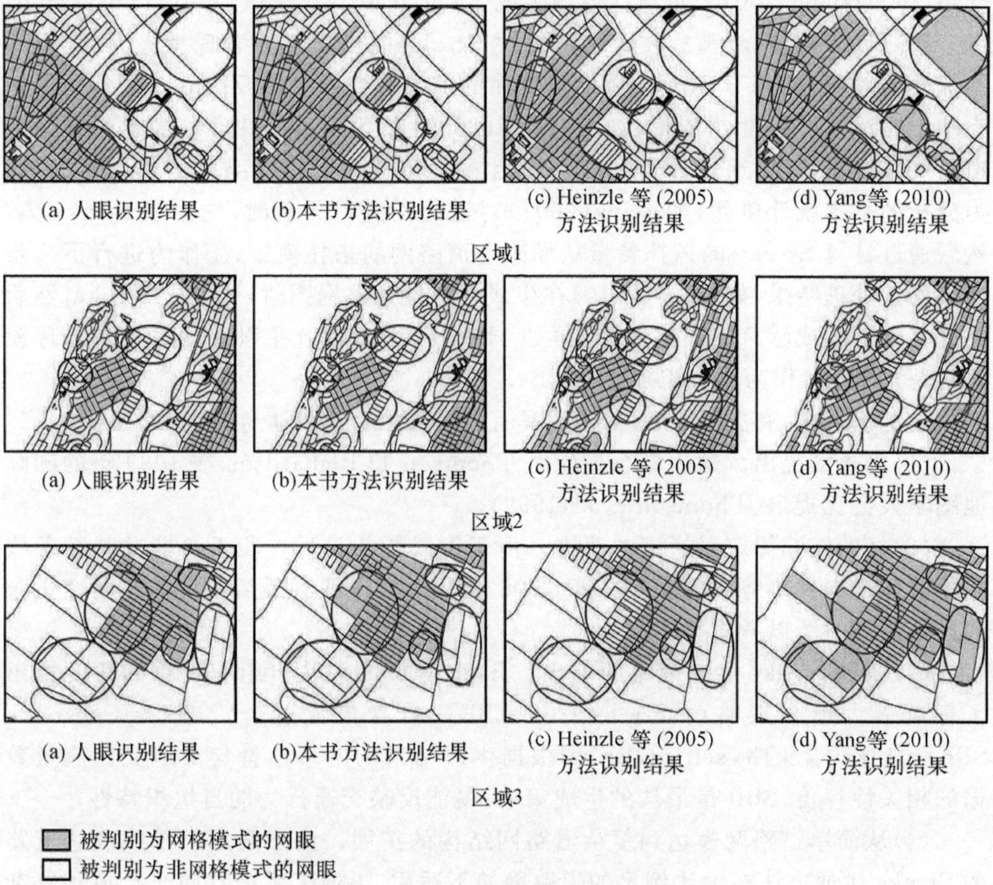

图 2.13　识别结果的典型区域对比

§2.3　Stroke 模式的生成

2.3.1　Stroke 的概念

Stroke 的概念源于格式塔认知原则中好的连续律，术语 Stroke 从一笔画出的曲线段的思想中产生。通俗地说，就是将一些满足好的连续律的线状要素连接到一起形成若干 Stroke，符合人们的认知思维。道路网中的 Stroke 是根据特定准则将路段连接而形成的道路链（Thomson et al，1999）。同时，Stroke 也是一种主要的道路网模式（Marshall，2005）。Stroke 生成通常作为道路网综合（Edwardes et al，2000；Zhang，2004b；Chaudhry et al，2006；Tomko et al，2008；Liu et al，2010；Touya，2010；陈军 等，2007；栾学晨 等，2012）、拓扑分析（Jiang et al，2004；Porta et al,2006;Jiang,2007)、示意性地图生成(Li et al,2010)、模式识别(Heinzle et al,2007)等研究的重要步骤。在这些研究中 Stroke 的作用主要表现为:①作为道路网综合的对象,如基于 Stroke 重要度排序的道路网综合方法(Zhang,2004b);②作为确定路段重要程度的依据,如 Chen 等(2009)和 Touya(2010)在基于面合并的道路网综合方法中,通过 Stroke 的重要性来确定构成网眼的路段的重要性;③作为分析的基本统计单元,如 Jiang(2007)对道路网进行分析时,先生成 Stroke 集,然后通过计算 Stroke 的拓扑参量从而确定道路网的拓扑模式;④作为进行下一步变换的预处理结果,如 Li 等(2010)在生成示意性道路网图时,先生成 Stroke,然后在此基础上生成示意性道路网图,再如 Heinzle 等(2005)在识别辐射模式与环模式时,将 Stroke 作为初步识别单元。

自提出以来,有关 Stroke 的研究具有以下五个标志性事件:

(1)概念的提出。这一概念最先由 Thomson 和 Richardson 在 1999 年的国际地图学大会上提出(Thomson et al,1999)。

(2)好的连续律定量模型的改进。由于折线段的最后一段不总能反映整条线划的总体走向和趋势,Chaudhry 等(2006)提出从第一段到最后一段的走向变化应在连接路段时予以考虑。

(3)三种 Stroke 生成策略的提出。Jiang 等(2008)从自组织过程的角度提出了每对最大适合策略(every-best-fit,EBF)、自身最大适合策略(self-best-fit,SBF)、自身适合策略(self-fit,SF)。根据生成结果的网络参量与实地交通流量数据的相关性评价,SBF 是最佳的生成策略,最能反映交通行为的自组织特性。

(4)从简单道路网表达到复杂道路网结构的扩展。由于适用于单线表达道路的 Stroke 生成方法在大比例尺的道路网并不适用,出现了考虑双向车行道和复杂交叉点的 Stroke 生成方法(Touya,2010;Yang et al,2010)。

(5)多种 Stroke 生成方法的系统对比。对于所有可能的 17 种 Stroke 单一或混合生成方法,Zhou 等(2012)从地图综合应用的方面做了评价,并通过严格的统计分析得出 EBF 优于其他策略的结论。

2.3.2 已有 Stroke 生成方法及其评价体系

1. Stroke 生成方法

道路网 Stroke 的生成主要由路段连接规则和连接策略决定。连接规则主要指几何规则、专题规则以及混合规则(Zhou et al,2012),用于判定路段间是否可以连接;连接策略主要有每对最大适合策略、自身最大适合策略、自身适合策略(Jiang et al,2008)等,用于决定同一交叉点处多条路段间如何连接。下面通过例图解释这些规则和策略(图 2.14)。

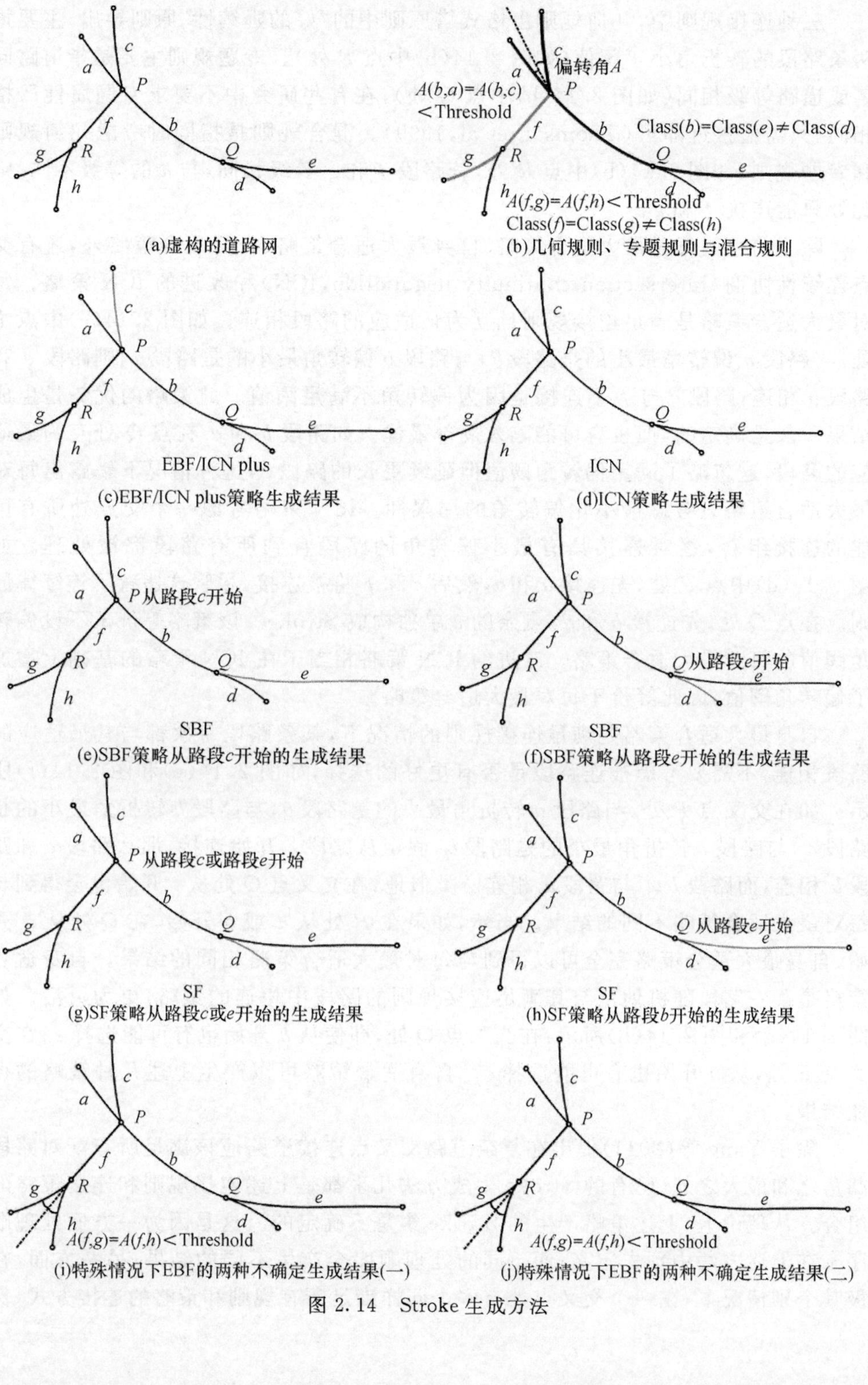

图 2.14　Stroke 生成方法

三种连接规则中，几何规则由格式塔原则中的“好的延续性”原则导出，主要指两条路段的转折角小于阈值（如图 2.14(b)中点 P 处）。专题规则主要是指道路同名或道路等级相同（如图 2.14(b)中点 Q 处），在有些研究中不要求专题属性严格相同，只需值接近即可（Thomson et al，1999）。混合规则是指同时考虑几何规则和专题规则，如图 2.14(b)中点 R 处，若路段 f 和 g 等级相同，与 h 的等级不同，则此处只能连接 f 和 g。

除了前述的每对最大适合策略、自身最大适合策略、自身适合策略外，还有交点连续性协商（intersection continuity negotiation，ICN）和改进的 ICN 策略。每对最大适合策略是满足连接规则且互为最适应的路段相连。如图 2.14(c)中点 P 处，与路段 a 偏转角最小的是路段 b，与路段 b 偏转角最小的是路段 a，则路段 a 和路段 b 相连；路段 c 与 f 不连接是因为偏转角不满足阈值。此策略的优势是生成结果一般是确定的，但也有可能陷入局部最优。如路段 b 和 d 在点 Q 处互为最适应的路段，这忽略了满足偏转角阈值但延续更长的路段 e，这种情况下暴露出每对最大适合策略只考虑最小化偏转角的局限性。ICN 策略考虑一个交点处所有可能的连接组合，逐对连接具有最小偏转角的路段直到所有路段都被处理。如图 2.14(d)中点 P 处，先连接 a 和 b，然后 c 和 f 将被连接，尽管这违背了连续律原则。在点 Q 处，先连接 b 和 d，剩余的 e 单独构成 Stroke。该策略等价于不设偏转角阈值的每对最大适合策略。改进的 ICN 策略相当于在 ICN 策略的基础上增加了偏转角阈值，因此等价于每对最大适合策略。

自身最大适合策略是满足连接规则的情况下，某条路段每次都与其最适应的路段相连，不需要考虑被连路段是否有更好的选择，如图 2.14(e)和图 2.14(f)所示。如在交叉点 P 处，与路段 a 转折角最小的是路段 b，与路段 b 转折角最小的是路段 a，与路段 c 转折角最小的是路段 b，假定从路段 c 开始连接，那么路段 c 和路段 b 相连，而路段 b 不与路段 a 相连。类似地，在交叉点 Q 处从 e 开始也会得到与每对最大适合策略不同的结果。当然，如果在 P 处从 a 或 b 开始、在 Q 处从 d 开始，自身最大适合策略完全可以得到与每对最大适合策略相同的结果。自身适合策略是某一路段随机地从与其满足连接规则的路段中相连的策略，更为灵活。如图 2.14(g)和图 2.14(h)所示：在交叉点 Q 处，即使从 b 开始也有可能选择 e；在交叉点 P 处，从 b 开始也有可能选择 c。自身适合策略可以产生上述几种策略的可能结果。

除了 Yang 等(2011)提出在复杂道路交叉点连接道路应该满足所有配对路段凸角之和最大之外，已有的 Stroke 生成方法几乎都是上述连接规则和连接策略的组合。从理论上，上述策略产生的 Stroke 集是不确定的。这是因为一方面处理顺序未在上述方法中预先定义，而不同的处理顺序会产生不同的结果；另一方面，在极其个别情况下，在一个交叉点处有多个同样满足所有规则和策略的连接方式，例如图 2.14(i)和图 2.14(j)中交叉点 R 处连接 f、g 和 f、h 都是可行的。特别地，在所有交叉点由路段连接准则判断的结果均不相同时，由每对最大适合策略生成的 Stroke 集是确定的。

Stroke 生成方法的确定性和灵活性是一对矛盾。自身最大适合策略或自身适合策略可以跳出每对最大适合策略的局部最优解，取得更为满意的结果。然而这种灵活性牺牲了结果的确定性，使得同一道路网生成不同的 Stroke 集。图 2.14 中很小的道路网就有较多的连接方式，而实际道路网规模显然更为庞大，导致大量的可行解在实际应用中难以选择。例如在 Chen 等(2009)基于面合并的道路网综合方法中，需要通过 Stroke 的重要性来确定构成网眼的路段的重要性，而对于不确定的 Stroke 生成结果，同一路段的重要性是随机的，无法应用这样的结果来实施地图综合。

不同规则和策略会生成不同的 Stroke 集，这导致了与地理学中长期存在的可变面元问题(modifiable areal unit problem，MAUP)类似的可变线元问题。从上文分析可见，结果不确定的方法的主要问题是难以实际应用，结果确定的方法则容易陷入局部最优。

2. Stroke 生成结果的评价方法

由于同一道路网 Stroke 生成有大量不同的可能结果，因此对这些结果的评价至关重要。已有的评价方法可分为视觉认知和实际应用两大类。

视觉认知评价是指将生成结果与人的视觉识别结果进行对比。由于不同个体的认知差异，这类评价通常以问卷形式调查一定数量的被试者。

实际应用评价根据对地图综合或道路网拓扑分析结果的影响来对不同生成结果进行评价。例如 Zhou 等(2012)根据道路交叉点处的错连和漏连两类错误来进行评价，错误的具体定义基于道路网已有的多比例尺表达与待评价 Stroke 集中连接方式的一致性。用每条路段在参考的多个比例尺的表达中出现的次数作为其属性：如果有两条偏转角小于阈值且属性相同的路段没有连接则构成漏连；如果一条 Stroke 连接了该属性不同的两条路段则构成错连。检查交叉点处的这两类错误可以计算一组 Stroke 生成结果在某些交叉点上的准确率，可以通过假设检验对比多种方法的效果是否存在差异。Jiang 等(2008)通过生成的 Stroke 是否能很好地反映网络参量与交通流量的相关关系进行评价，其核心思想是通过生成的 Stroke 是否能很好地将交通流量与对应的描述参量关联来进行评价。

上述评价方法从外在表象和实际应用两个方面来展开评价，忽略了道路网的内在结构。因此还可以从网络的功能入手，引入复杂网络理论中常用的全局效率来对 Stroke 生成结果进行评价。网络的全局效率由 Latora 等(2001)提出，描述网络中的节点如何交互，反映了网络中信息传播的顺畅程度，是网络功能方面的全局指标。在一个网络 G 中，两个节点间的效率被定义为两点间最短路径长度的倒数,整个网络的效率即为两点间效率对所有节点对作平均。记网络节点总数为 N,所有节点构成的集合为 V,v_i 和 v_j 是其中第 i 和第 j 个元素,则网络 G 的平均效率可定义如式(2.7)所示:

$$E = \frac{1}{N(N-1)} \sum_{v_i, v_j \in V, i \neq j} \frac{1}{d_{ij}} \tag{2.7}$$

在此基础上可定义全局效率为网络 G 的平均效率与对应完全图 G_{id} 的平均效率的比值,即 $E_{\text{glob}}(G)=E(G)/E(G_{id})$,取值范围为[0,1]。而完全图中任意两点间均有边直接相连,若不考虑完全图中各边的权重差异(即无权的完全图),$E(G_{id})$ 的值为 1,全局效率值与平均效率相同。道路网可看成由 Stroke 的对偶形式表示的无权网络,即在对偶网络中,节点表示 Stroke,节点间的边表示对应的 Stroke 是否存在相交关系。

2.3.3　Stroke 生成问题的形式化表达

通过上述分析,道路网 Stroke 生成问题是道路网分析与综合研究领域的一个核心问题,然而,由于该问题面向实际应用,所以目前对其研究主要侧重于生成方法的研究,缺乏概念层次上的探讨。有鉴于此,本节对 Stroke 生成问题进行形式化表达。

理论上,生成道路网的 Stroke 是将 m 条路段连接成 n 条 Stroke 的过程($m \geqslant n$)。现在给出生成 Stroke 这一问题的形式化定义。令 R 表示道路网中的路段集合,R_i 表示其中的第 i 条路段,K 表示 Stroke 集合,K_i 表示第 i 条 Stroke,即 $R = \{R_1, R_2, \cdots, R_m\}$,$K = \{K_1, K_2, \cdots, K_n\}$。那么生成 Stroke 这一问题,即将 R 划分成 n 个非空的集合 $K_1, K_2, \cdots, K_n$,同时满足 Stroke 定义中的几何条件及连接规则和策略的限制。而对于任意可行解 K 而言,需要有一个函数 $f(K)$ 对其进行评价,该评价函数应对好的 Stroke 生成结果反映为函数值的极值。上文介绍的与视觉认知的一致性、多尺度表达参考下的准确率(Zhou et al,2012)、网络参量与交通流的相关性(Jiang et al,2008)都可以作为这样的评价函数。这样,Stroke 生成问题可以形式化地表达为一个带约束条件的优化问题,即在下列条件

$$K_i \neq \varnothing, \quad i = 1, 2, \cdots, n \tag{2.8}$$

$$\bigcup\nolimits_{i=1}^{n} \bigcup\nolimits_{r \in K_i} r = R \tag{2.9}$$

$$K_i \cap K_j = \varnothing, \quad i = 1, 2, \cdots, n, j = 1, 2, \cdots, n, i \neq j \tag{2.10}$$

$$\text{IsLineString}(K_i) \wedge \text{MeetsCriteria}(K_i) = \text{true}, \quad i = 1, 2, \cdots, n \tag{2.11}$$

的约束下,对 $f(K)$ 进行最大化或最小化的优化问题。

根据上述形式化表达,从概念层上,可将 Stroke 生成问题归结为带约束的组合优化问题。对于组合优化问题,在穷举搜索方法不可行时往往采用启发式方法,以便问题在可接受的时间和空间内得出较优的解。2.3.2 小节介绍的生成方法都属于启发式算法。每对最大适合策略牺牲更优结果的可能性换取了结果的确定

性,因为连接偏转角最小的路段并不总能生成延续更长的自然道路。自身最大适合策略和自身适合策略则用结果的不确定性换取了更为灵活的连接选择,但这又阻碍了其在实际应用中的使用。

2.3.4 改进的自身最大适合策略

在前文所述形式化表达的框架下,本小节提出改进的自身最大适合策略。该策略首先将在交叉点处只有唯一满足偏转角阈值连接方式的路段进行连接,然后将自身最大适合策略中最优选择的概念从偏转角扩展到了重要性,从未连接的最重要的路段开始,选择满足偏转角阈值且重要性最高的路段进行连接。

1. 基本思路

本小节所提策略对存在唯一选择的交叉点进行了预连接。这是因为城市道路网中存在大量的交叉点在只考虑几何规则的情况下已经仅有一种可行的连接方式,例如一个垂直相交的十字路口的四条路段。预连接的目的是为了在生成Stroke之前压缩搜索空间。

每对最大适合策略已经明确定义了在交叉点处应如何连接多条路段。有研究表明,每对最大适合策略优于自身最大适合策略(Zhou et al,2012),但该研究并未报道对自身最大适合策略多次不同生成结果的处理。每对最大适合策略的互为最优选择的连接规则尽管可以保证在不同处理顺序下结果的确定性,但是这样的规则也使得一部分潜在的不满足互为最优但整体更优连接方式被排除出结果。此外,Jiang 等(2008)的研究发现自身最大适合策略多次生成结果的平均表现优于每对最大适合策略和自身适合策略。因此,本小节试图从自身最大适合策略的结果集合中寻找更优的连接方式。由于自身最大适合策略结果不确定的来源是路段处理顺序不确定,因此通过恰当定义处理顺序有可能从不确定的结果中启发式地得到更优的解。

在 Stroke 生成问题中,路段的重要性指标可以一定程度上刻画路段在整个道路网结构中的中心性。确定道路重要度主要有四种方法:①规则法,即定义属性参数的优先顺序来确定道路重要度(Liu et al,2010);②影响法,删除某条道路,判断其对道路网的影响(Touya,2010);③参量生成法,将某一个或者某几个参量进行变换或集成,生成新的参量来描述道路重要度(陈军 等,2007;徐柱 等,2012);④权重法,对属性参数赋予权重,重要度即为参数的加权和(Yang et al,2011;栾学晨 等,2012)。由于权重法较为直观,应用广泛,本书采用 Yang 等(2011)使用的权重法确定路段的重要性,其基本思想是运用路段的长度、(连通)度、接近度、介数,进行归一化处理后,由 CRITIC 方法(Diakoulaki et al,1995)加权,得到道路的重要度。其中路段参量的含义详见表 2.6,引入对偶图的概念,图的节点表示路段,边代表路段与路段相交的关系。形式化定义为 $G=G(V,E)$,节点的集合 $V=\{v_1,$

$v_2,\cdots,v_n\}$，边的集合 $E=\{v_i.v_j\}$。图可由其邻接矩阵表示为 $R(G)=[r_{ij}]_{n*n}$，其中 $r_{ij}=\begin{cases}1, v_iv_j\in E\\0, v_iv_j\notin E\end{cases}$。当然，也可采用其他的重要度定义方法。

表 2.6　路段参量的含义与计算方法

参量名称(英文)	意义	计算方法
长度(length)	路段的长度	
连通度(degree)	与该路段相交的其他路段的数量	$D(v_i)=\sum_{k=1}^{n} r(v_i,v_k)$
接近度(closeness)	该路段到所有其他路段的最少连接数量，反映了其他路段聚集于该路段的可能性	$C(v_i)=\dfrac{n-1}{\sum_{k=1}^{n} d(v_i,v_k)}$，其中，$d(v_i,v_k)$ 表示节点 v_i 和 v_k 的最短距离
介数(betweenness)	度量了该路段处于其他路段之间的程度，度量路段是否起“桥梁”作用	$B(v_i)=\dfrac{1}{(n-1)(n-2)}\sum_{j,k\in n;j\neq k;k\neq i}\dfrac{m_{jk}(v_i)}{m_{jk}}$，其中，$m_{jk}$ 表示节点 v_j 和 v_k 间最短路径的数量，$m_{jk}(v_i)$ 表示节点 v_j 和 v_k 间最短路径中经过节点 v_i 的数量

从图 2.15 可知，重要的路段在整体和局部都构成了整个道路网的骨架，体现出重要性指标在对路段特性表达的作用。重要路段多位于道路网结构的中心，存在更多的选择；而次要路段则往往位于网络边缘，选择机会更少。为了说明这一现象，定义可选路段数来量化选择机会的多少，一个路段的可选路段数是指与之两个端点相接的路段的总数。例如图 2.14(a)中，路段 b 有 5 条可选路段，而路段 g 只有 2 条。在此定义基础上，将道路网中所有路段根据重要性分位数划分为 10 组，每组中路段的可选路段数情况由图 2.16 给出。第 10 组由最重要的 10%路段组成，该组可选路段数较高表明其选择机会最多。本小节所提策略的思路为将重要路段进行妥善连接，通常即与其他重要路段相连从而构成道路网中的主干。一旦道路网的主干骨架被正确连接和提取，剩余的次要路段将自动成为网络主干上的分支。

重要性的计算可以基于任何以路段表达的道路网，不需其他属性信息。重要性由实数而非整数或类别表达，意味着在实际操作中几乎不会出现值相同的情况，有助于输出确定结果。此外，当某些交叉点在几何规则约束下有多个可能选择时，如图 2.15(b)所示，所提策略有助于避免作出局部最优但对全局不利的选择。

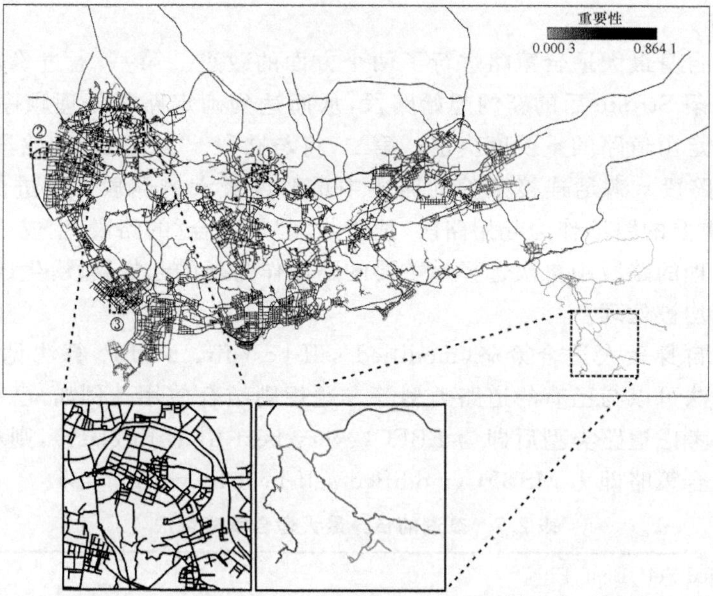

(a) 重要路段位于网络中心，选择多；次要路段位于边缘，选择少

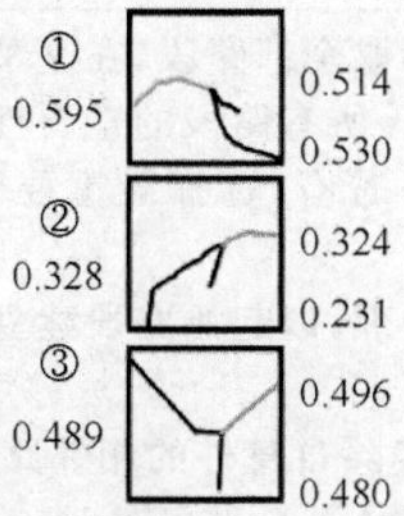

(b) 按重要性选择连接顺序和对象，能够避免陷入局部最优

图 2.15　深圳道路网中路段的重要性

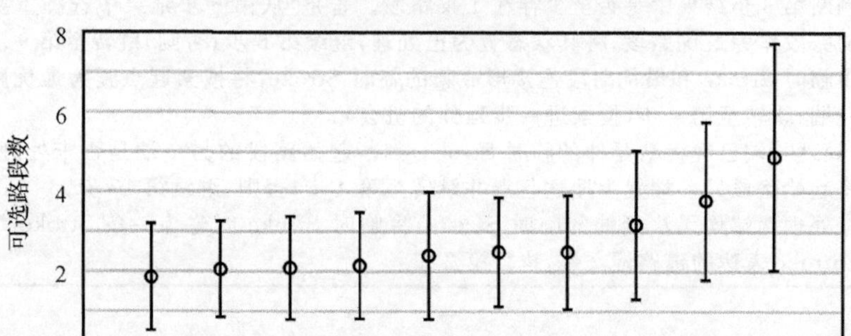

图 2.16　不同重要性路段的可选择路段数

2. 算法

本书对自身最大适合策略进行了两个方面的改进。第一，通过确定起始路段以及生成一条 Stroke 后的新的起始路段，从而达到确定路段处理顺序的目的，起始路段的确定由道路的重要度决定。第二，将与路段 s“最适合”的路段 t 定义为：路段 t 是与路段 s 满足连接条件的路段中重要度最大的路段。改进的具体方法是：选择最重要的路段作为起始路段，搜索与其“最适合”的路段，生成一条 Stroke；然后从未处理的路段中再次选择最重要的路段作为新的起始路段，生成 Stroke，直到所有路段均被处理。

改进的自身最大适合策略(modified self-best-fit，MSBF)算法见表 2.7。改进得到的算法可以与已有的道路类型等专题规则结合使用。例如，已有的每对最大适合策略考虑道路类型后即为 EBFC(every-best-fit with class)，则相应的改进最大自身适合策略即为 MSBFC(modified self-best-fit with class)。

表 2.7 改进的自身最大适合策略算法

算法：Modified Self_Best_Fit
输入：以路段表达的道路网，偏转角阈值
输出：以 Stroke 表达的道路网

第 1 步：从路段表达的道路网文件中读取全部路段，在交叉点处打断路段，预连接所有只有一个符合偏转角阈值的路段，计算所有路段的重要性。

第 2 步：判断是否存在未处理的路段。若有，选择最重要的未处理的路段作为起始路段；否则，结束算法。

第 3 步：将起始路段的状态标记为已处理，以起始路段建立临时 Stroke，选择该起始路段的一端作为搜索起点。

第 4 步：从临时 Stroke 的搜索起点查找除自身外的相邻路段。

第 5 步：判断第 4 步结果集是否为空或是否全部已处理。若是，跳转至第 9 步；否则，继续第 6 步。

第 6 步：从结果集中剔除不满足偏转角阈值的路段。

第 7 步：判断第 6 步结果中是否至少存在 1 条路段。若是，从第 6 步结果中选择重要度最大的路段作为最优路段，将其状态置为已处理，继续第 8 步；否则，跳转至第 9 步。

第 8 步：将临时 Stroke 和最优路段连接形成新的临时 Stroke，将搜索起点置为最优路段的另一端，跳转至第 4 步(搜索进一步延伸的机会)。

第 9 步：(处理一端已经无法延伸的临时 Stroke)判断起始路段的另一端是否未处理。若是，将起始路段另一端置为搜索起点并跳转至第 4 步；否则，继续第 10 步。

第 10 步：(处理两端均无法延伸的临时 Stroke)将临时 Stroke 创建为一条 Stroke 并写入以 Stroke 表达的道路网文件，执行第 2 步

2.3.5 结果与评价

1. 数据与实验说明

实验数据为深圳市 1∶1 万道路网，该道路网由 5 709 段分为 7 个等级的道路

构成，具有规则网格模式与不规则模式混合的道路网模式。西部和南部开发较为充分的区域如福田、罗湖、南山和宝安呈现规则的网格模式，而中部起伏的地形和东部欠发达地区则有不规则的线性结构和树形结构。城区和郊区的密度对比也较为明显，此外有众多三岔路口有利于体现出不同策略的差异性。整个道路网的数据通过拓扑连通性检查确保连通。

在进行评价前要区分方法结果的确定性，以便分别采用合适的评价方法。对于确定性的策略，可以直接评价和比较得到的 Stroke。对于不确定的策略，存在大量的可能结果，数量为第二类 Stirling 数。尽管存在路段必须成链状的几何约束，但在含有几千条道路的道路网中这一数字仍然十分庞大。对这些不确定的结果可以逐一评价，但是不同生成策略的对比只能建立在对多次重复结果汇总的基础之上。如果对某一结果的评价需要手动完成，这时逐一评价也不具有可操作性。如果评价结果不是一个定量指标，也将使得同一策略下结果的汇总成为难题。此外，对于大量不确定的结果，还存在采样方面的问题，例如采样代表性的评价、样本数量的设置等。综上所述，确定策略和不确定策略之间的比较较为困难。只有网络功能的评价可以大量自动进行并汇总，因此除该项评价针对所有策略外，其余评价项目均只考虑确定性的策略。

2. 视觉认知评价

在视觉认知方面，仅与每对最大适合策略进行比较，其原因是自身最大适合策略和自身适合策略生成的 Stroke 结果是不确定的，仅用其一次生成结果无法有效说明问题，而逐个评价 100 个结果并进行汇总不具有可操作性。图 2.17 显示了本方法与每对最大适合策略的主要差异。改进的自身最大适合策略比每对最大适合策略更易形成较长并具有全局性的 Stroke。由此可知，本书提出的方法能生成更符合认知规律的 Stroke。

为了消除视觉评价结果的主观性，设计以下实验进行更为严格的评价。在研究区域道路网中，标出所有具有重叠部分但整体又不完全相同的 Stroke 对。针对这些 Stroke 走向存在差异的交叉点，询问被试者哪条 Stroke 更符合其认知中的良好连续性和自然道路。在测试顺序上，先向被试者展示不含道路类型信息的地图和 EBF、MSBF 策略对比结果，再展示通过不同符号表达的含有道路类型信息的地图和 EBFC、MSBFC 策略的对比结果。统计每组策略中更符合被试者认知的 Stroke 长度，并对 20 位被试者的结果进行平均并进行卡方检验，见表 2.8 和表 2.9。结果显示本小节所提 MSBF 策略在视觉认知方面优于 EBF 策略，不论是否考虑道路类型信息。这是由于 MSBF 策略可以根据重要性信息选择有利于 Stroke 延伸的路段，避免 EBF 仅根据局部信息做出决定。

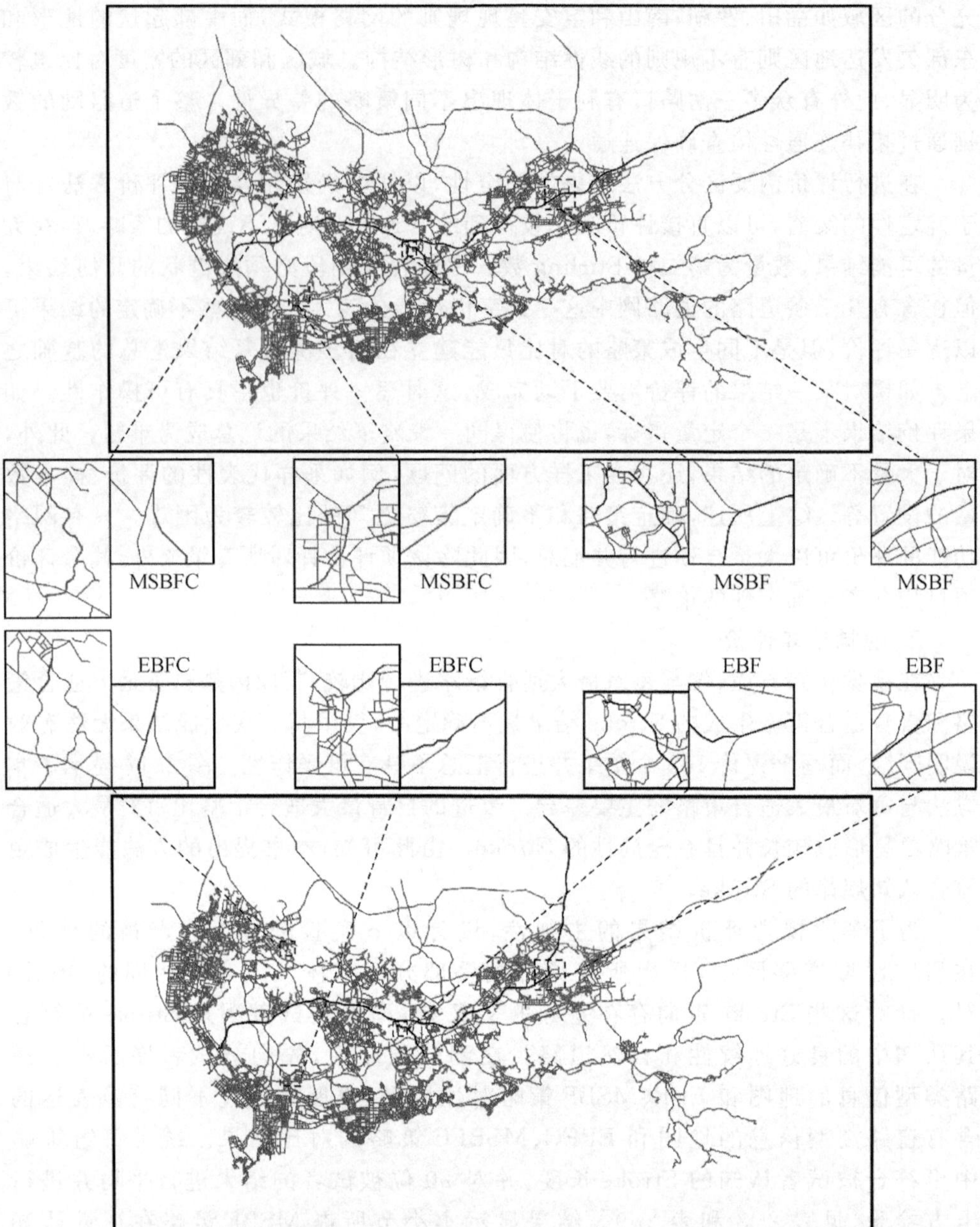

图 2.17 改进的自身最大适合策略与每对最大适合策略在视觉上的主要差异

表 2.8　视觉认知评价结果及卡方检验(一)　单位:km

类别	EBF	MSBF	总计
符合认知	636.3	768.3	1 404.6
不符合认知	708.2	576.2	1 284.3
总计	1 344.5	1 344.5	2 688.9

注:$dof=1,\chi^2=25.97>6.63$,MSBF 更符合人类视觉认知 ($\alpha=0.01$)。

表 2.9　视觉认知评价结果及卡方检验(二)　单位:km

类别	EBFC	MSBFC	总计
符合认知	287.0	333.7	620.7
不符合认知	320.1	273.4	593.6
总计	607.2	607.2	1 214.3

注:$dof=1,\chi^2=7.19>6.63$,MSBFC 更符合人类视觉认知 ($\alpha=0.01$)。

3. 地图综合应用评价

本小节采用 Zhou 等(2012)提出的通过在道路交叉点处的统计错连和漏连两类错误来进行评价,但是在评价所用的交叉点选择问题上与之有所差异。已有研究随机选取一部分交叉点进行错连和漏连的评价,但交叉点的选择可能会带来结果的偏误,因此考虑全部交叉点处的情况则更为准确客观。此外,由于大量垂直交叉点处事实上只有一种可能的选择(见本小节基本思路中预连接部分),这些节点的评价使得结果正确率虚高,未在生成 Stroke 过程中起到决定性作用,却掩盖了策略间的实际差异,因此这一部分节点将被从评价中剔除以便反映策略间的差异。由于预连接发生的情况是确定的,因此该剔除过程客观唯一,不存在人为选择的可能。

由于 Stroke 结果的不确定性问题(参见本小节中的实验说明),本评价仅针对 EBF、EBFC、MSBF、MSBFC 四种策略展开。通过与已有的 1∶1 万到1∶5万的道路网数据比对,两类连接错误统计结果见表 2.10。结果表明四种策略的正确率存在差异,本节所提的方法在是否考虑等级信息的情况下分别略优于已有方法。由于本节对所有存在多种可能的交叉点总体进行了统计,因此不需要根据 Zhou 等(2012)针对部分交叉点样本采用的 Marascuilo 步骤进行后验判断。

表 2.10　不同策略的准确率

策略	漏连数 $F1$	错连数 $F2$	正确数 $T-F1-F2$	总数 T	准确率/%
EBF	0	118	2 245	2 363	95.0
EBFC	303	44	2 016		85.3
MSBF	0	99	2 264		95.8
MSBFC	306	40	2 017		85.4

上述结果显示本小节所提的 MSBF 策略准确率更高,错误更少,但 EBF/EBFC

策略和MSBF/MSBFC策略之间的差异较小。结果差异较小的可能原因是缺乏足够的参考比例尺地图表达,但是由于此处验证了所有可能存在差异的交叉点,因此结果的数量差异更有可能来自于策略本身之间差异,而非显著性检验考虑的随机采样引入误差,说明MSBF(C)策略在地图综合应用方面优于EBF(C)策略。此外,同类策略中,仅考虑几何规则和考虑道路类型的混合规则之间存在显著差异且前者更优,这是由于混合规则虽然通过道路类型信息避免了一些错连,但带来了更多的漏连。

4. 网络功能评价

分别用EBF、EBFC、SBF、SBFC、SF、SFC、MSBF、MSBFC策略生成Stroke,对每种生成策略进行100次实验并计算全局效率这一网络功能指标,结果如图2.18所示,其中第1、5列是本方法生成的Stroke结果对应的全局效率值,第2~4列、第6~8列是其他策略生成的Stroke结果对应的全局效率值。结果表明,由MSBF(C)策略和EBF(C)策略生成的Stroke集是确定的,而由SBF(C)策略与SF(C)策略生成的Stroke集是不确定的,这一点符合预期。

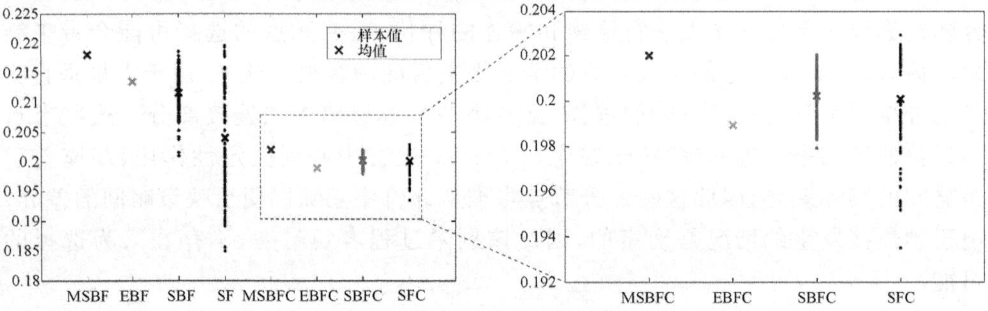

图2.18 不同生成策略的全局效率值比较

对于确定的策略,MSBF策略(0.218 1)优于EBF策略(0.213 5),MSBFC策略(0.202 0)优于EBFC策略(0.198 9)。对于结果不确定的策略,就平均水平而言,MSBF策略(0.218 1)优于SBF策略(0.211 6)和SF策略(0.204 0),MSBFC策略(0.202 0)优于SBFC策略(0.200 2)和SFC策略(0.200 1),分别超出了不确定策略结果的1.8倍、1.6倍、1.7倍、0.9倍标准差;就单次结果而言,MSBF策略(0.218 1)次于SBF策略和SF策略在本次实验中的最优解0.218 6和0.219 5,MSBFC策略(0.202 0)次于SBFC策略和SFC策略在本次实验中的最优解0.202 0和0.202 9。上述结果与理论分析一致。

本书对生成Stroke的自身最大适合策略进行了改进,基于路段重要度规定路段处理顺序并扩展最适合路段的定义。结果表明:①由MSBF策略生成的Stroke一般而言是确定的,即对同一道路网,每次用本算法产生的Stroke集一般而言是相同的。②在视觉认知方面，MSBF 策略比 EBF 策略更易形成较长并具有全局性的 Stroke。③在地图综合应用方面，MSBF 优于 EBF 策略。④在网络功能方面，就平均水平而言，MSBF 策略优于 EBF 策略、SBF 策略和 SF 策略；就单次结果而言，MSBF 策略次于 SBF 策略和 SF 在本实验中出现的最优解。

Stroke 生成问题是一个典型的组合优化问题，本节的改进实质是一种启发式方法。因此运用优化理论与方法解决 Stroke 生成问题将是进一步研究的重点，可以考虑将混合整数规划等优化方法引入 Stroke 生成问题的优化求解。

§2.4　辐射模式识别

2.4.1　研究现状

辐射模式主要由确定的或模糊的辐射中心以及由中心发散或收敛于中心的若干辐射边组成。对于辐射模式的识别，Heinzle 等(2005)将辐射模式的特征作为先验知识，设计了一种基于最短路径搜索的方法。该方法将道路网图结构的任意一点作为潜在的辐射中心点，设定搜索半径，计算它到所有其他与搜索半径相交的点的最短路径，以此来确定辐射边，然后通过辐射边的数量和分布来决定其是否为辐射模式，在此，对辐射边的判断并没有建立量化表达模型。针对具有模糊中心的辐射模式，该方法会导致多个辐射模式重叠的情况，他们采用聚类的方法对搜索出来的多个辐射中心进行合并。

2.4.2　辐射模式的概念与特征

1. 辐射模式及其模板

辐射模式是道路网中典型的形态模式之一，也称星模式，近似的英语表达为 radial pattern、star pattern 和 hub-spoke pattern(Marshall，2005；Heinzle et al，2007；Xie et al，2007)。它由确定的或模糊的辐射中心以及由中心发散或收敛于中心的若干辐射边组成。辐射模式在多个尺度上出现，如详细尺度下城市中收敛于中心花坛的道路，粗略尺度下某个大城市代表辐射中心，辐射边连接周围的小城市。

图 2.19 给出了 3 种典型的辐射模式模板及其在现实中的示例，图 2.19(a)是具有确定中心的辐射模式，图 2.19(b)和图 2.19(c)是具有模糊中心的辐射模式。其中一种是辐射边收敛于道路上，另外一种是辐射边收敛于不规则图形上。对于图 2.19(a)的情况，仅需对其作简单判别；对于图 2.19(b)和图 2.19(c)的情况，Heinzle 等(2005)进行了研究，但对于图 2.19(c)的情况，目前还没有提出有效的识别方法，这也是本书关注的焦点。

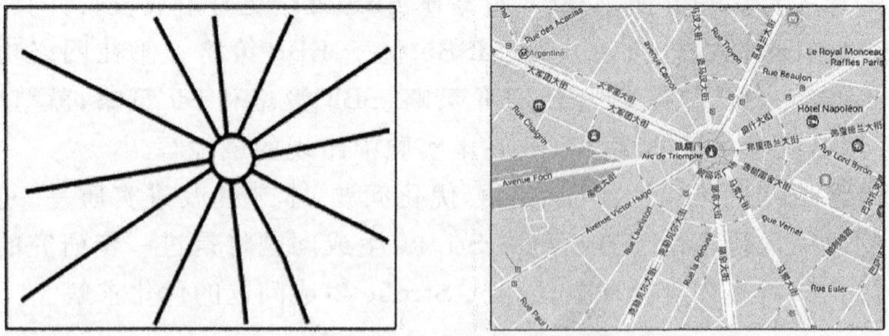

(a) 具有确定中心的辐射模式

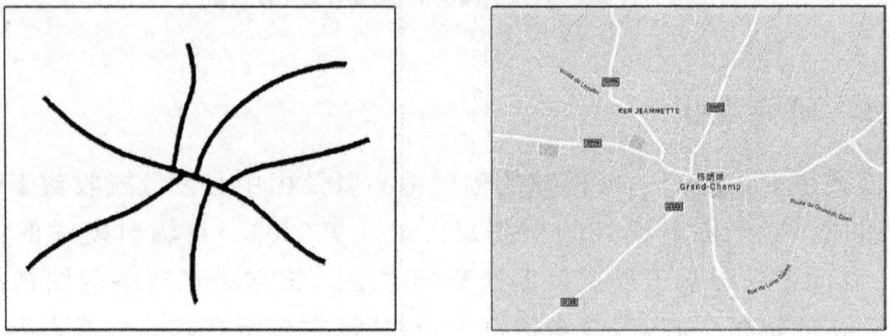

(b) 具有模糊中心的辐射模式一

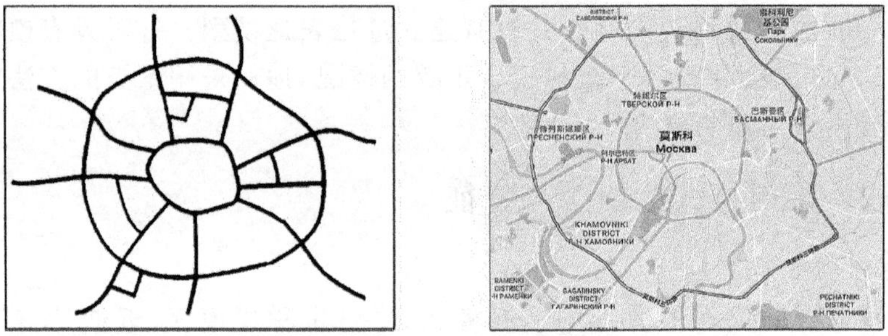

(c) 具有模糊中心的辐射模式二

图 2.19　三种辐射模式模板及其对应的实例

2. 辐射模式的特征

对于标准的辐射模式，其特征很明显，辐射中心为一个确定的点或圆环，辐射边数量适中且为近似等长直线，辐射边之间的夹角近似相等。但是，对于现实中的辐射模式，辐射中心为模糊中心，辐射边为弯曲延伸的曲线，辐射边的长度以及它们之间的角度没有严格的近似相等要求，这一点在图 2.19 中也可以观察到。这样一来，辐射中心和辐射边的提取在识别过程中具有较强的不确定性。在图 2.19(c)中，中心区域里面可能还有很多道路，只是由于尺度的原因，忽略了这些细节。由此可见，如何提取模糊中心及相应的辐射边是亟待解决的关键问题。

本书针对图 2.19(c)的情况，提出一种新的识别方法。这种情况下，辐射中心不是指一个点，而是指某一块范围，该范围内道路网稠密，在空间上表现为一个不规则的多边形。对于该种辐射模式的识别，基本的思路是：先提取模糊中心，再由这个模糊中心向四周搜索与之相连的发散的道路作为候选辐射边，然后对其进行适当的化简，最后通过比较标准的辐射模式与化简后的模式来判断其是否可以被接受为辐射边。

2.4.3 方　法

1. 辐射中心的提取

Jiang 等(2012)根据由道路构成的多边形在尺寸上呈现空间自相关的特点提取“自然城市”。从国家的层面上观察，所提取的“自然城市”表现为一些由尺寸相近的多边形构成的核或热点。在城市道路网中，辐射模式的中心通常位于中心城区，那里道路网稠密，与城市其他区域相比，由道路网构成的多边形尺寸较小而且相近，很自然地也可以应用空间自相关的思想来提取辐射中心，在城市的层面上，即为城市的核或热点，亦即小面积多边形的聚集处。Geits-Ord 的 $G_i{}^*$ 是描述局部空间自相关的统计量，反映了高值或低值是否聚集(Ord et al,1995)。本书应用 Geits-Ord 的 $G_i{}^*$ 进行模糊辐射中心的提取，其基本的计算公式见式(2.12)：

$$G_i^* = \frac{\sum_{j=1}^{n} w_{i,j}\, x_j - \overline{X}\sum_{j=1}^{n} w_{i,j}}{S\sqrt{\dfrac{\left[n\sum_{j=1}^{n} w_{i,j}^2 - (\sum_{j=1}^{n} w_{i,j})^2\right]}{n-1}}} \tag{2.12}$$

式中：$\overline{X} = \dfrac{\sum_{j=1}^{n} x_j}{n}$，$\overline{X}$ 是所有多边形的平均面积；$S = \sqrt{\dfrac{\sum_{j=1}^{n} x_j^2}{n} - (\overline{X})^2}$；$x_j$ 是第 j 个多边形的网眼面积；$w_{i,j}$ 是多边形 i 和多边形 j 的权系数。本节采用的权系数设定方法是固定距离法，即与一个多边形一定距离内的其他多边形间的权重为 1，在距离之外的权重为 0，n 是所有多边形的数量。

由于考虑的参量是多边形的面积，那么实际要找的是低值聚集的地方，即冰点。根据前述思想，将 z 值低于一定程度的多边形进行合并。在一般的实验中，最为常用的显著性水平是 0.05，对应于 z 的临界值 −1.96。所以，将 z 得分小于 −1.96的多边形选出，作为模糊辐射中心。图 2.20 给出了一个示例，根据图例，图中颜色最深的部分对应模糊辐射中心。

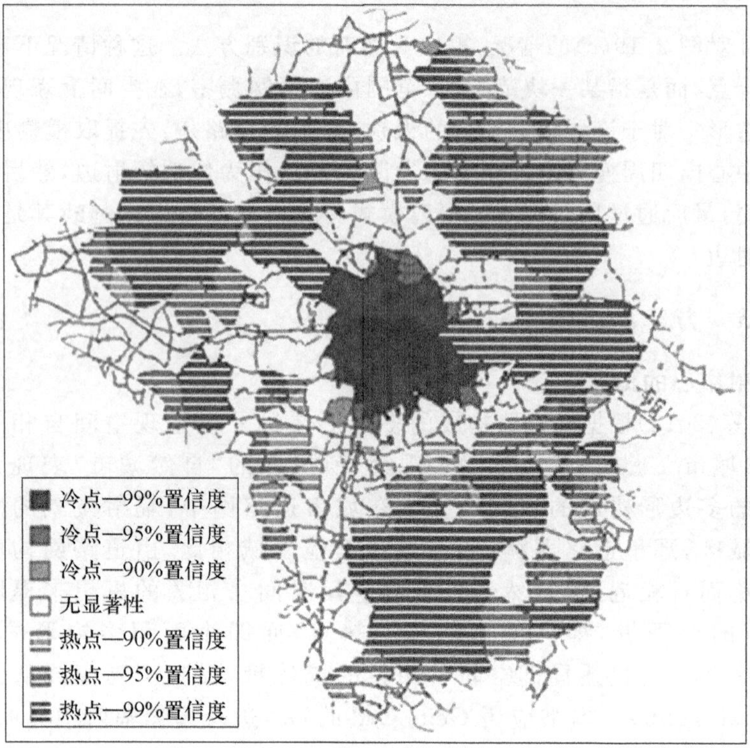

图 2.20　模糊辐射中心的提取

2. 辐射边的提取

在提取辐射中心后，就需进行辐射边的提取。其主要的思想是根据格式塔(Gestalt)原则中好的延续性规则，将可能的辐射边都提取出来，然后对候选辐射模式进行化简，最后根据辐射边的特征建立定量化的评价模型进行判别，选出与标准辐射模式最相似的辐射边组合。

根据格式塔原则中的好的延续律，由辐射中心多边形向外搜索所谓的 Stroke (Thomson et al,1999)作为候选辐射边。由于实际情况中数据的语义信息往往不全或缺失，所以这里好的延续性规则仅考虑路段之间的角度，对于角度阈值的设定，参照 Zhou 等(2012)的研究设定为 60°。对于可能出现的双线复杂道路的情况(Yang et al,2011)，本书将其变为单线。具体步骤如下：

(1) 搜索与模糊中心多边形相连且在该多边形外的边的集合，设为 $R=\{r_1, r_2, \cdots, r_n\}$。

(2) 对于 R 中的每一条边，设定角度阈值为 60°，生成针对该边的 Stroke。

上述具体步骤实际是将所有与模糊辐射中心多边形相连且向外延伸的道路选出作为候选辐射边，当然，可能会出现某些辐射边部分重合的情况，如

图 2.21所示，1-3 和 2-3 是两条部分重合的候选辐射边。在候选辐射边的基础上，可以进行辐射边的判别。在后续的辐射边判别步骤中，并不是考虑单条边是否为辐射边，而是一种整体上的考虑，将所有这些候选辐射边中最具辐射特征的组合挑选出来。

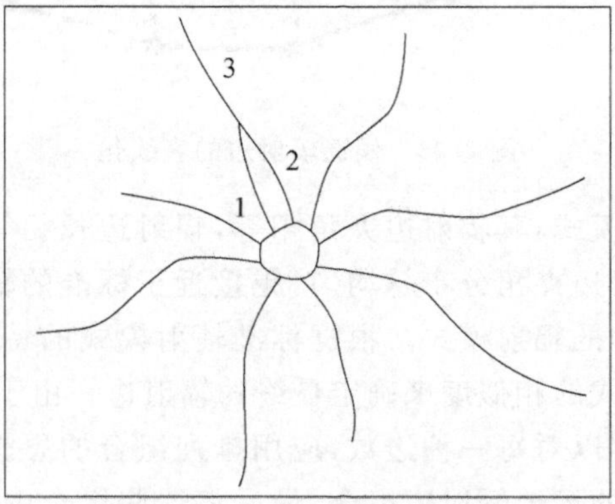

图 2.21　辐射边重合

由于提取后的模式在图形上仍然会比较复杂，与标准辐射模式可能存在较大差异，所以这里应对提取的模式进行适当的化简，适当的化简对于模式具有凸显作用。化简主要涉及辐射中心降维以及对辐射边直线化处理。辐射中心降维即用提取的辐射中心多边形的质心表示辐射中心点，将原本与多边形相连的辐射边连接至其质心，如图 2.22 所示。

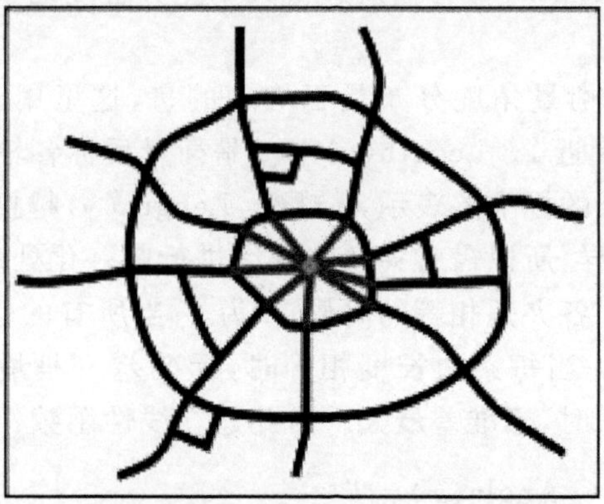

图 2.22　模糊辐射中心的降维

为了保证每条候选辐射边在直线化后，位置及方向尽量维持原样，具体做法是：确定一条线段，线段的一个端点为辐射中心点，另一个端点为原候选辐射边在该线段上的投影点，满足原候选辐射边上各点到该线段欧氏距离的平方和最小，如

图 2.23 所示。

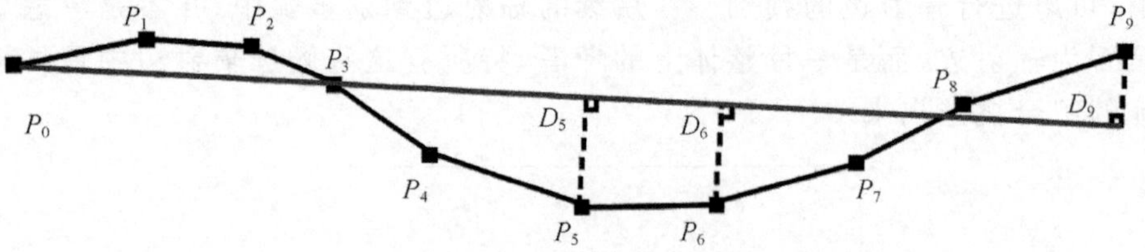

图 2.23 候选辐射边的直线化

对于标准的辐射模式，其辐射边夹角相等，辐射边长相等，辐射边数量适中且至少 5 条。所以，辐射边夹角分布越均匀，越接近于标准的辐射模式，辐射边长差异越小，越接近于标准的辐射模式。根据标准辐射模式的特征，建立判别模型，通过候选模式与标准模式的相似度来确定最终的辐射边。由于候选辐射边数量可能超过实际的辐射边，所以对每一种边数，应用排列组合的思想，找出一个最贴近该边数对应的标准模式的候选辐射边组合，最后将这些组合中与标准辐射模式最相似的作为最终结果。

针对相似性计算问题，本节从角度分布规律以及辐射边长的差异两方面建立如下模型：

$$\left.\begin{aligned} &F(x,y)=w_1\text{Angle}(x)+w_2\text{Length}(y)\\ &w_1+w_2=1\end{aligned}\right\}\qquad(2.13)$$

$F\in[0,1]$，F 越接近 1，模式越接近标准辐射模式。式中：Angle(x)为夹角分布规律的判别函数，Length(y)为辐射边长大小差异程度的判别函数，w_1 和 w_2 是权重。

Angle(x)中 x 是衡量角度分布是否均匀的量，这里用夹角的标准差表示，x 越小，Angle(x)值越接近 1。Length(y)中 y 是衡量目标各辐射边长大小差异程度的量，这里用辐射边长的标准差表示，y 越小，Length(y)越接近 1。由于夹角和长度的量纲和大小有差异，所以需对夹角和长度进行归一化处理。

容易证明，当目标各夹角相等的时候，x 为 0；当所有的辐射线段重合，即都指向同一方向时，x 最大；当每条边长度相等时，标准差 y 是最小的；当一条边为 1，其余 $n-1$ 条边都为 0 时，标准差最大。由此建立线性函数：

$$\text{Angle}(x)=\frac{a-x}{a},\quad 0\leqslant x\leqslant 1\qquad(2.14)$$

$$\text{Length}(y)=\frac{b-y}{b},\quad 0\leqslant y\leqslant 1\qquad(2.15)$$

式(2.14)中：x 为夹角标准差，a 为 n 条边下的最大标准差，$a=\sqrt{\dfrac{\left(1-\dfrac{1}{n}\right)^2+\dfrac{n-1}{n^2}}{2}}$；

式(2.15)中：y 为长度标准差，b 为 n 条边下的最大标准差，$b=\sqrt{\dfrac{\left(1-\dfrac{1}{n}\right)^2+\dfrac{n-1}{n^2}}{2}}$。当边数 n 不同时，a 和 b 的值也发生变化。

建立判别模型之后，就要对候选辐射边的组合进行判定。这里需要顾及辐射边的数量，设定阈值，在超过阈值的组合中，选择边数最多的组合。

2.4.4　结果与评价

实验数据为中国四川省成都市的道路网。在提取模糊辐射中心时，根据 ArcGIS 在线帮助的建议(ESRI，2013)，选择固定距离法定义权系数，设定距离阈值为 2.63 km，候选辐射边判别模型阈值设定为 0.9。

按照 2.4.3 节所述的方法步骤，实验过程与识别结果如图 2.24 所示。图 2.24(a)是成都市道路网数据，图 2.24(b)是模糊辐射中心的提取结果，图 2.24(c)是候选辐射边的提取结果，图 2.24(d)是化简后对应辐射中心与候选辐射边，图 2.24(e)是边数不同的情况下的候选辐射边组合，表 2.11 为其判别值。图 2.24(f)是设定 $F>0.9$，且边数最多的情况，对应图 2.24(e)中的第 4 种情况。当然，可由不同的阈值设定得到不同的结果。

本方法存在一定的局限，主要表现在以下两个方面：

(1)提取模糊辐射中心时，G_i^* 的计算受权系数的影响很大，表现在权系数的形式以及选择形式后需要确定的相关参数。本实验中用到的权系数设置方法是固定距离法，同时也对其他的设置方法(如面邻接法、反距离法)定义的权系数进行了测试，发现运用固定距离法得到的效果最好。

(2)模式识别受认知的影响，辐射边判别模型的形式需要认知实验的验证，从图 2.24(e)及表 2.11 中可以看出，判别值普遍偏大。导致该现象的原因可能是成都市道路网从整体上呈现辐射状，所以计算出来的值都很高。

表 2.11　候选辐射边组合的判别值

	(1)	(2)	(3)	(4)	(5)	(6)	(7)	(8)	(9)
边数	5	7	10	8	8	8	11	19	32
判别值	0.902	0.923	0.891	0.905	0.898	0.902	0.896	0.889	0.865

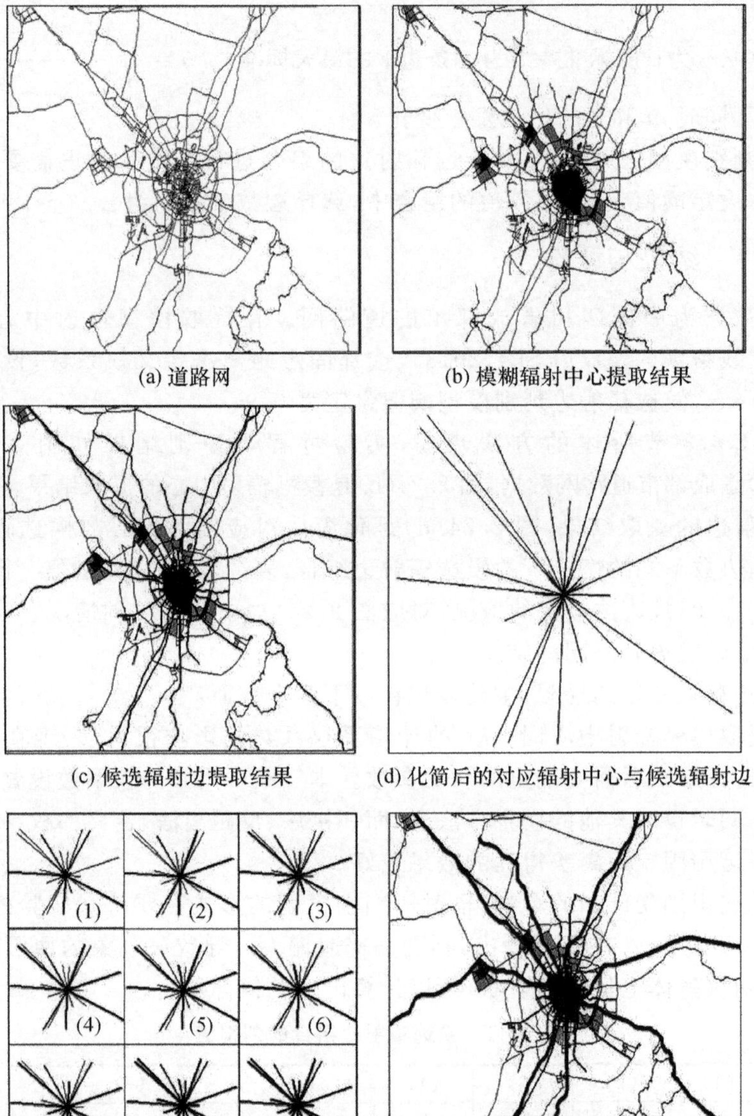

(a) 道路网　(b) 模糊辐射中心提取结果

(c) 候选辐射边提取结果　(d) 化简后的对应辐射中心与候选辐射边

(e) 边数不同时的候选辐射边组合　(f) 边路最多情况，$F>0.9$

图 2.24　辐射模式识别过程与结果

第 3 章　拓扑模式分析

§3.1　概　述

在新网络科学与自发地理信息(volunteered geographic information,VGI)的发展下(Newman et al,2006;Goodchild,2007),道路网拓扑分析研究掀起了热潮(Jiang,2007)。拓扑分析是地理分析的新范式(Jiang et al,2009)。在分析的模式方面,无标度特性、小世界特性、度相关性、层次组织等是被较为关注的模式,这些模式的判断均有经典方法。相对于被关注得较多的无标度和小世界特性(Barabási et al,1999;Watts et al,1998),度相关性、层次组织被关注得较少,而且对于度相关性的判断有多种方法(Newman,2002;Xu et al,2009;Litvak et al,2013)。

在分析的方法方面,根据网络表达的不同,道路网拓扑分析的方法主要有两种:原始法和对偶法。原始法指图的节点对应于道路交叉点,图的边对应于道路段,Buhl 等(2006)对欧洲自组织城市的分析、Chan 等(2011)对德国最大的 20 个城市道路网的分析、Crucitti 等(2006)对自组织城市和规划型城市的中心性参量的分布研究均采用的原始法;对偶法指图的节点对应于道路或者 Stroke,图的边对应于道路、通视线、Stroke 间是否具有相交关系。近年来出现了基于社区的新形式(Duan et al,2013)。Porta 等(2006)关于 6 个城市道路网拓扑模式的分析、Jiang(2007)关于 40 个美国城市道路网拓扑模式的分析均采用对偶法。基于 Stroke 的对偶法超脱了原有网络的地理限制,更关注于其拓扑组织,有助于揭示隐含结构,得到广泛应用(Porta et al,2006;Jiang et al,2008)。对同一道路网,不同的 Stroke 生成方法会生成不同的 Stroke 集,这就导致了可变线元问题(Jiang et al,2008)。如图 3.1 所示,对于同一道路网,图 3.1 (a)和图 3.1 (b)是两种不同的 Stroke 结果,根据 Clauset 等(2009)的判断方法,图 3.1 (a)呈现无标度特性,而图 3.1 (b)不呈现。

在分析的数据方面,城市道路网既有多数来源于单一国家(Jiang,2007)的分析,又有某一区域城市的分析(Porta et al,2006;Chan et al,2011),还有不同类型城市的分析(Buhl et al,2006)。数据的规模有些是整个城市道路网,有些是城市道路网的一部分,路段数从几百到几万,差异较大。由于来源区域、城市类型和数据规模的差异,获得的分析结论往往不同。例如,同样采用对偶法,Porta 等(2006)对具有不同形态和历史的 6 个 1 平方英里范围内的城市进行拓扑分析后发现所有道路网均呈现层次组织,而 Jiang(2009)对瑞典城市的研究并未发现有此规律。

拓扑模式由网络中的某些统计规律定义，所以其识别相对较易，例如，无标度特性的识别本质上是对度分布是否服从幂律分布的判断(Barabási et al,1999)。

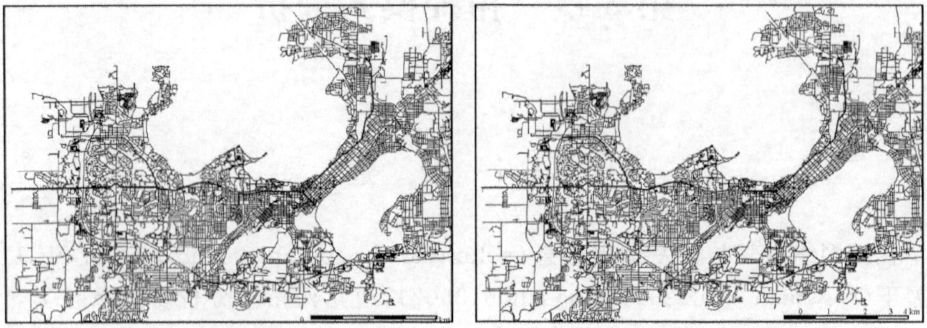

(a)具有无标度特性　　(b)不具有无标度特性

图 3.1　Madison 道路网两次 Stroke 生成结果局部对比

与社会网络、科技网络、生物网络等不同的是，道路网是一类地理网络，其分析应属于地理分析的框架。上述研究是单纯将新网络科学的理论与方法应用于道路网的分析中，这样一来就忽视了道路网的地理特性以及地理分析的关键因素，其中一个重要因素是地理分析的尺度。尺度的含义很丰富，从维数上说包括空间尺度、时间尺度和组织尺度(张娜，2006)。空间尺度主要包括粒度、幅度、分辨率、比例尺等(Wu，2004)。尺度问题在地理学、遥感科学、生态学、地图学等领域广受关注，基本的问题包括尺度效应、尺度推绎、尺度转换和多尺度表达等(李霖 等，2005；孟斌 等，2005；Li，2006；孙庆先 等，2007；梁进社，2009；高义 等，2011；遥感学报编辑部，2014)。对拓扑分析中的尺度问题进行研究有助于推动道路网的拓扑分析从单纯的复杂网络分析向地理-拓扑分析转变。

自发地理信息的发展为大规模的地理分析提供了丰富的数据，开放式街道地图(OpenStreetMap，OSM)是其典型的成功案例(Goodchild，2007)。尽管 OSM 数据质量存在一定问题(Girres et al，2010；李德仁 等，2009，2010；王明 等，2013)，有学者认为它可与国家测绘系统或商业公司提供的数据相媲美(Haklay，2010)，而且已有很多成功应用(Jiang et al，2012；Goetz，2012；Hagenauer et al，2012)。

本章从 OSM 上获得大样本的城市道路网数据(其获取和预处理过程在附录 A 中予以介绍)，基于 Stroke(由常用的 EBF 策略生成)的对偶表达(图的节点代表 Stroke，图的边代表 Stroke 是否相交)，对道路网的拓扑模式进行了分析。§3.2 对大样本异质道路网进行了拓扑分析；§3.3 分析了道路网鲁棒性及其与拓扑模式间的关系；§3.4 对度相关性的已有度量方法进行了比较与分析，在此基础上总结了道路网的类型；§3.5 关注道路网拓扑分析中的由幅度和比例尺变化所导致的尺度效应。

§3.2　常见的拓扑模式

3.2.1　无标度特性

如果一组数据的概率密度分布满足 $p(x) \propto x^{-\gamma}$ 的形式，则该组数据遵循幂律分布。在网络度分布的实证研究中，除了少数例外，幂指数 γ 往往位于 2～3 的范围内，则该网络具有无标度特性(Barabási et al,1999)。对幂律分布的判断问题，Clauset 等(2009)提出了一种用于严格检验幂律分布并计算其幂指数的方法，其主要思路是运用幂律分布模型来拟合数据，计算幂指数的极大似然估计，再通过基于 K-S 检验的拟合优度检验来判断这组数据是否服从幂律分布。本书对幂律分布的判断采用 Clauset 等(2009)所述的方法，对每个网络中所有节点的度进行检验得到 γ 和 p 值，其中度分布幂指数 γ 是极大似然估计的结果，p 值则是基于 K-S 检验的拟合优度检验结果，p 值越大，模型越优，p 值大于 0.05 则可以认为网络节点的度分布符合幂律分布模型。通过检验发现(表 3.1)，符合幂率分布的共 71 个道路网，其余 29 个道路网不符合幂率分布、指数分布、对数正态分布等模型，但形态上仍呈现厚尾的单峰右偏态。这与 Jiang(2007)的研究有一定差异，原因是 Jiang(2007)的研究并未对是否服从幂律分布进行严格的统计推断。

表 3.1　城市道路网的拓扑分析结果

城市	度分布		小世界				度相关性		层次组织	
	γ	p	C	C_r	L	L_r	ρ	σ_ρ	β	R^2
Athens	3.72	0.39	0.20	0.00	5.48	4.81	−0.06	0.01	0.73	0.76
Atlanta	2.63	0.13	0.27	0.00	6.11	6.75	−0.13	0.01	0.80	0.74
Auckland	2.70	0.94	0.20	0.00	6.71	8.71	−0.23	0.01	0.84	0.85
Austin	2.74	0.34	0.27	0.00	6.69	7.81	−0.12	0.01	0.91	0.87
Baghdad	2.92	0.02	0.07	0.00	7.04	6.82	−0.17	0.00	0.85	0.49
Bangalore	2.98	0.44	0.21	0.00	7.32	7.69	−0.21	0.00	0.92	0.90
Bangkok	2.80	0.23	0.14	0.00	7.56	9.50	−0.34	0.01	0.90	0.64
Barcelona	2.69	0.21	0.21	0.00	5.60	5.27	0.08	0.01	0.62	0.74
Bejaia	2.93	0.18	0.33	0.01	4.19	4.09	−0.12	0.04	0.85	0.95
Berlin	3.03	0.18	0.28	0.00	7.22	7.65	−0.13	0.00	0.93	0.90
Birmingham	2.70	0.44	0.19	0.00	7.37	8.79	−0.11	0.01	0.86	0.95
Bogota	3.30	0.49	0.09	0.00	7.23	6.86	−0.11	0.00	0.74	0.74
Bordeaux	2.62	0.08	0.29	0.00	5.30	5.56	−0.15	0.01	0.85	0.90
Boston	2.75	0.62	0.26	0.00	6.42	6.32	−0.19	0.01	0.85	0.90
Brasilia	2.95	0.56	0.22	0.00	6.35	6.54	−0.16	0.02	0.80	0.59

续表

城市	度分布		小世界				度相关性		层次组织	
	γ	p	C	C_r	L	L_r	ρ	σ_ρ	β	R^2
Brno	2.79	0.01	0.28	0.00	9.06	7.34	−0.19	0.01	0.98	0.95
Brussels	3.02	0.90	0.29	0.00	6.45	5.23	−0.10	0.02	0.78	0.80
Budapest	2.80	0.29	0.25	0.00	6.88	6.48	−0.12	0.01	0.90	0.86
Buenos Aires	4.54	0.69	0.24	0.00	4.53	3.71	0.07	0.01	0.57	0.71
Cardiff	2.97	0.72	0.21	0.00	7.46	8.09	−0.11	0.01	0.86	0.88
Charlotte	2.93	0.05	0.22	0.00	7.16	8.88	−0.11	0.01	0.78	0.75
Chattanooga	2.68	0.82	0.25	0.00	6.27	6.82	−0.08	0.01	0.87	0.88
Chennai	2.95	0.77	0.17	0.00	7.51	7.60	−0.25	0.01	0.98	0.90
Chongqing	2.80	0.35	0.27	0.00	6.12	5.98	−0.06	0.02	0.86	0.85
Cincinnati	2.58	0.29	0.24	0.00	6.74	6.82	−0.13	0.01	0.84	0.80
Cleveland	2.58	0.82	0.23	0.00	6.20	5.78	−0.21	0.01	0.92	0.81
Curitiba	3.34	0.76	0.18	0.00	6.27	5.55	0.02	0.01	0.71	0.72
Dar es Salaam	3.03	0.29	0.29	0.00	6.22	6.32	−0.18	0.01	0.95	0.95
Delaware	2.86	0.92	0.23	0.01	5.14	5.61	−0.13	0.03	0.68	0.54
Denver	2.98	0.54	0.24	0.00	6.68	5.22	0.04	0.01	0.92	0.60
Detroit	2.59	0.22	0.17	0.00	4.59	4.46	−0.20	0.01	0.82	0.75
Edinburgh	2.84	0.50	0.26	0.00	7.34	8.30	−0.19	0.01	0.96	0.94
Evansville	2.55	0.44	0.16	0.00	4.99	5.16	−0.01	0.02	0.81	0.65
Frankfurt	2.89	0.09	0.27	0.00	6.60	6.77	−0.15	0.01	0.88	0.92
Gdansk	3.03	0.67	0.28	0.00	6.87	7.39	−0.18	0.01	1.07	0.89
Glasgow	2.98	0.88	0.26	0.00	6.97	7.63	−0.12	0.01	0.89	0.96
Grand Rapids	2.52	0.69	0.17	0.00	4.61	5.23	−0.19	0.02	0.72	0.59
Hamburg	3.12	0.53	0.29	0.00	8.38	8.23	−0.24	0.00	0.93	0.96
Harare	2.93	0.67	0.26	0.00	5.99	6.44	−0.16	0.01	0.78	0.80
Honolulu	2.35	0.07	0.27	0.00	5.56	6.60	−0.16	0.01	0.69	0.71
Islamabad	2.91	0.12	0.13	0.00	6.84	6.85	−0.21	0.01	0.87	0.71
Kamloops	2.56	0.14	0.31	0.00	6.17	6.98	−0.19	0.02	0.83	0.60
Karachi	2.88	0.04	0.15	0.00	6.72	6.28	−0.19	0.01	0.85	0.75
Karlsruhe	2.71	0.43	0.26	0.00	6.53	6.89	−0.18	0.01	0.84	0.92
Kirovohrad	2.58	0.05	0.28	0.01	5.84	4.40	−0.15	0.02	0.93	0.76
Krakow	2.94	0.29	0.29	0.00	6.48	7.87	−0.22	0.01	1.03	0.85
Kyiv	2.87	0.66	0.29	0.00	6.65	9.45	−0.17	0.01	0.86	0.70
Las Vegas	2.80	0.41	0.18	0.00	7.18	8.20	−0.11	0.01	0.90	0.73
Lawrence	2.42	0.45	0.25	0.00	5.34	6.18	−0.11	0.02	0.83	0.58
Lexington	2.64	0.85	0.24	0.00	5.72	7.52	−0.19	0.01	0.82	0.76

续表

城市	度分布		小世界				度相关性		层次组织	
	γ	p	C	C_r	L	L_r	ρ	σ_ρ	β	R^2
Lille	2.45	0.01	0.25	0.00	6.30	5.74	−0.10	0.02	0.76	0.79
London	2.79	0.16	0.22	0.00	9.46	10.03	−0.19	0.00	0.99	0.96
Lviv	2.90	0.76	0.19	0.00	8.05	7.28	−0.23	0.01	0.98	0.83
Lyon	2.69	0.02	0.23	0.00	6.15	5.15	−0.04	0.01	0.73	0.86
Macon	2.50	0.00	0.28	0.00	5.24	5.68	−0.10	0.02	0.80	0.85
Madison	3.01	0.26	0.32	0.00	6.76	6.90	−0.18	0.01	0.85	0.83
Madrid	3.06	0.57	0.26	0.00	6.42	6.55	−0.14	0.01	0.87	0.78
Manchester	2.72	0.52	0.18	0.00	6.60	7.86	−0.19	0.01	0.90	0.85
Manila	3.23	0.64	0.17	0.00	5.35	4.77	−0.05	0.01	0.87	0.70
Marseille	2.84	0.76	0.26	0.00	7.38	7.52	−0.13	0.01	0.88	0.88
Mexico City	2.75	0.02	0.18	0.00	6.60	6.10	−0.06	0.00	0.78	0.70
Miami	2.44	0.51	0.15	0.00	4.35	5.65	−0.10	0.01	0.71	0.49
Milan	2.69	0.06	0.27	0.00	6.21	6.01	−0.07	0.01	0.82	0.89
Mobile	2.52	0.95	0.31	0.00	5.86	7.74	−0.31	0.01	0.99	0.83
Monaco	2.71	0.38	0.32	0.01	4.66	4.44	−0.12	0.04	0.71	0.84
Montpelier	2.63	0.09	0.29	0.00	6.88	6.69	−0.14	0.01	0.85	0.92
Montreal	2.47	0.00	0.29	0.00	5.89	6.11	−0.04	0.01	0.90	0.83
Munich	3.02	0.83	0.25	0.00	6.89	7.44	−0.16	0.00	0.96	0.93
Nairobi	2.78	0.01	0.24	0.00	7.75	7.67	−0.12	0.01	0.95	0.81
New Delhi	2.84	0.00	0.16	0.00	8.06	7.14	−0.15	0.01	0.90	0.66
New York	2.47	0.00	0.28	0.00	6.66	5.31	−0.03	0.00	0.75	0.81
Newcastle	2.76	0.00	0.21	0.00	8.72	7.62	−0.17	0.01	1.00	0.88
Nuremberg	2.90	0.21	0.25	0.00	6.64	7.16	−0.19	0.01	0.89	0.94
Odessa	2.44	0.00	0.19	0.00	6.60	5.26	−0.08	0.02	0.83	0.62
Osaka	3.02	0.68	0.21	0.00	5.27	5.40	−0.03	0.01	0.75	0.83
Paris	2.32	0.00	0.28	0.00	5.11	5.48	−0.12	0.01	0.81	0.87
Pittsburgh	2.98	0.61	0.24	0.00	6.72	5.86	−0.05	0.01	0.76	0.83
Porto Alegre	2.76	0.00	0.22	0.00	6.52	6.20	−0.12	0.01	0.89	0.81
Reno	2.50	0.00	0.30	0.00	6.74	7.04	−0.12	0.01	0.82	0.79
Reykjavik	3.05	0.65	0.27	0.00	6.66	6.78	−0.19	0.01	0.93	0.84
Riga	2.63	0.02	0.30	0.00	7.36	7.67	−0.19	0.01	1.04	0.92
Rotterdam	3.31	0.58	0.26	0.00	7.39	6.64	−0.16	0.01	0.91	0.88
San Diego	2.43	0.00	0.31	0.00	7.14	7.84	−0.08	0.01	0.81	0.75
Santander	2.91	0.88	0.30	0.00	5.38	5.88	−0.15	0.02	0.90	0.85
Santo Domingo	2.66	0.02	0.23	0.00	5.53	5.58	0.00	0.01	0.92	0.67

续表

城市	度分布		小世界				度相关性		层次组织	
	γ	p	C	C_r	L	L_r	ρ	σ_ρ	β	R^2
Seattle	2.78	0.02	0.24	0.00	5.96	7.25	−0.04	0.01	0.73	0.75
Seoul	2.90	0.58	0.27	0.00	5.74	5.61	−0.07	0.01	0.77	0.89
Shanghai	2.77	0.00	0.20	0.00	9.05	6.76	−0.05	0.01	0.77	0.76
Singapore	2.83	0.01	0.26	0.00	6.73	8.21	−0.11	0.01	0.83	0.91
St Louis	2.30	0.01	0.19	0.00	4.75	4.74	−0.12	0.01	0.76	0.64
Strasbourgh	3.24	0.74	0.29	0.00	6.51	6.03	−0.14	0.01	0.91	0.95
Taipei	2.57	0.15	0.21	0.00	5.52	5.59	−0.10	0.01	0.84	0.79
Tel Aviv	2.70	0.44	0.23	0.00	5.99	5.93	−0.10	0.01	0.84	0.73
Terre Haute	2.53	0.84	0.26	0.01	3.98	3.83	−0.05	0.02	0.82	0.55
Topeka	2.57	0.71	0.27	0.00	5.10	6.89	−0.04	0.01	0.85	0.75
Toronto	2.66	0.02	0.29	0.00	5.91	8.05	−0.13	0.00	0.94	0.93
Toulouse	3.50	0.79	0.33	0.00	6.83	6.89	−0.17	0.01	0.98	0.91
Vancouver	2.17	0.00	0.25	0.00	4.87	4.61	−0.02	0.01	0.82	0.74
Warsaw	2.71	0.00	0.25	0.00	6.67	7.50	−0.10	0.01	0.99	0.68
Yerevan	2.87	0.05	0.25	0.00	6.56	6.91	−0.15	0.01	0.89	0.83

3.2.2　小世界特性

小世界特性描述的是现实世界中网络区别于规则网络和随机网络的一种状态(Watts et al,1998)。小世界网络具有两个特点：与规则网络相似的高团簇系数 C 和与同等规模随机网络相似的相对低的平均最短路径长度 L(Watts et al,1998)。

团簇系数公式如下：

$$C=\frac{1}{n}\sum_{i=1}^{n}\frac{2\text{Count}_i}{n_i(n_i-1)} \tag{3.1}$$

式中：n 为节点数，Count_i 为节点 i 邻接节点彼此相连的个数，n_i 为节点 i 的邻接节点数。团簇系数描述的是节点的邻接节点之间彼此相连的趋势(Watts et al,1998)。

平均最短路径长度的公式如下：

$$L=\frac{2}{n(n-1)}\sum_{i>j}^{n}d_{ij} \tag{3.2}$$

式中：n 为节点数；d_{ij} 为节点 i 到节点 j 的最短路径的路径长度，该值描述网络节点间的通达性(Watts et al,1998)。

通过检验发现(表 3.1)，所有网络均表现出小世界特性，即团簇系数 C 远大于随机图的 C_r，而平均最短路径长度 L 则与随机图的 L_r 接近。这一点与 Jiang (2007)的研究结论一致。

3.2.3　度相关性

现实世界中的一些网络呈现度高的节点倾向于与度高的节点相连的现象，表现为度相关性的同配(assortative mixing)，如演员合作网络和论文合作网络。另外一些网络呈现出度高的节点倾向于与度低的节点相连，表现为度相关性的异配(disassortative mixing)，如互联网和神经网络。还有一些既不呈现同配，也不呈现异配的网络，如 Erdös-Rényi 随机图(Newman，2002)。度量度相关性的方法主要分为两类：第一类计算由任一边连接的节点度的相关性，如任意一条边连接度为 k 和 k' 的条件概率(Boguñá et al，2002)、度为 k 的节点是否倾向于与度为 k' 的节点相连的联合分布概率(Maslov et al，2002)，此类方法通常根据计算结果的图像来判断网络的度相关性；第二类计算网络所有边两端的节点度的相关系数，如应用广泛的 Newman 同配性系数(Newman，2002)、克服超级节点影响的改进的 Newman 同配性系数(Xu et al，2009)、Litvak-Hofstad 同配性系数(Litvak et al，2013)。由于 Litvak-Hofstad 同配性系数能揭示较强的异配性，在同一机制产生的网络上具有一致性，克服了 Newman 同配性系数易受网络尺寸影响的弊端，所以本节选择 Litvak-Hofstad 同配性系数进行度相关性的度量，§3.4 将对不同的度相关性度量进行比较。

令 t_i^j 和 t_i^k 是边 i 两端节点度排序后的序，由于边两端的节点是无序的，故以1/2的概率随机记录两种可能的顺序之一(Litvak et al，2013)，Litvak-Hofstad 同配性系数计算如下：

$$\rho=\frac{\sum_i[t_i^j-(M+1)/2][t_i^k-(M+1)/2]}{\sqrt{\sum_i[t_i^j-(M+1)/2]^2\sum_i[t_i^k-(M+1)/2]^2}} \tag{3.3}$$

该值大于0，则网络为同配；该值小于0，则网络为异配。同时，为了判断其是否具有统计显著性，采用刀切法估算其误差(Newman，2003)：

$$\sigma_\rho^2=\sum_{i=1}^{M}(\rho_i-\rho)^2 \tag{3.4}$$

式中：σ_ρ 为误差的值，ρ_i 为每次删除网络的一条边后计算的同配性系数，ρ 为原图的同配性系数，M 为原图的边数。如果 ρ 的绝对值小于 σ_ρ，则认为该网络的度相关性为零结果，即不相关；反之，如果 ρ 的绝对值大于或等于 σ_ρ，则认为 ρ 值正负所代表的同配或异配具有统计显著性。结果表明(表3.1)，100个道路网中有4个为同配，2个为零结果，其余为异配。这一点与前人的研究结论类似(Porta et al，2006；Buhl et al，2006；Masucci et al，2009)。

3.2.4　层次组织

层次组织网络的形成是通过少数低阶群组形成高阶群组的过程，而网络的无标度特性在该过程中得到保持。在层次组织网络中，群组的集聚性程度符合幂律关系(Ravasz et al,2002)，该特性可以作为层次组织的判断依据。

判断层次组织是否存在的方法较为常见的是簇度相关性法(Ravasz et al,2002)，该方法需要验证团簇系数是否随着度的增大而递减，而该递减规律符合以下公式：

$$C(k) \sim k^{-\beta} \tag{3.5}$$

式中：k 为度的大小；$C(k)$为所有度为 k 的节点的平均团簇系数。该簇度相关关系中的幂指数 β 可转化为对数变换后拟合直线的斜率进行求解。通过对数变换之后将 $\log(C)$和 $\log(k)$进行线性回归的方法来计算得到模型的两个参数，分别为拟合优度 R^2 和 p 值，其中，R^2 越高代表该模型拟合得越好，p 值越低代表具有越高的概率可以拒绝 $\log(C)$和 $\log(k)$不相关的假设。经过计算，所有道路网的 R^2 较高且 p 值均小于 0.05，故可认为所有道路网均符合层次组织(表 3.1)。

§3.3 城市道路网的鲁棒性分析

复杂网络的鲁棒性分析研究当网络受到蓄意攻击或出现随机故障时，网络中节点间的连接程度受到的破坏以及通信传输行为受到的影响(Albert et al,2000)。其研究主要集中在静态鲁棒性和动态鲁棒性两个方面(Crucitti et al,2004)。静态鲁棒性研究删除一部分节点或边后对于网络连通性的影响；动态鲁棒性研究在复杂网络上的雪崩效应与级联效应，即删除一个节点对其他节点负载的影响。蓄意攻击表现为删除网络中重要的节点或边，而随机故障表现为随机删除网络中的节点或边(Albert et al,2000;Crucitti et al,2004)。

道路网鲁棒性涉及在受到破坏和出现故障时保持道路网功能的能力，道路网的鲁棒性分析有助于预防或者降低恐怖袭击、自然灾害以及交通拥堵造成的损失(Duan et al,2014)。不同研究领域的学者做了很多有益的研究，提出了若干衡量道路重要性和鲁棒性的指标(Sakakibara et al,2004;Jenelius et al,2006;Sullivan et al,2010;Snelder et al,2012)。道路网鲁棒性分析的一种常用方式是沿用复杂网络领域的分析方法。Buhl 等(2006)对欧洲 41 个自组织城市道路网和 Duan 等(2014)在三个粒度上对世界范围内 6 个城市道路网的鲁棒性分析，均是采用复杂网络鲁棒性分析的方法。段德忠等(2013)则运用随机故障和蓄意攻击的三种不同策略，对武汉城市圈的城乡公道路网进行了稳定性研究。然而，已有的运用复杂网络分析道路网鲁棒性的研究一方面数据样本不全面，表现为对整个城市进行分析的样本数量较小(段德忠 等,2013;Duan et al,2014)，样本数量较大的研究针对的仅仅是城市的某一个部分(Buhl et al,2006)；另一方面已有分析的模型单一，一般使用连续删除模型及其不同策略，并未考虑其他鲁棒性分析模型，如级联模型

(Motter et al,2002)。大样本城市道路网的鲁棒性是本节关注的第一个问题。研究显示无标度网络表现出对随机故障的健壮性和蓄意攻击的脆弱性(Albert et al,2000;Motter et al,2002;Crucitti et al,2004),同配网络表现出对蓄意攻击的健壮性(Newman,2003;Buhl et al,2006)。道路网的鲁棒性与这两种拓扑模式的关系是本节关注的第二个问题。

本节沿用复杂网络鲁棒性分析方法,对 50 个城市道路网进行研究(表 3.2)分析了其在受到蓄意攻击时的静态鲁棒性和动态鲁棒性,同时对道路网的鲁棒性与其拓扑模式间的关系进行了探讨。

表 3.2　50 个道路网的鲁棒性、度相关性和无标度特性

城市	连续删除模型 f_S		连续删除模型 $f_{<s>}$		级联模型 S_α		ρ	γ
	介数策略	度策略	介数策略	度策略	介数策略	度策略		
Athens	0.019 0	0.056 8	0.014 9	0.066 6	0.108 7	0.066 3	−0.06 3	3.72
Auckland	0.001 4	0.006 1	0.000 9	0.009 6	0.154 9	0.609 8	−0.232	2.70
Barcelona	0.015 4	0.052 4	0.015 4	0.088 1	0.050 3	0.050 3	0.081	2.69
Bejaia	0.024 7	0.049 5	0.017 7	0.035 3	0.095 4	0.095 4	−0.118	2.93
Berlin	0.002 4	0.017 1	0.003 1	0.022 6	0.093 6	0.367 4	−0.129	3.03
Birmingham	0.002 5	0.009 9	0.001 5	0.014 6	0.251 4	0.263 0	−0.111	2.70
Bordeaux	0.008 5	0.019 4	0.008 5	0.023 2	0.055 8	0.055 8	−0.149	2.62
Brno	0.004 4	0.019 8	0.004 4	0.000 2	0.114 3	0.289 9	−0.190	—
Brussels	0.004 8	0.044 3	0.004 1	0.002 7	0.401 9	0.401 9	−0.104	3.02
Budapest	0.001 8	0.015 5	0.000 5	0.018 3	0.095 5	0.582 6	−0.119	2.80
Buenos Aires	0.030 3	0.117 2	0.024 8	0.161 1	0.106 2	0.106 2	0.071	4.54
Cardiff	0.003 6	0.011 1	0.003 9	0.013 8	0.245 9	0.559 8	−0.109	2.97
Curitiba	0.005 4	0.033 6	0.008 4	0.033 8	0.054 1	0.178 1	0.022	3.34
Edinburgh	0.004 3	0.008 0	0.004 3	0.011 4	0.161 1	0.246 3	−0.194	2.84
Frankfurt	0.004 3	0.025 4	0.004 5	0.026 8	0.034 4	0.161 9	−0.152	2.89
Gdansk	0.004 1	0.013 1	0.005 6	0.013 1	0.085 8	0.084 3	−0.179	3.03
Glasgow	0.003 4	0.013 8	0.003 4	0.017 6	0.124 2	0.064 9	−0.122	2.98
Hamburg	0.001 8	0.016 4	0.002 0	0.018 0	0.267 6	0.197 2	−0.241	3.12
Harare	0.005 9	0.009 8	0.004 3	0.011 5	0.301 0	0.301 0	−0.162	2.93
Karlsruhe	0.005 2	0.023 2	0.003 5	0.024 4	0.053 3	0.220 9	−0.180	2.71
Kirovohrad	0.009 4	0.035 1	0.004 7	0.015 2	0.248 0	0.446 8	−0.153	—
Krakow	0.001 4	0.006 6	0.001 4	0.002 3	0.077 8	0.153 9	−0.218	2.94
Kyiv	0.000 7	0.004 0	0.000 3	0.000 6	0.102 5	0.102 5	−0.171	2.87
Lille	0.007 8	0.016 2	0.002 3	0.006 0	0.255 3	0.527 2	−0.099	—
London	0.001 5	0.006 7	0.001 9	0.006 7	0.107 7	0.130 6	−0.191	2.79

续表

城市	连续删除模型 f_S		连续删除模型 $f_{<s>}$		级联模型 S_α		ρ	γ
	介数策略	度策略	介数策略	度策略	介数策略	度策略		
Macon	0.007 3	0.009 3	0.008 3	0.006 4	0.260 4	0.220 3	−0.099	—
Madison	0.005 3	0.016 0	0.003 0	0.000 6	0.253 7	0.189 3	−0.177	3.01
Mexico City	0.003 3	0.019 9	0.005 3	0.031 0	0.170 1	0.170 1	−0.064	—
Milwaukee	0.009 4	0.043 8	0.002 6	0.048 6	0.151 4	0.707 0	0.085	—
Mobile	0.002 7	0.007 9	0.002 7	0.011 9	0.101 7	0.111 8	−0.310	2.52
Montreal	0.004 9	0.018 9	0.000 8	0.023 9	0.134 3	0.288 8	−0.041	—
Nairobi	0.002 9	0.007 6	0.003 6	0.007 8	0.127 7	0.143 1	−0.125	—
New Delhi	0.000 9	0.005 8	0.000 6	0.003 8	0.115 0	0.181 3	−0.151	—
New York	0.003 1	0.036 7	0.000 1	0.000 3	0.126 6	0.239 5	−0.032	—
Osaka	0.007 0	0.051 0	0.009 3	0.002 8	0.235 8	0.218 2	−0.031	3.02
Pittsburgh	0.006 0	0.022 7	0.001 3	0.022 9	0.175 4	0.415 1	−0.051	2.98
Porto Alegre	0.005 0	0.021 2	0.005 0	0.029 6	0.123 0	0.476 1	−0.116	—
Reno	0.004 6	0.014 6	0.000 8	0.016 2	0.182 4	0.235 3	−0.123	—
Santander	0.006 4	0.009 3	0.007 3	0.009 3	0.226 4	0.097 0	−0.151	2.91
Seattle	0.001 3	0.025 2	0.001 3	0.025 2	0.357 3	0.357 3	−0.037	—
Seoul	0.005 9	0.023 6	0.003 6	0.025 4	0.132 6	0.140 9	−0.068	2.90
Shanghai	0.008 5	0.040 4	0.003 9	0.050 6	0.056 0	0.342 5	−0.053	—
Singapore	0.002 9	0.006 0	0.003 5	0.009 6	0.155 3	0.387 7	−0.112	—
St Louis	0.012 2	0.049 3	0.006 3	0.057 8	0.092 5	0.092 5	−0.120	—
Taipei	0.006 8	0.027 4	0.006 8	0.032 6	0.101 4	0.167 4	−0.103	2.57
Tel Aviv	0.006 6	0.025 6	0.002 4	0.026 8	0.091 6	0.091 6	−0.104	2.70
Terre Haute	0.025 5	0.032 7	0.033 9	0.009 7	0.700 6	0.190 3	−0.051	2.53
Toronto	0.002 4	0.010 2	0.002 6	0.010 4	0.074 1	0.097 9	−0.130	—
Vancouver	0.013 3	0.054 8	0.013 3	0.066 2	0.309 5	0.542 9	−0.019	—
Yerevan	0.006 7	0.012 6	0.007 9	0.008 4	0.199 8	0.101 7	−0.147	—

3.3.1 鲁棒性分析模型

静态鲁棒性研究删除一部分节点或边之后对于网络连通性的影响，动态鲁棒性研究在复杂网络上的雪崩效应与级联效应，即删除一个节点对其他节点负载的影响(Crucitti et al,2004)。

介数和连通度分别描述了网络中节点重要性的不同方面(Crucitti et al,2004)。节点的介数 $B(r)$ 是网络中任意两个节点间最短路径经过该节点的平均比例(式(3.6)，式中，m_{pq} 表示节点 p 和 q 间最短路径的数量，$m_{pq}(r)$ 表示节点 p 和 q

间最短路径中经过节点 r 的数量，n 为节点总数)，在本节中度量了该 Stroke 处于其他 Stroke 之间的程度。节点的连通度(常简称度) $D(r)$ 是该节点具有的连接数(式(3.7)，式中，$I(r,p)$ 表示节点 r 和 p 之间是否有边相连，有则为 1，否则为 0)，在本节中表示与该 Stroke 相交的其他 Stroke 的数量。

$$B(r)=\frac{1}{(n-1)(n-2)}\sum_{p,q\in[1,n];p\neq q;q\neq r}\frac{m_{pq}(r)}{m_{pq}} \tag{3.6}$$

$$D(r)=\sum_{p=1}^{n}I(r,p) \tag{3.7}$$

本节在静态分析中采用连续删除模型，对节点进行排序后逐点删除，评价其对网络功能的破坏，每次删除节点后重新计算节点的度和介数。删除策略有介数和度两种策略，分别以介数或度降序排列。如果介数最大的节点有多个，则选择度高的节点进行删除；如果度最高的节点存在多个，则选择介数大的节点进行删除。

在动态分析中采用 Motter 等(2002)提出的级联模型，也可采用其他模型(Crucitti et al，2004)，其思想均为有针对性地删除负载能力高的节点，然后对其他节点的载荷进行重分配。假定重分配后的某节点的载荷高于其负载能力，则该节点也被删除，从而产生级联崩溃。同样地有两种策略，介数策略和度策略分别指以介数最高和度最高的节点作为删除的起始节点，若存在多个最大值情况的处理方式与连续删除模型类似。设节点 r 的载荷 L_r 为经过该节点的最短路径的数量，负载能力 C_r 为该节点能承受的最大载荷，则

$$C_r=(1+\alpha)L_r \tag{3.8}$$

式中：$r=1,2,\cdots,n$；α 为容差参量，一般小于 0.5。删除度或者介数最大的节点，重新计算剩余节点的载荷，假定节点 r 的载荷 L_r 超过其负载能力 C_r，那么节点 r 失效。重复此过程直到最后剩余的所有节点的载荷均小于等于其负载能力。

3.3.2 鲁棒性评价指标

网络鲁棒性的评价往往根据网络在攻击中功能指标的变化来定义。常用评价网络功能的指标有平均最短路径长度、全局效率、最大连通分支相对大小、孤立分支平均大小(average size of isolated clusters)等(Albert et al，2000；Holme et al，2002；Crucitti et al，2004)。由于平均最短路径长度在描述非连通图上存在缺陷(Holme et al，2002)，而全局效率对于不同的图不具备可比性(不同道路网初始的全局效率不同)，所以本节选择最大连通分支相对大小、孤立分支平均大小作为网络功能的评价指标。最大连通分支相对大小 S 是指最大的连通分支所包含的节点数与原图中的节点数的比值，假定初始道路网是连通图，那么该值为 1。孤立分支平均大小 $\langle s\rangle$ 是指除去极大连通分支外的孤立分支的平均节点规模，假定初始道路网为连通图，那么该值定义为 0，如果所有节点之间彼此均不连通，那么该值为 1，其余情

况该值均大于 1，该值达到峰值代表道路网达到崩溃临界点（Albert et al，2000）。

在连续删除模型下，参照文献（Buhl et al，2006）的实际做法，定义 $S=0.5$ 时的删除比例 f_S、孤立分支平均大小达到峰值时的删除比例 $f_{<s>}$ 为描述网络鲁棒性的指标，显然 f_S 和 $f_{<s>}$ 越大，网络鲁棒性越强。在级联模型中，由于级联效应会自动停止，所以级联停止时网络的 S_α 值可用作为评价网络鲁棒性的指标，设定容差 α 的值为 0.1、0.2、0.3、0.4、0.5。$<s>$ 在连续删除过程中达到峰值时的删除比例可以衡量网络鲁棒性，而级联模型每次崩溃删除的节点为多个，不能获得 $<s>$ 达到峰值的状态，所以级联模型未采用 $<s>$。

3.3.3 鲁棒性结果

实验采用上述的连续删除模型和级联模型作为鲁棒性分析模型，每种模型各考虑基于度和基于介数两种攻击策略。连续删除模型中的度量鲁棒性的指标为最大连通分支相对大小 $S=0.5$ 时的删除比例 f_S 和孤立分支平均大小 $<s>$ 达到峰值时的删除比例 $f_{<s>}$，级联模型中度量鲁棒性的指标为级联停止时网络的 S_α 值。

表 3.2 显示了实验得到的 50 个道路网在不同攻击模型和策略下的鲁棒性结果。此外，ρ 一栏列出了道路网的 Litvak-Hofstad 同配性系数；γ 一栏列出了具备无标度特性道路网的度分布幂指数，而“—”则表示道路网度分布不符合幂律分布，不具备无标度特性。级联模型 S_α 一栏中列出的是容差 α 取值为 0.1 的结果。下文将从连续删除模型下的道路网鲁棒性、级联模型下的道路网鲁棒性、连续删除模型与级联模型的比较对结果进行详细的阐述，道路网鲁棒性与拓扑模式间的关系则在下一小节详细展开。

1. 连续删除模型下的道路网鲁棒性

图 3.2 显示连续删除模型下的道路网鲁棒性，横坐标表示删除节点的比例 f，纵坐标表示极大连通分量相对大小 S 和孤立分支平均大小 $<s>$。介数策略下 f_S 的范围为 0.000 7 到 0.030 3，$f_{<s>}$ 范围为 0.000 1 到 0.033 9；度策略下 f_S 的范围为 0.004 到 0.117 2，$f_{<s>}$ 范围为 0.000 2 到 0.161 1。

从图 3.2 中曲线变化趋势可以看出，度策略下 S 的下降趋势较介数策略慢，而 $<s>$ 达到峰值时删除节点的比例 f 也比介数策略大。从曲线的变化速率可以认为，度攻击策略的破坏性弱于介数策略。比较度策略和介数策略的 f_S，其中所有道路网的度策略 f_S 均大于介数策略；比较度策略和介数策略的 $f_{<s>}$，其中 88% 的城市道路网度策略 $f_{<s>}$ 大于介数策略。对介数策略和度策略下的鲁棒性指标 f_S 进行单因素方差分析，结果 p 值小于 0.01，箱图如图 3.3(a) 所示；对两种策略下的鲁棒性指标 f_S 进行单因素方差分析，结果 p 值小于 0.01，箱图如图 3.3(b) 所示。这进一步验证了度攻击策略的破坏性弱于介数策略的结论。

2. 级联模型下的道路网鲁棒性

图 3.4 以 Curitiba 为例显示了基于介数和度攻击策略的级联模型及其对应的

S,横坐标代表不同容差值 α,纵坐标表示 S 值。总体而言,S 值随着容差增大而增大,但是部分城市会出现随着容差增大 S 值减小的情况,如图 3.4(a)所示,Curitiba 容差从 0.2 增长到 0.3,S 反而下降。这种小范围的下降是由于负载动态更新引起的。虽然容差增大,但是触发级联效应的顺序不同、单次级联失效的节点个数不同均会产生这种现象。

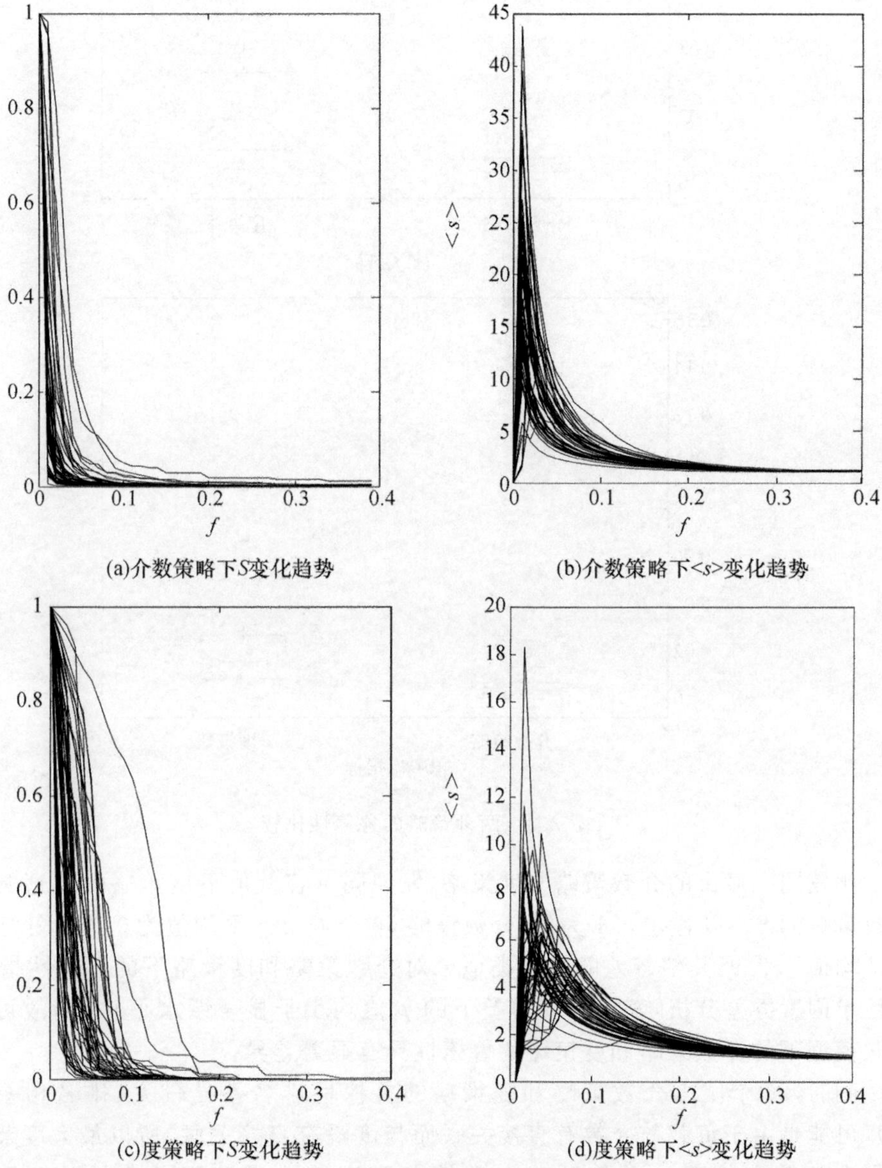

(a)介数策略下S变化趋势　(b)介数策略下<s>变化趋势

(c)度策略下S变化趋势　(d)度策略下<s>变化趋势

图 3.2　连续删除模型下的鲁棒性

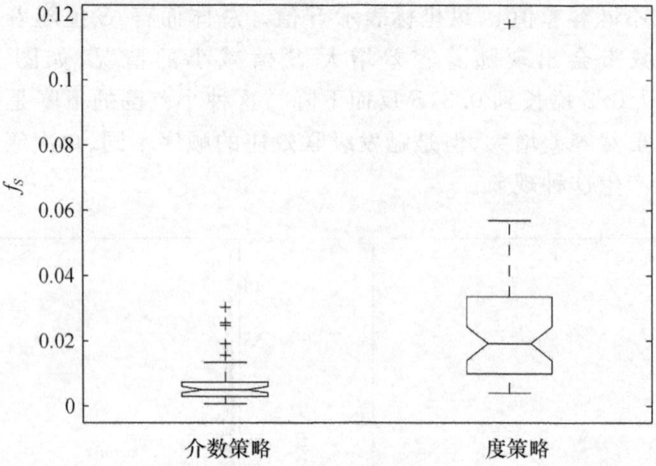

(a) f_S指标

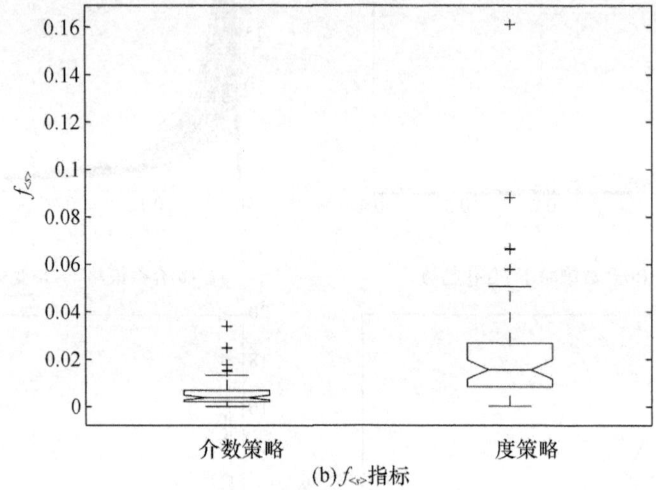

(b) $f_{<S>}$指标

图 3.3 两种策略的鲁棒性比较

比较同一城市的介数策略与度策略，发现同一容差值下度策略的 S 通常大于介数策略的 S。以容差 0.1 为例，介数策略 50 个城市 S 平均值为 0.166，小于度策略平均值 0.249，其他容差的情况类似。对介数策略和度策略下的鲁棒性指标 S_α 进行单因素方差分析，发现不同容差下的 p 值均小于显著性水平 0.01，故可认为级联模型下的介数策略和度策略的鲁棒性具有显著差异。

同时，26 个城市介数策略和度策略的鲁棒性排名差异较大(排名相差大于 10)，可能是由于负载与介数有直接关联而与度没有直接关联，所以最大度节点与最大介数节点的不一致将造成介数策略和度策略道路网鲁棒性的不同。以 Curitiba 为例，其最大度为 166，最大介数为 0.436，而度最大的节点介数只有

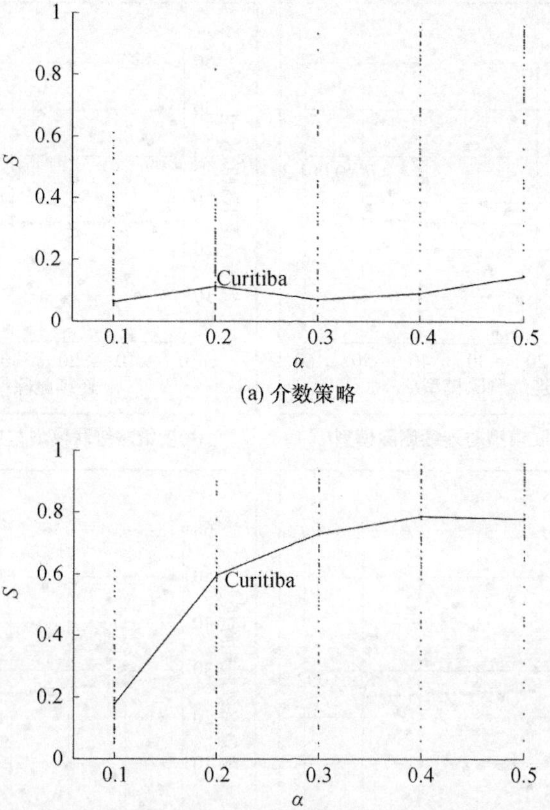

(a) 介数策略

(b)度策略

图 3.4　级联模型下的道路网鲁棒性

0.142，该点负载不大，按照度策略删除第一个节点并不会对其他节点负载造成较大改变，从而只触发小规模的级联失效，但介数策略删除最大介数节点则会引起其他节点负载较大改变，从而触发大规模级联失效。

3. **连续删除模型与级联模型的比较**

由于连续删除模型和级联模型鲁棒性的衡量指标的实际意义不同，无法直接比较数值大小，所以将各自指标的数值转换成排名进行比较。图 3.5 是介数策略和度策略下连续删除模型和级联模型的鲁棒性排名的散点图，纵坐标为级联删除模型容差为 0.1 时的级联鲁棒性排名（其他容差值的情况类似），横坐标分别为 f_S 和 $f_{<s>}$ 的排名。从散点图中可以看出，两种模型下的相关性较弱，这表明道路网的鲁棒性具有模型敏感性。

3.3.4　鲁棒性与拓扑模式间的关系

不同的道路网具有各异的拓扑结构，在不同攻击模型和策略下表现出不同的

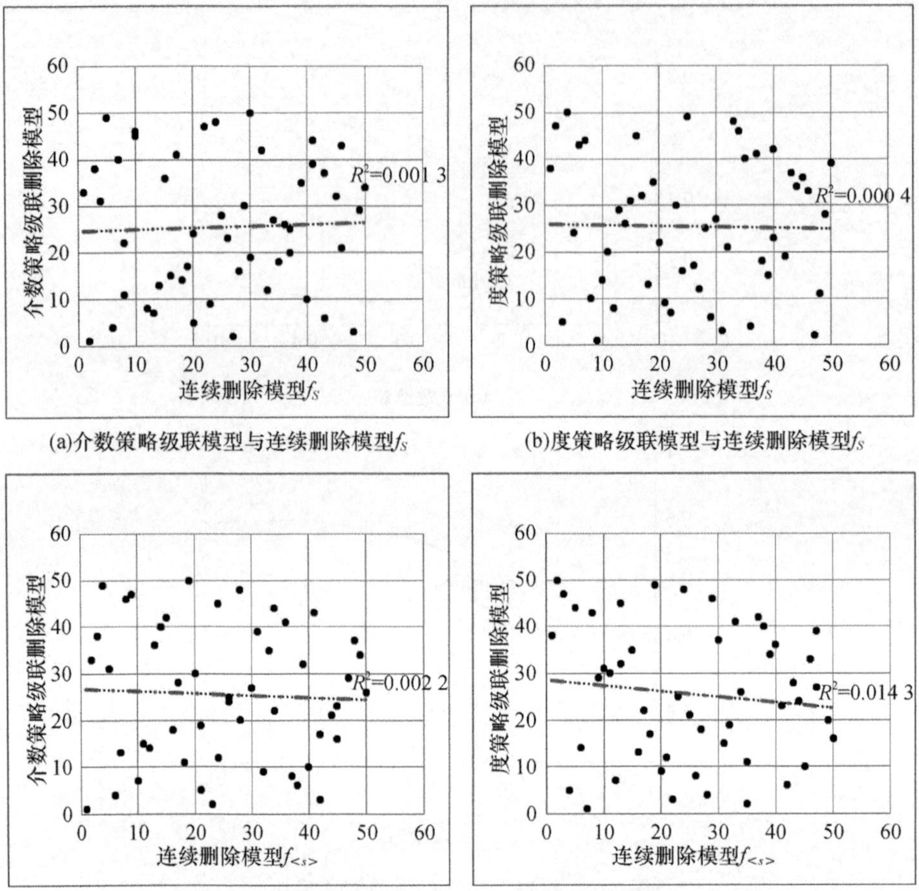

(a)介数策略级联模型与连续删除模型f_S　(b)度策略级联模型与连续删除模型f_S

(c)介数策略级联模型与连续删除模型$f_{<s>}$　(d)度策略级联模型与连续删除模型$f_{<s>}$

图 3.5　连续删除模型和级联模型下的道路网鲁棒性排名

鲁棒性。拓扑模式是较为典型的拓扑结构的描述，因此可以通过分析拓扑模式和道路网鲁棒性之间的关系发现它们的相关关系。由于研究的道路网普遍呈现出小世界和层次组织特性，因此仅考虑表 3.2 中列出城市的度相关性和无标度特性。

Litvak-Hofstad 同配性系数作为度相关性的度量，可计算其与道路网鲁棒性之间的相关系数，结果如表 3.3 所示。在连续删除模型下，同配道路网的鲁棒性强于异配网络。在级联模型下，没有发现上述规律，可能是由于两种模型的机制不同。在连续删除模型中，每次删除最重要的道路，假定道路网呈现同配，则高度道路网构成核，正如 Newman(2003)所说，互相连接的高度节点构成核会增强网络的鲁棒性。然而，运用级联模型时，对于同配网络，假如高度节点与高负载节点具有一致性，删掉高度节点，那么其流量会重新分配到核中的其他节点，导致其他节点也出现流量超过载荷的情况从而引发整个核的迅速崩溃，使同配网络的鲁棒性弱于异配网络；假如高度节点与高负载节点不一致，删掉高度节点对高负载节点没有影响，所以在运用级联模型时呈现出与连续删除模型不同的现象。

表 3.3　Litvak-Hofstad 同配性系数与鲁棒性指标的相关系数

模型	策略	参数	容差 α	相关系数
连续删除	介数	f_S	—	0.497***
		$f_{<s>}$	—	0.412***
	度	f_S	—	0.670***
		$f_{<s>}$	—	0.608***
级联	介数	S_α	0.1	−0.241
			0.2	−0.289**
			0.3	−0.280**
			0.4	−0.064
			0.5	0.072
	度	S_α	0.1	0.011
			0.2	−0.092
			0.3	−0.168
			0.4	−0.041
			0.5	0.053

注："—"表示不适用，"**"表示显著性水平 0.05，"***"表示显著性水平 0.01。

对于道路网的度分布，50 个道路网中有 31 个呈现无标度特性。根据是否呈现无标度特性将道路网分成两组，运用单因素方差分析检验两组道路网鲁棒性的差异(表 3.4)。结果显示：在连续删除模型下，无论选用何种策略，两组道路网的鲁棒性在 0.1 的显著性水平下存在差异；而在级联删除模型下，两组道路网的鲁棒性差异不显著，表明度分布对级联模型下的道路网的鲁棒性没有影响，这一点与前人在研究其他网络得出的结论有差异(Albert et al，2000；Motter et al，2002；Crucitti et al，2004)。可能原因在于本实验中道路网的规模差异较大，而前人研究的模拟数据通常是节点数相同或相近的网络。

表 3.4　无标度特性对道路网鲁棒性影响的单因素方差分析 p 值

模型	策略	参数	容差 α	p 值
连续删除	介数	f_S	—	0.020**
		$f_{<s>}$	—	0.007**
	度	f_S	—	0.041**
		$f_{<s>}$	—	0.094*

续表

模型	策略	参数	容差 α	p 值
级联	介数	S_α	0.1	0.246
			0.2	0.892
			0.3	0.867
			0.4	0.874
			0.5	0.667
	度	S_α	0.1	0.854
			0.2	0.999
			0.3	0.155
			0.4	0.340
			0.5	0.302

注："—"表示 不适用，"＊"表示显著性水平 0.1，"＊＊"表示显著性水平 0.05。

本节沿用复杂网络鲁棒性分析方法，在一个由 50 个世界范围内的城市构成的相对异质的数据样本上，对以 Stroke 相交关系表示的城市道路网进行了连续删除模型以及级联模型下的鲁棒性分析。研究发现：①对于道路网的鲁棒性，运用连续删除模型和级联模型所得到的道路网鲁棒性结果存在差异。对于同一模型下的度策略和介数策略，介数策略的破坏性大于度策略，表明相对于度高的节点，介数高的节点在道路网中承担更为核心的作用。②对于道路网鲁棒性与其拓扑模式的关系，在连续删除模型下，道路网鲁棒性与度相关性呈现显著正相关，无标度与非无标度道路网鲁棒性有差异；而在级联模型下，道路网的鲁棒性与度相关性不相关，无标度与非无标度道路网鲁棒性差异不显著。

本书并没有进行全面的道路网鲁棒性判断，对于其他策略和模型没有涉及，例如动态模型中的 Crucitti 等（2004）提出的级联模型。本书也未进行多粒度的分析（Duan et al，2014）。

§3.4　度相关性度量的比较

与复杂网络应用的其他领域类似，相对于关注得较多的无标度和小世界特性（Watts et al，1998；Barabasi et al，1999），道路网的度相关性被关注较少。Porta 等（2006）对世界范围内的 6 个城市中 1 km 范围内的道路网进行了研究，得出道路网并非同配网络，其采用的分析方法是 Stroke 对偶法，度量方法是平均最近邻度（average degree of nearest neighbor，k_{nn}）。Buhl 等（2006）通过对欧洲 41 个自组织城市的研究发现，绝大多数城市道路网都是异配网络，其采用的分析方法是原图法，度量方法是 Newman 同配性系数。Masucci 等（2009）通过比较 London 道路网及其随机化网络模型后发现，低度节点倾向异配，高度节点呈现不相关，其采用的分析方法是 Stroke 对偶法，度量方法是 k_m。从以上分析可以得出，尽管采用的分析方法不同，度相关性的度量方法不同，城市所处区域与规模不同，但是得出的结论均是道路网多数为异配和不相关网络。然而，对多个城市的研究中，其单个城市的数据规模较小、单个城市规模完整的研究其分析的城市仅为 1 个，道路网的样本不完全。3.2.3 小节仅仅用定量度量描述了网络的度相关性，并不足以反映度相关性的全貌。本节以世界范围内的 100 个城市道路网作为样本，运用 4 种常用的度相关性度量对以 Stroke 对偶图表达的道路网的度相关性进行了度量和比较。

3.4.1　度相关性的度量

度相关性的度量主要分为两类。第一类为定性度量，通过计算网络中边出现的概率等统计量并作图表示，主要包括基于条件概率的平均最近邻度(Boguñá et al,2002)和基于联合概率分布的相关性剖面图(Maslov et al,2002)。前者是计算度为 k 的节点相邻节点度的数学期望，即最近邻的平均度，然后以度为 x 轴、平均最近邻度为 y 轴展绘出散点。通常 x 轴会采用对数变换，而 y 轴采用线性或对数变换的情况都很常见(Porta et al,2006;Xu et al,2009)。该图呈上升趋势则表明网络具有同配属性，呈下降趋势则表明网络具有异配属性。后者是通过把两端节点度为 j 和 k 的联合概率分布矩阵与相同度分布的随机图的这一矩阵的比值映射出的一幅灰度图像。通常坐标轴会采用对数变换，但是度的分组策略灵活多样(Maslov et al,2002;Xu et al,2009)，该图中主对角线上的高值代表同配属性，副对角线上的高值代表异配属性。

另一类为定量指标，通过计算所有网络边两端的节点度的相关系数给出定量的数值结果。Newman 同配性系数是节点剩余度的 Pearson 相关系数，数值上等于节点度的 Pearson 相关系数。改进 Newman 同配性系数在计算同配性系数时不考虑超级节点的影响。Litvak-Hofstad 同配性系数实质上是节点度的 Spearman 相关系数。

定义随机变量 J 和 K 是总边数为 M 的无向图中某边连接的两个节点的度。对于边 i，j_i 和 k_i 是边 i 的两端节点的度，Newman 同配性系数计算如下(Newman,2002)：

$$r = \frac{M^{-1}\sum_i j_i k_i - \left[M^{-1}\sum_i \frac{1}{2}(j_i + k_i)\right]^2}{M^{-1}\sum_i \frac{1}{2}(j_i^2 + k_i^2) - \left[M^{-1}\sum_i \frac{1}{2}(j_i + k_i)\right]^2} \tag{3.9}$$

Litvak-Hofstad(2013)同配性系数计算公式已在§3.2 中的式(3.3)中给出。

式(3.3)和式(3.9)中同配性系数 r 和 ρ 计算结果正值代表同配，负值代表异配。为了评价结果的统计显著性，需将其与多个具有相同度分布的随机图构成的随机模型比较，计算 z 得分。在没有随机图的情况下，可以通过§3.2 中式(3.4)介绍的刀切法估计计算结果的误差范围。如果得到的同配性系数与相同度分布下的随机模型不具有显著差异,那么它将被判定为零结果(null result),这时虽然同配性系数不为零,但不能认为其具有同配或异配的属性,而应将其归因于自身结构原因(Boguñá,2004)。本节采用前一种方式,通过重连原对偶图中的边实现相同度分布的随机网络生成,其中重连的次数选择 7 倍的边数,以保证充分的随机性(Ray et al,2012)。以此方法生成 100 个与原对偶图具有相同度分布的随机图并计算它们的同配性系数,最后计算 z 分数和 p 值确定显著性。由于道路网受地理限制,即使运用对偶法,也很难普遍形成如引证网络和因特网一样的超级节点,而且并非所有道路网均呈现无标度特性,所以本节未考虑克服超级节点影响的改进 Newman 同配性系数(Xu et al,2009)。

3.4.2 道路网的度相关性

前述两类四个度相关性度量计算的详细结果见表 3.5。运用 Newman 同配性系数 r 度量,其范围为−0.152 至 0.057,结合对应的 z 分数和 p 值判断,45 个道路网异配,11 个道路网同配,44 个道路网零结果。运用 Litvak-Hofstad 同配性系数 ρ 度量,其范围为−0.341 至 0.081,结合对应的 z 分数和 p 值判断,88 个道路网异配,4 个道路网同配,8 个道路网零结果。运用平均最近邻度 k_{nn} 度量,其图像的模式主要分为 4 类(表 3.6),其中在起点处先短暂上升再下降的模式也被归为异配,根据 k_{nn} 的图像可得 90 个道路网异配,5 个道路网同配,5 个道路网零结果。运用相关性剖面图,本书暂时取 2×2 到 9×9 共 8 种不同的分辨率,61 个道路网在所有分辨率下判断结果完全一致,22 个道路网大多数分辨率一致,17 个道路网在不同分辨率下的结果互相矛盾,典型示例如图 3.6 所示。综合 8 个分辨率下的情况,在较为一致的 83 个道路网中 76 个道路网异配、7 个同配,另外 17 个道路网的度量结果随分辨率变化,无明显规律。

表 3.5 道路网的度相关性

城市	Newman 同配性系数 r				Litvak-Hofstad 同配性系数 ρ				k_{nn} 图像		相关性剖面图	
	定性	z 得分	p 值	r	定性	z 得分	p 值	ρ	定性	类型	定性	一致性
Athens	−1	−2.94	0.003	−0.047	−1	−4.949	0	−0.063	−1	1	−1	−1
Atlanta	0	1.956	0.050	−0.005	−1	−11.4	0	−0.127	−1	1	−1	−1
Auckland	−1	−3.79	0	−0.035	−1	−32.52	0	−0.232	−1	1	−1	−1
Austin	1	4.409	0	0.005	−1	−17.05	0	−0.118	−1	2	1	1
Baghdad	−1	−6.81	0	−0.033	−1	−33.66	0	−0.171	−1	1	−1	−1
Bangalore	−1	−5.59	0	−0.026	−1	−55.8	0	−0.211	−1	1	−1	−1
Bangkok	−1	−4.44	0	−0.032	−1	−63.74	0	−0.341	−1	1	−1	−1
Barcelona	1	11.42	0	0.052	1	9.795 2	0	0.081	−1	1	1	1

续表

城市	Newman 同配性系数 r				Litvak-Hofstad 同配性系数 ρ				k_{nn}图像		相关性剖面图	
	定性	z得分	p值	r	定性	z得分	p值	ρ	定性	类型	定性	一致性
Bejaia	0	0.621	0.535	−0.042	0	−1.686	0.092	−0.118	−1	1	−1	−2
Berlin	1	2.923	0.003	0.004	−1	−37.07	0	−0.129	−1	1	−1	−1
Birmingham	0	−0.37	0.711	−0.013	−1	−16.54	0	−0.111	−1	1	−1	−1
Bogota	0	1.446	0.148	−0.009	−1	−24.36	0	−0.108	−1	1	0	0
Bordeaux	−1	−2.5	0.012	−0.055	−1	−8.914	0	−0.149	−1	1	−1	−2
Boston	−1	−7.91	0	−0.082	−1	−19.98	0	−0.19	−1	1	−1	−1
Brasilia	−1	−2.93	0.003	−0.08	−1	−7.512	0	−0.164	−1	2	−1	−2
Brno	−1	−7.66	0	−0.066	−1	−21.39	0	−0.19	−1	1	−1	−1
Brussels	0	−1.35	0.177	−0.048	−1	−4.846	0	−0.104	−1	1	−1	−2
Budapest	−1	−3.87	0	−0.029	−1	−20.59	0	−0.119	−1	2	−1	−1
Buenos Aires	1	7.51	0	0.016	1	12.953	0	0.071	−1	1	1	−1
Cardiff	0	−0.77	0.441	−0.017	−1	−12.26	0	−0.109	−1	2	−1	−2
Charlotte	1	7.648	0	0.031	−1	−13.58	0	−0.112	−1	2	1	2
Chattanooga	0	0.844	0.399	−0.019	−1	−6.757	0	−0.082	−1	1	−1	−1
Chennai	−1	−9.87	0	−0.056	−1	−41.05	0	−0.248	−1	1	−1	−2
Chongqing	0	1.436	0.151	0.007	−1	−2.163	0.031	−0.06	−1	1	−1	−2
Cincinnati	−1	−3.89	0	−0.042	−1	−16.2	0	−0.132	−1	1	−1	−1
Cleveland	−1	−6.08	0	−0.086	−1	−8.541	0	−0.211	−1	2	−1	−1
Curitiba	0	0.775	0.438	−0.008	1	4.191	0	0.022	−1	1	0	0
Dar es Salaam	0	−1.25	0.211	−0.042	−1	−13.1	0	−0.182	−1	1	−1	−1
Delaware	−1	2.703	0.007	−0.023	−1	−2.319	0.020	−0.129	−1	1	0	0
Denver	0	−0.74	0.459	−0.031	1	7.533 2	0	0.038	1	4	0	0
Detroit	−1	−19.9	0	−0.11	−1	−24.04	0	−0.198	−1	2	−1	−1
Edinburgh	−1	−5.62	0	−0.046	−1	−24.16	0	−0.194	−1	1	−1	−1
Evansville	0	0.284	0.776	−0.048	0	1.269 2	0.204	−0.014	1	4	0	0
Frankfurt	0	−1.85	0.064	−0.02	−1	−19.53	0	−0.152	−1	1	−1	−1
Gdansk	−1	−2.47	0.014	−0.028	−1	−16.64	0	−0.179	−1	1	−1	−1
Glasgow	0	0.14	0.889	−0.009	−1	−17.78	0	−0.122	−1	1	−1	−1
Grand Rapids	−1	−4.23	0	−0.113	−1	−9.463	0	−0.19	−1	1	−1	−1
Hamburg	−1	−7.48	0	−0.038	−1	−48.89	0	−0.241	−1	1	−1	−1
Harare	0	1.852	0.064	−0.001	−1	−12.39	0	−0.162	−1	1	−1	−1
Honolulu	0	1.704	0.088	−0.03	−1	−8.589	0	−0.16	−1	1	0	0
Islamabad	0	−1.2	0.230	−0.02	−1	−19.1	0	−0.207	−1	1	−1	−1

续表

城市	Newman 同配性系数 r				Litvak-Hofstad 同配性系数 ρ				k_{nn}图像		相关性剖面图	
	定性	z得分	p值	r	定性	z得分	p值	ρ	定性	类型	定性	一致性
Kamloops	0	−1.96	0.050	−0.062	−1	−11.74	0	−0.19	−1	1	−1	−2
Karachi	−1	−4.81	0	−0.035	−1	−28.12	0	−0.186	−1	2	−1	−1
Karlsruhe	0	−1.39	0.165	−0.021	−1	−21.45	0	−0.18	−1	1	−1	−1
Kirovohrad	−1	−6.63	0	−0.152	−1	−6.524	0	−0.153	−1	1	−1	−1
Krakow	−1	−3.85	0	−0.037	−1	−25.95	0	−0.218	−1	1	−1	−1
Kyiv	−1	−2.49	0.013	−0.022	−1	−28.46	0	−0.171	−1	1	−1	−1
Las Vegas	1	11.74	0	0.057	−1	−13.16	0	−0.111	−1	1	1	1
Lawrence	0	1.407	0.159	−0.024	−1	−5.053	0	−0.115	−1	1	−1	−2
Lexington	0	1.205	0.228	−0.024	−1	−11.63	0	−0.187	−1	2	−1	−1
Lille	0	0.01	0.992	−0.023	−1	−6.201	0	−0.099	−1	1	−1	−2
London	−1	−12.8	0	−0.036	−1	−61.11	0	−0.191	−1	1	−1	−1
Lviv	−1	−6.38	0	−0.082	−1	−17.29	0	−0.229	−1	1	−1	−1
Lyon	1	2.927	0.003	0	0	−1.86	0.063	−0.041	−1	1	−1	−1
Macon	0	−0.38	0.704	−0.056	−1	−4.168	0	−0.099	−1	1	−1	−1
Madison	−1	−3.21	0.001	−0.038	−1	−15.84	0	−0.177	−1	1	−1	−1
Madrid	0	−0.69	0.490	−0.013	−1	−23.65	0	−0.136	−1	1	−1	−1
Manchester	0	−1.96	0.050	−0.031	−1	−23.05	0	−0.186	−1	1	−1	−1
Manila	−1	−2.09	0.037	−0.045	−1	−2.481	0.013	−0.046	−1	1	−1	−1
Marseille	−1	−3.99	0	−0.043	−1	−13.44	0	−0.127	−1	1	−1	−1
Mexico City	0	1.912	0.056	−0.009	−1	−14.902	0	−0.064	−1	1	−1	−1
Miami	−1	−5.09	0	−0.095 5	−1	−3.021	0.003	−0.118 7	−1	1	−1	−2
Milan	−1	3.559	0	−0.004	−1	−7.765	0	−0.074	−1	1	1	1
Mobile	−1	−11.9	0	−0.117	−1	−33.24	0	−0.31	−1	1	−1	−2
Monaco	0	0.209	0.834	−0.06	0	−1.912	0.056	−0.117	−1	1	0	0
Montpelier	−1	−2.21	0.027	−0.045	−1	−9.557	0	−0.135	−1	1	−1	−1
Montreal	−1	−3.2	0.001	−0.04	−1	−4.977	0	−0.041	−1	1	0	0
Munich	−1	−2.19	0.029	−0.016	−1	−30.99	0	−0.162	−1	1	−1	−1
Nairobi	0	−0.7	0.484	−0.017	−1	−11.92	0	−0.125	−1	1	−1	−1
New Delhi	−1	−3.63	0	−0.022	−1	−27.41	0	−0.151	−1	1	−1	−1
New York	−1	−18.3	0	−0.081	−1	−5.305	0	−0.032	1	4	0	0
Newcastle	−1	−5.69	0	−0.072	−1	−13.02	0	−0.17	−1	1	0	0
Nuremberg	0	−0.71	0.478	−0.015	−1	−24.5	0	−0.194	−1	1	−1	−1
Odessa	−1	−2.17	0.030	−0.05	−1	−4.494	0	−0.079	−1	1	−1	−2
Osaka	−1	3.315	0.001	−0.005	−1	−4.161	0	−0.031	0	3	−1	0

续表

城市	Newman 同配性系数 r				Litvak-Hofstad 同配性系数 ρ				k_{nn}图像		相关性剖面图	
	定性	z 得分	p 值	r	定性	z 得分	p 值	ρ	定性	类型	定性	一致性
Paris	−1	−3.45	0.001	−0.05	−1	−11.5	0	−0.116	−1	1	−1	−2
Pittsburgh	0	1.031	0.303	−0.006	−1	−4.874	0	−0.051	−1	1	−1	−2
Porto Alegre	0	−0.43	0.667	−0.021	−1	−11.92	0	−0.116	−1	1	−1	−1
Reno	1	3.48	0.001	0.008	−1	−9.323	0	−0.123	−1	1	1	2
Reykjavik	−1	−3.05	0.002	−0.039	−1	−16.42	0	−0.191	−1	1	−1	−1
Riga	−1	−4.16	0	−0.045	−1	−20.01	0	−0.186	−1	1	−1	−1
Rotterdam	0	−0.84	0.401	−0.015	−1	−19.04	0	−0.162	−1	1	−1	−1
San Diego	0	−0.28	0.779	−0.01	−1	−12.48	0	−0.08	0	3	−1	−2
Santander	0	−0.57	0.569	−0.047	−1	−9.03	0	−0.151	−1	1	−1	−1
Santo Domingo	0	1.046	0.296	−0.022	0	1.649 6	0.099	0.001	−1	1	0	0
Seattle	0	−1.23	0.219	−0.028	−1	−3.612	0	−0.037	0	3	−1	−2
Seoul	1	5.466	0	0.029	−1	−6.72	0	−0.068	−1	1	0	0
Shanghai	0	0.927	0.354	0.005	−1	−7.004	0	−0.053	−1	1	−1	−1
Singapore	1	4.41	0	0.006	−1	−12.8	0	−0.112	−1	1	1	1
St Louis	−1	−2.71	0.007	−0.055	−1	−10.36	0	−0.12	−1	1	−1	−2
Strasbourg	−1	−2.65	0.008	−0.051	−1	−10.09	0	−0.142	−1	1	−1	−1
Taipei	0	−0.35	0.726	−0.026	−1	−10.05	0	−0.103	−1	1	−1	−2
Tel Aviv	1	2.21	0.027	0.002	−1	−7.477	0	−0.104	−1	1	0	0
Terre Haute	0	1.504	0.133	−0.069	0	1.153 8	0.249	−0.051	0	3	0	0
Topeka	0	−0.5	0.617	−0.035 9	0	−0.597	0.551	−0.054 1	0	3	0	0
Toronto	0	1.753	0.080	−0.012	−1	−27.49	0	−0.13	−1	1	−1	−1
Toulouse	−1	−2.52	0.012	−0.031	−1	−18.17	0	−0.166	−1	1	−1	−1
Vancouver	0	0.356	0.722	−0.028	0	0.243 2	0.808	−0.019	1	4	−1	−2
Warsaw	0	−0.62	0.535	−0.014	−1	−18.33	0	−0.102	−1	1	0	0
Yerevan	0	−1.65	0.099	−0.035	−1	−10.91	0	−0.147	−1	1	−1	−1

注：各定性结果列中 1 代表同配，0 代表零结果，−1 代表异配；k_{nn}图像类型一列的含义见表 3.6；相关性剖面图的一致性列，0 代表各分辨率的结果不一致，1 和 −1 代表各分辨率的结果一致，2 和 −2 代表各分辨率的结果基本一致，偶尔会出现 1～2 个分辨率的结果与其他分辨率结果不同。

表 3.6　k_{nn} 图像的 4 种模式

类型	1	2	3	4
数量	81	9	5	5
描述	异配	异配	中性	同配
图像	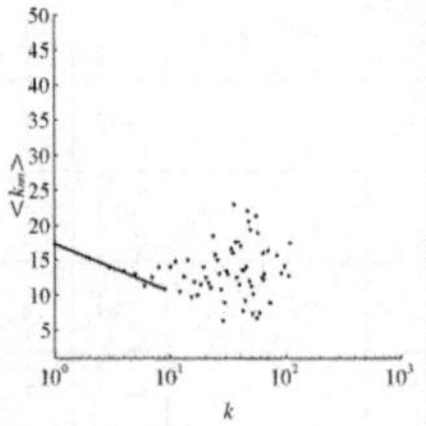	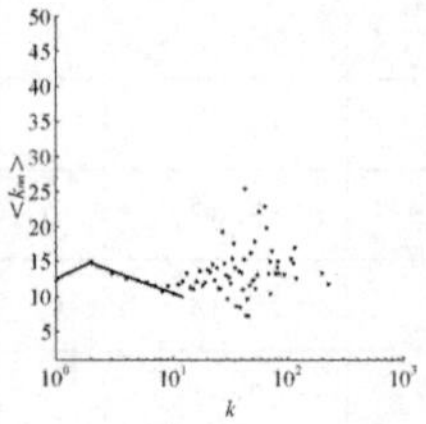	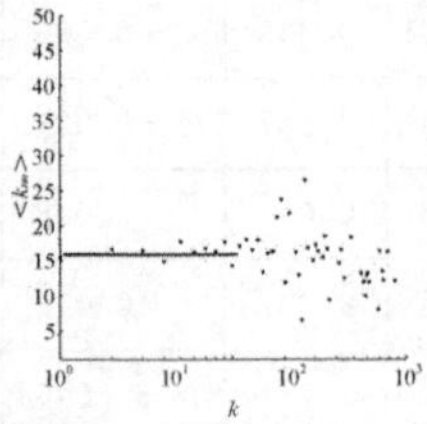	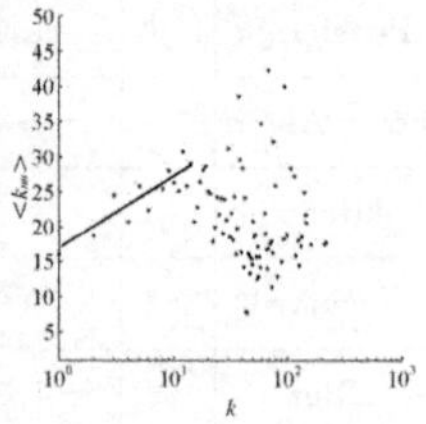

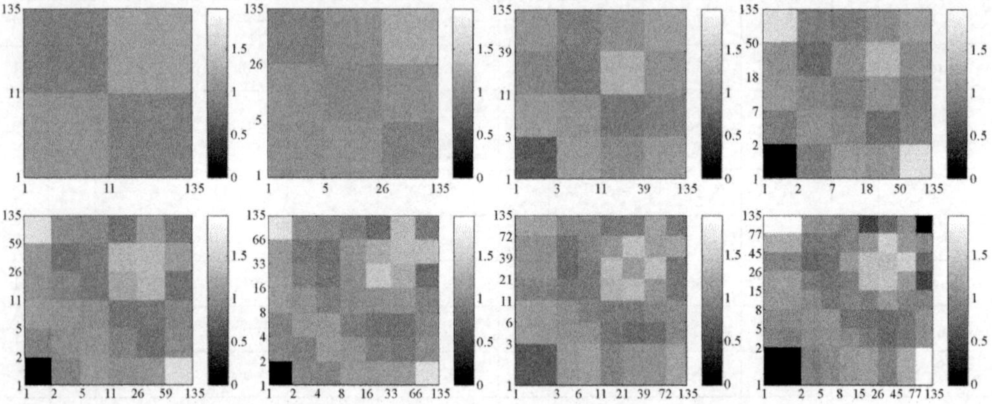

图 3.6　不同分辨率下相关性剖面图的矛盾(Santo Domingo)

可见,本节所关注的 4 种度量均显示多数道路网的 Stroke 对偶图呈现异配或中性。虽然所分析城市的区位、城市的幅度以及运用的度量方法不同,但是绝大多数城市道路网的度相关性呈现异配或中性的结论与前人的研究结论相似(Porta et al,2006;Buhl et al,2006;Masucci et al,2009)。此外,少数同配道路网的发现和确认是对已有发现的补充。

3.4.3　不同度量间的比较

前文得出了道路网总体呈现异配或不相关的结论,但是结果中仍存在的不一致现象有待解释,通过表 3.7 列出的 4 种度量间的两两一致率可以大致了解不同度量间的结果不一致情况。3 个度量以上一致率为 81%,4 个度量完全一致率为 40%。下面将分别进行对比。

表 3.7　4 种度量的两两一致率

	r	ρ	$\langle k_{nn} \rangle$图像	剖面图
r	1	0.55	0.47	0.57
ρ	0.55	1	0.86	0.79
$\langle k_{nn} \rangle$图像	0.47	0.86	1	0.74
剖面图	0.57	0.79	0.74	1

1. 度量结果间的一致性

对于 Newman 同配性系数与 Litvak-Hofstad 同配性系数，若仅考虑绝对数值的正负关系，而不考虑结果的显著性，两者有 86 对结果一致，在这 86 组绝对数值正负关系一致的结果中，ρ 指标的绝对值有 82 组大于 r 指标，说明 ρ 确实反映了强关系(Litvak et al,2013)。同时，r 和 ρ 并非总是一致的，如 Las Vegas 的 r 值为 0.057，而 ρ 值为 −0.111，这一点与前人研究不同(Litvak et al,2013)。在考虑显著性的情况下，两指标间的一致性较差。

对于 Newman 同配性系数与平均最近邻度，两者一致性较差的原因是由于后者对于道路网而言，所有图像的尾部呈现发散，难以判断趋势，从而使度值较高节点的影响被忽略。

对于 Newman 同配性系数与相关性剖面图，两者产生不一致的原因基本可以归纳为通过后者可以了解真实的连接分布情况，这一类情况在 43 处不一致中占了 36 处。余下的不一致是网络本身连接趋势不明显，受分辨率影响较大，使剖面图很难判断。

对于相关性剖面图与 Litvak-Hofstad 同配性系数，两者结果 21 处不一致。有 11 处是因为这些道路网在不同的分辨率下剖面图的结果不同，使得剖面图对这些道路网失效。除此之外的原因是某些异配性较弱的道路网具有较多的高—高连接，一定程度上掩盖了数值指标的判断，而剖面图中这种现象只在右上角的色块体现，不影响对主体趋势的判断。

对于相关性剖面图与平均最近邻度，两者结果有 26 处不一致。原因是对于本身连接趋势不明显的网络，在不同分辨率下剖面图法出现了矛盾的结果，体现出剖面图法自身存在受分辨率影响的问题。某些异配性较弱的道路网中含有较多的中—低连接，这部分连接在平均最近邻度曲线的判断中压低了散点图的中部，起到了使之呈现异配的关键影响；而在剖面图法中，度中等的节点在同配性的视觉判断中作用不确定，它们受其他色块的影响，在视觉上被归入主对角线附近、副对角线附近或者无规律分布，从而导致不稳定的判断结果。

对于 Litvak-Hofstad 同配性系数和平均最近邻度，两者之间的一致性最高，但也存在一些不一致的例子。如其他方法均判断为同配的 Barcelona 和 Buenos Aires 被平均最近邻度曲线图的方法定性为异配，这体现了该方法在判断度普遍较大的网格模式道路网上存在一定问题。针对道路网而言，平均最近邻度图像在度较高时均发散，而发散的原因可能是高度节点数量较少、平均值不稳定的统计因素，也可能是高度节点某些真实连接趋势的反映，单从图像难以判断，所以损失了高度节点的信息。

三个度量的结果与另一种度量不一致的情况说明了某些度量对于个别情况不够稳健。r 值对于趋势的反映不够强，因而有较多不显著的结果；平均最近邻度的尾部呈现发散，因此在判断时难以将高度节点纳入考虑；相关性剖面图对于近乎中性的网络判定容易出现问题（表 3.8）。而 ρ 值未出现此类异常，一定程度上说明了其在判定网络度相关性时的稳健性。

表 3.8 某一度量与其他度量不一致的示例

城市	r	ρ	k_{nn} 图像	剖面图
Manchester	−0.031 $p>0.05$	−0.186 $p<0.05$	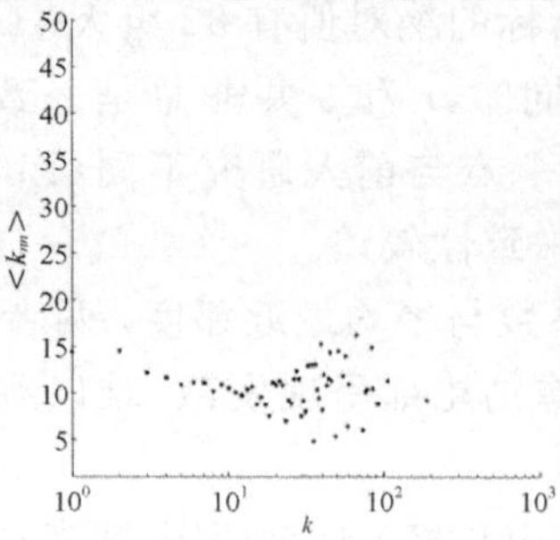	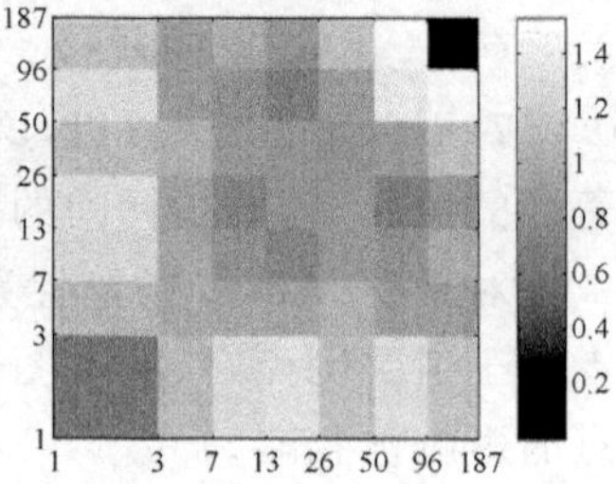
Buenos Aires	0.016 $p<0.05$	0.071 $p<0.05$	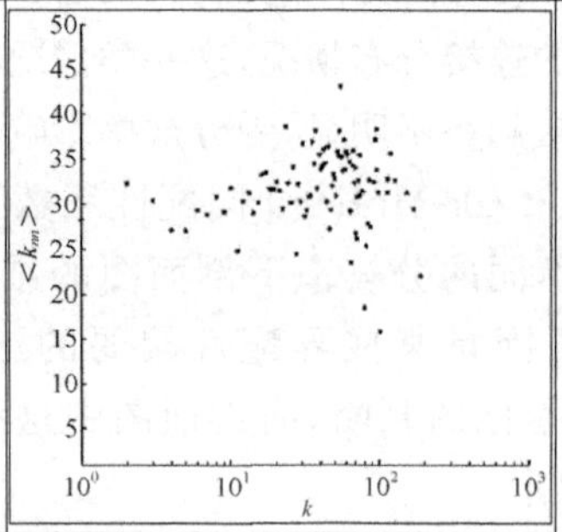	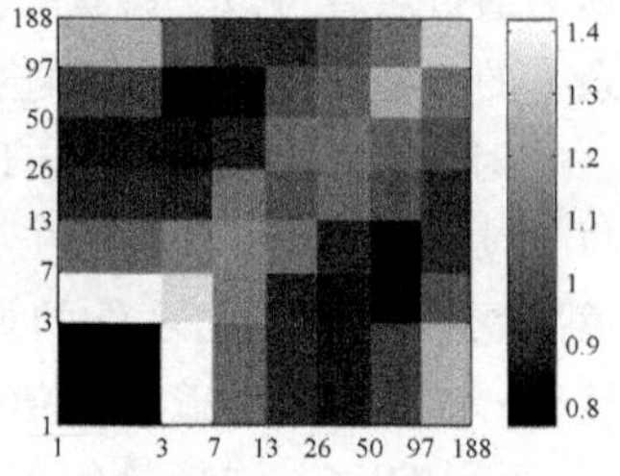
Montreal	−0.040 $p<0.05$	−0.041 $p<0.05$	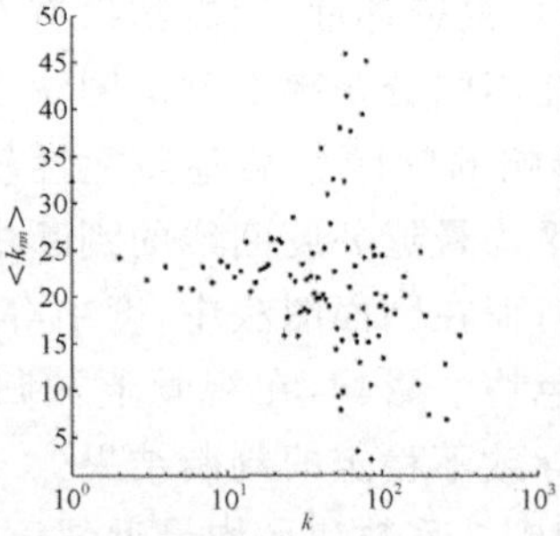	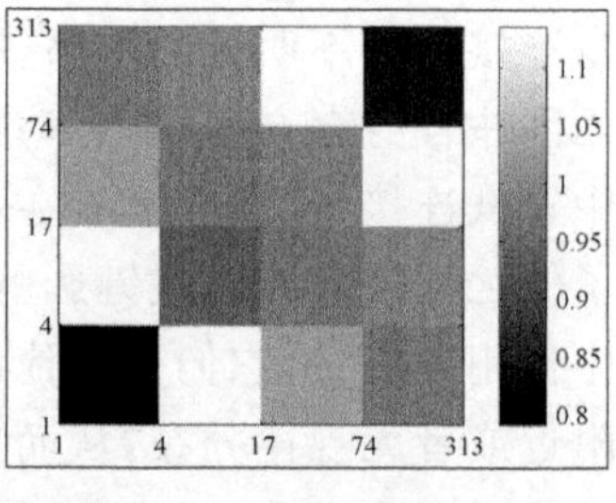

2. 定性与定量度量的对比

对于定量度量而言，两个同配性系数可以用具体的数值衡量连接的模式，对于定性方法难以判断的结果也可以给出数值。然而，r 的计算容易受高度节点的影响(Xu et al,2009)。与 Xu 等(2009)的思想类似,部分城市在计算同配性系数时排除度最大的 0.05% 节点后 r 发生了改变,如 Berlin 由 0.004 变为 −0.020,Bogota 由 −0.009 变为 −0.049。定量度量的通病在于忽略了实际的连接方式,会存在网络的同配性系数值相似而对应的实际连接大相径庭的情况,例如 Santander 和 Evansville 的 r 值很接近且均判断为零结果,但是平均最近邻度曲线表现出很大的差异;而 Austin 和 Cardiff 有着类似的平均最近邻度图像,但是根据 r 值判断 Austin 显著同配,而 Cardiff 为零结果。类似的,Odessa 和 San Diego 的 ρ 值很接近且显著(z 分数分别为 −4.49 和 −12.48),但平均最近邻度图像则分别表现出下降和水平不同的趋势;Denver 和 New York 的平均最近邻度图像相似,但 ρ 值却分别为 0.038 和 −0.032,且这两个结果都是显著的,z 分数分别为 7.53 和 −5.31(图 3.7)。

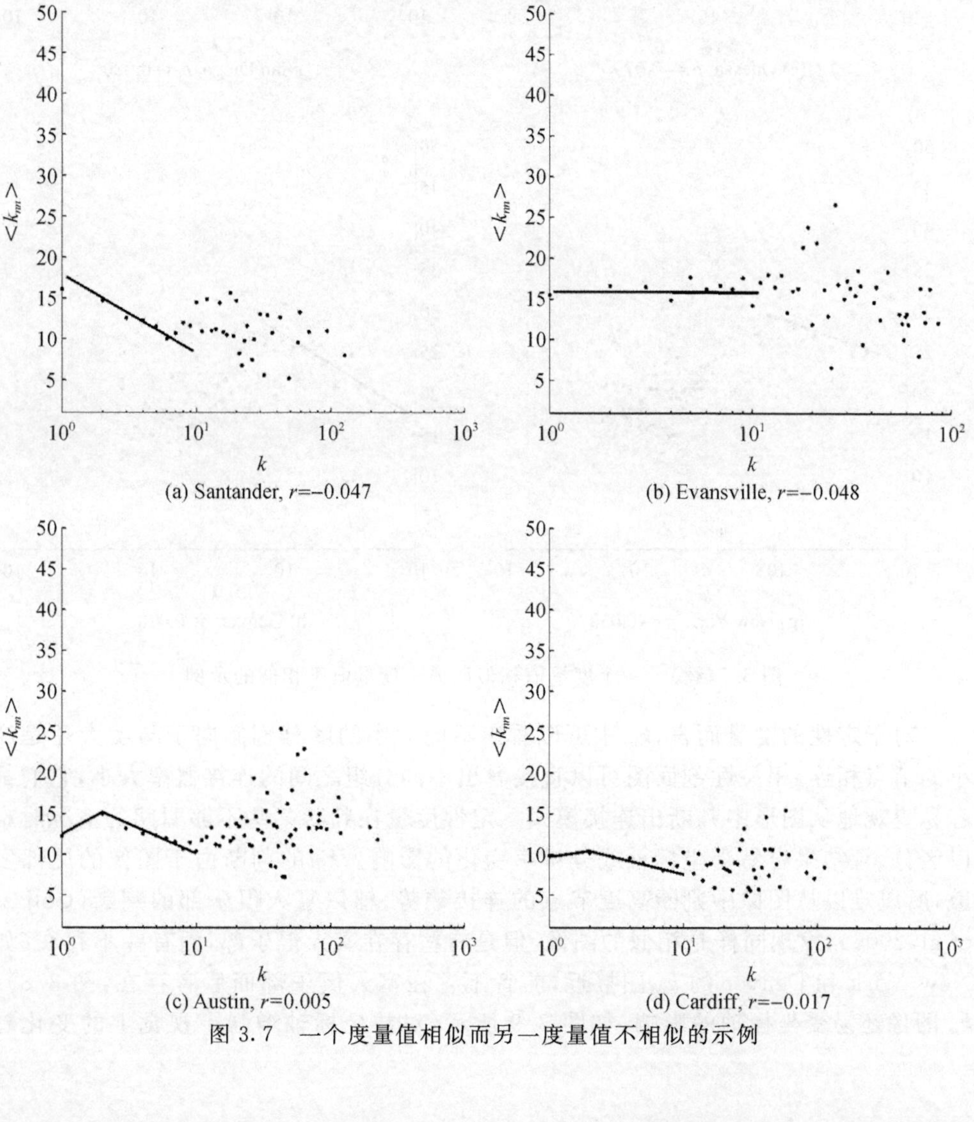

图 3.7　一个度量值相似而另一度量值不相似的示例

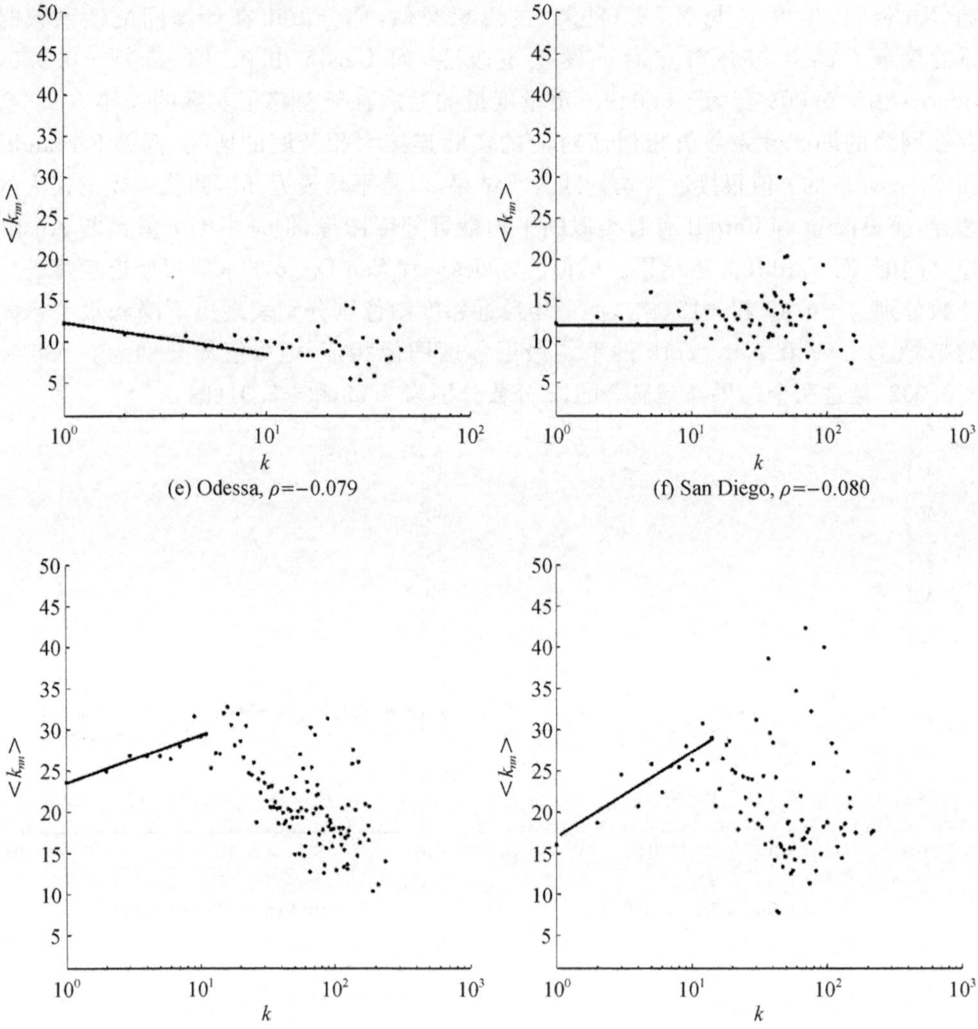

(e) Odessa, ρ=−0.079　　(f) San Diego, ρ=−0.080

(g) New York, ρ=−0.032　　(h) Denver, ρ=0.038

图 3.7(续)　一个度量值相似而另一度量值不相似的示例

对于定性的度量而言，k_{nn} 中可以看出不同大小的度分别倾向于与度大还是度小的节点相连，相关性剖面图可以直接看出不同分组之间的连接概率大小，它们都容易直观地从图形中判断出连接模式。定性度量在判断某些不够明朗的情况时难以区分，且结果容易受坐标轴或分辨率变化的影响。k_{nn} 的判断由于图像的尾部发散，所以难以从图像中判断高度节点的连接趋势，辅以富人俱乐部的判断（Colizza et al，2006），发现同样是相似的图像，但是有些存在富人俱乐部，而有些不存在（如 New York 和 Denver 的 k_{nn} 图接近，前者不存在富人俱乐部而后者存在，图 3.8）。k_{nn} 图像还易受坐标轴的影响，如图 3.9 所示，对数坐标轴增强了视觉上的变化趋势。而剖面图则存在不同分辨率下结果不一致的问题(图 3.6)。

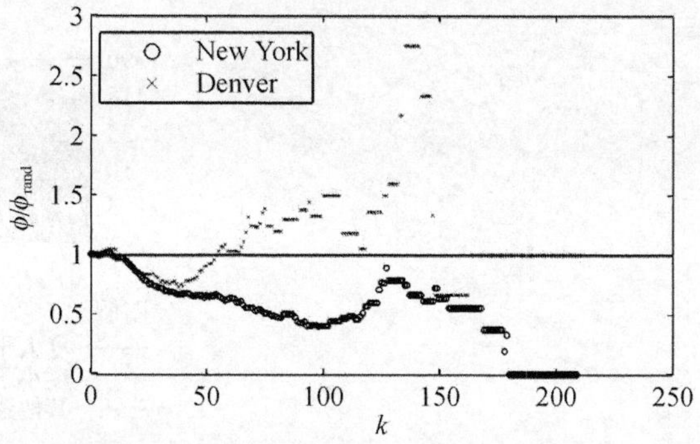

图 3.8　New York 和 Denver 的富人俱乐部度量(尾部超过 1 表明存在富人俱乐部)

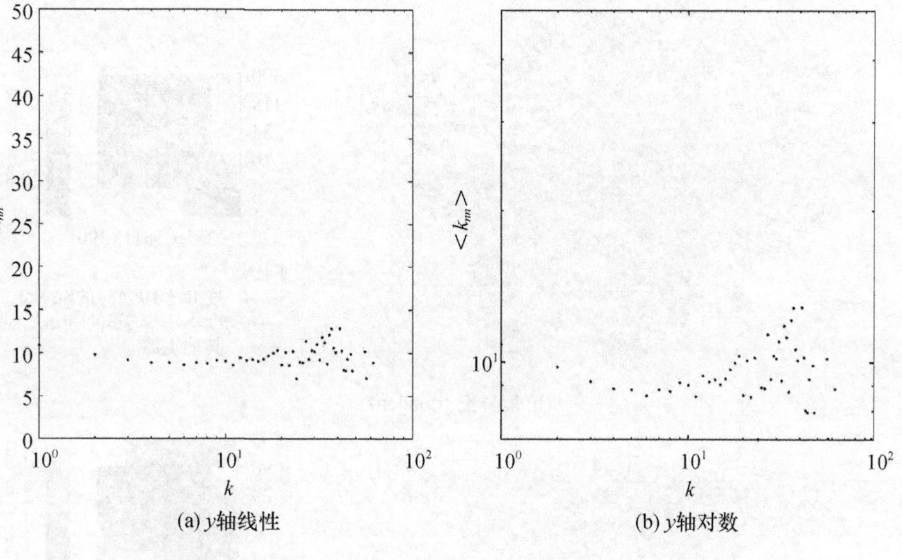

图 3.9　坐标轴的影响(Odessa)

3.4.4　度相关性对应的道路网连接模式

用不同度量研究道路网的度相关性,目的在于寻求对道路网的拓扑结构更为全面的认识,从而指导针对道路网的连接偏好发现。因此,本小节试图根据前文的度量、对比和讨论总结出道路网的 Stroke 对偶图中存在的连接模式。

在至少 3 个指标得到一致结果的 81 个城市道路网里,通过观察它们的度相关性剖面图,结合另外 3 个度量的结果,发现道路网的度相关性可以进一步细分为由高—低连接主导的"典型异配"、高—低和中—低主导的"弱异配"、中—低与高—高并存的"层级异配"三种连接模式的异配道路网、由高—高主导的同配道路网,以及无明显连接偏好的中性道路网。

(a)典型异配 (Detroit)

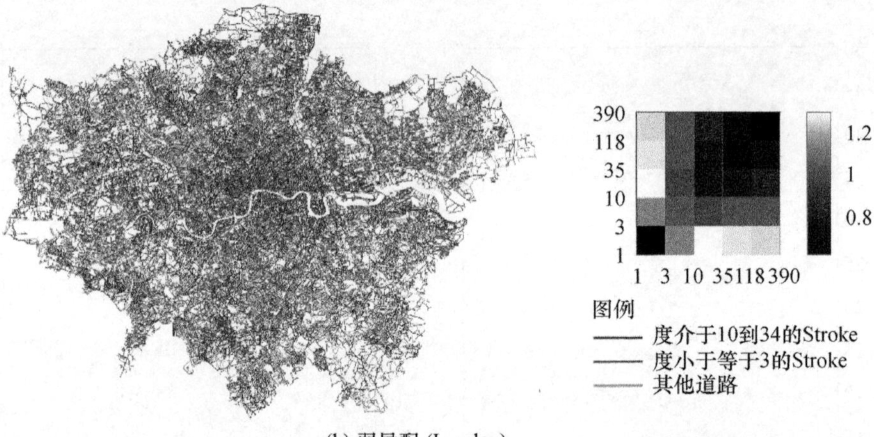

(b) 弱异配 (London)

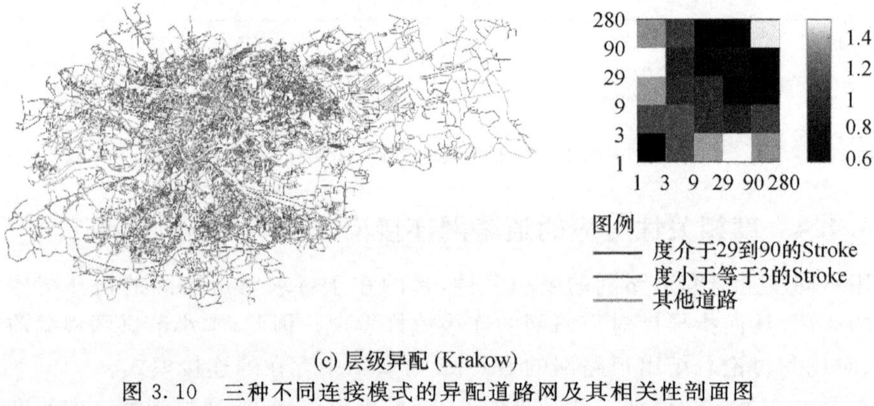

(c) 层级异配 (Krakow)

图 3.10　三种不同连接模式的异配道路网及其相关性剖面图

三个呈现异配模式的道路网及其对应的相关性剖面图如图 3.10 所示。高—低连接主导是指度高的节点与度低的节点之间有明显多于随机模型的连接，而这最符合异配的定义，因此称为典型异配。高—低和中—低连接主导的道路网也满足异配的定义，但由于度中等的节点与度低的节点间连接的大量存在，整个网络异配的程度要低于典型异配，因此称为弱异配。层级异配中的连接情况最为复杂，所谓层级是基于对此类道路网成因的推测。中—低连接来自低等级道路无法直接连通高级道路，而是通过中间的集散道路进行连接；更高等级的道路构成了与之并存的高—高连接，尽管贡献了更多的同配，但往往因为数量有限使得整个网络仍然呈现异配。

这样的连接模式可能有如下演化过程。自组织型道路网自身是主次分明的，新增的道路会有对高度道路的连接偏好，从而易形成高—低主导的典型异配网络，在此基础上道路网的发展有两种不同的走向：随着主干承载新连接能力的逐渐饱和，一些新增的道路选择挂靠在一些次级主干道路上，形成了新的中—低连接群，这类连接的积累形成了高—低、中—低连接共存的“弱异配”格局；随着网络规模扩大而人口聚集空间有限，原有的多条主干必然相交，增加了高—高连接，这一趋势的积累使得既有的高—低连接相对弱化为中—低连接，从而形成中—低和高—高连接并存的层级态势。需要指出的是，这两种走向可能只发生一种，也可能都发生，因此实际观察到的还有二者结合的情况，如图 3.11(a)所示。

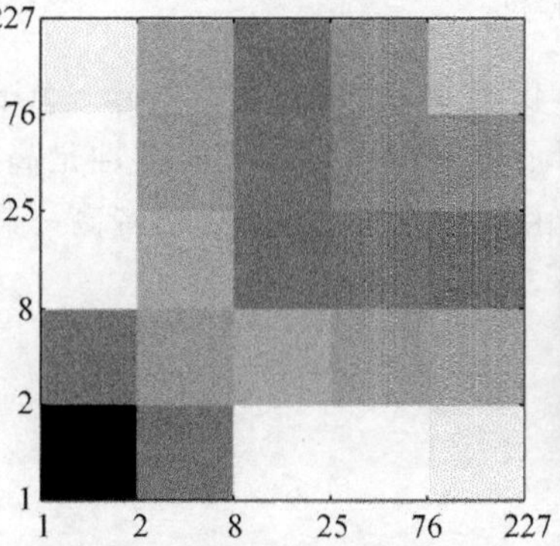

(a) 自组织 (Hamburg)

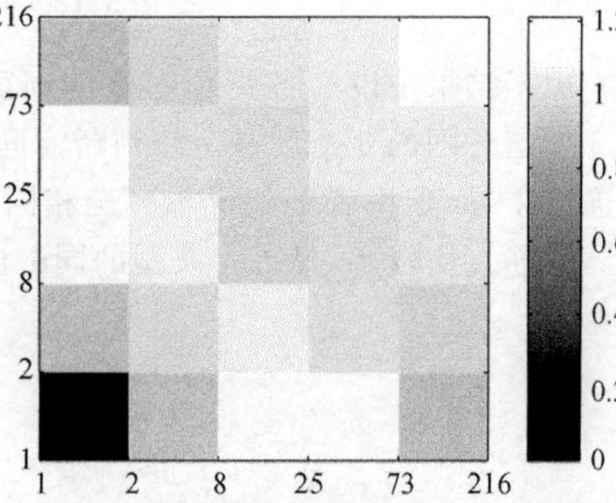

(b) 规则 (Osaka)

图 3.11　中低连接与层级并存的道路网的相关性剖面图

规则道路网的异配似乎匪夷所思，但是仔细观察真实的道路网会发现并非所有的规则道路网都是完全通达的网格。看似规则的网格在很多地方有轻微的错位，如图 3.12 所示。或者有些道路网事实上是分块的网格，网格只在局部区域内存在，不同网格的组合并非更大的网格。也就是说，理想的贯穿整个城市的网格并不常见。在这样的规则道路网中，真实的连接模式仍然是区域内的低度道路与区域间的高度道路相连，即异配。以上是多数规则道路网仍呈现异配的解释。但是仍有少量道路网，比如 Baghdad 和 Toronto，作为规则道路网观察到了这种“弱异配”的特征。这些规则道路网在发展中也会受到地理条件的限制和局部的自组织行为的破坏，产生一些局部的短连接，这为道路网引入了中—低连接。此外，异配的规则道路网的层级化现象也少量存在，如图 3.11(b)中的 Osaka。其原理与自组织的情况类似，都是随着规模的扩大受到有限的地理空间限制，其中的主干之间开始相交，增加了高—高连接，产生了高—高和中—低连接并存的局面。

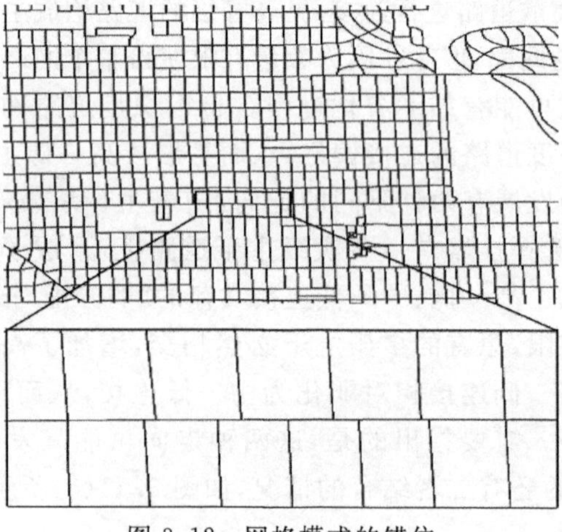

图 3.12　网格模式的错位

由于结果中没有各指标一致的同配道路网，仅有 Barcelona 和 Buenos Aires 这 2 个道路网的 3 个度量一致判断为同配。这两个道路网连接模式的共性是高—高连接主导，但两者的情况不完全相同。前者仅由高—高连接主导，后者高—高、低—低连接均较多，是更为典型的同配网络，如图 3.13 所示。

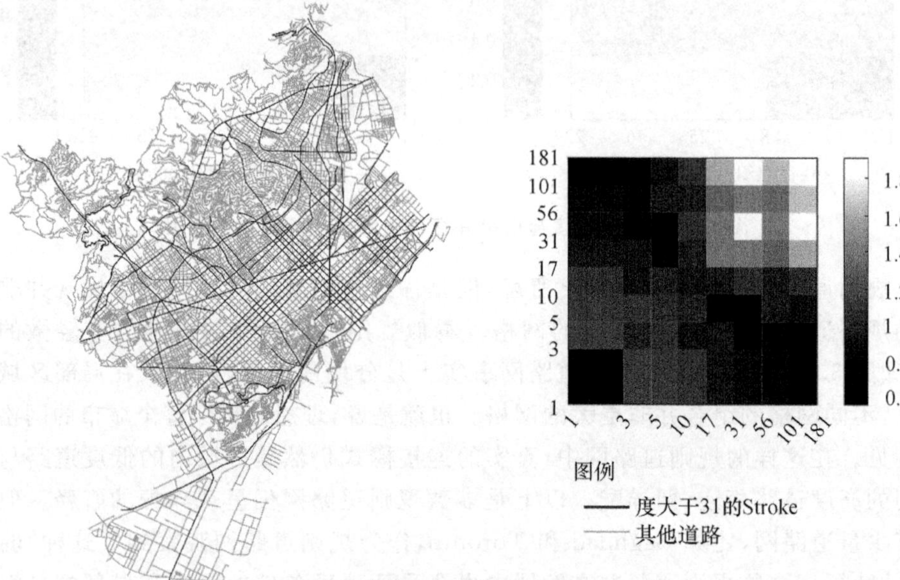

(a) 仅高—高连接主导 (Barcelona)

图 3.13　同配道路网对应的相关性剖面图

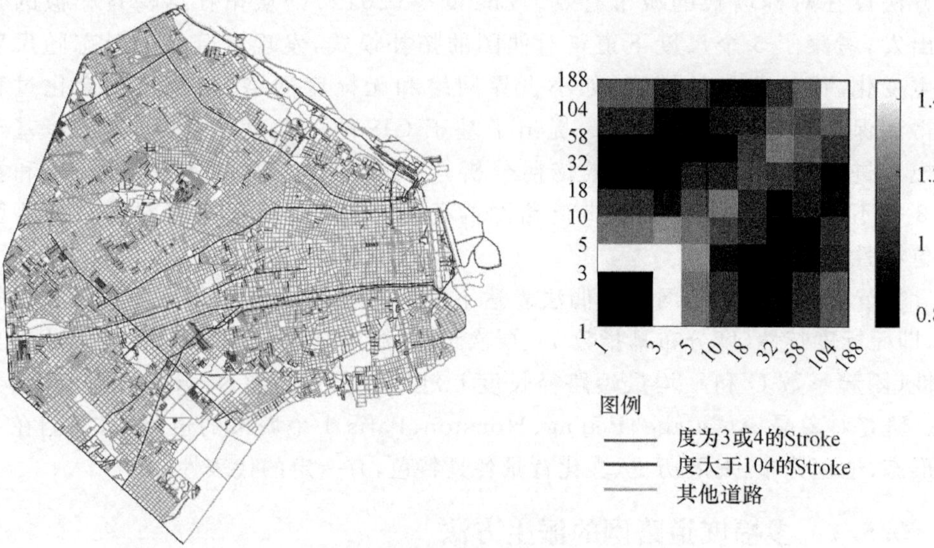

(b) 典型同配 (Buenos Aires)

图 3.13(续)　同配道路网对应的相关性剖面图

§3.5　拓扑分析的尺度效应

与社会网络、科技网络、生物网络不同的是，道路网是一类地理网络，其分析应属于地理分析的范畴。已有研究多是单纯将新网络科学的理论与方法应用于道路网的分析中，这样一来忽视了道路网的地理特性以及地理分析的关键因素，其中一个重要因素是尺度。本节关注尺度中的幅度和比例尺的变化所导致的拓扑指标和拓扑模式的变化。

对于模式与尺度的关系，研究者进行了一些有益的探索。为了验证无标度模式的普遍性，Jiang(2007)对 New York 的 5 个区域进行了研究，发现这些区域的道路网度分布与 New York 一样也呈现幂律分布。Masucci 等(2009)通过对 London 道路网的研究发现道路网中节点的平均度随距城市中心的距离增加线性降低，路段长度均值随着距城市中心的距离增加而增加，由道路网形成的元胞的长度、面积和拓扑度的均值随着距城市中心的距离增加而增加。与 London 道路网的研究类似，Chan 等(2011)通过对德国最大的 20 个城市的分析，发现道路网中的度高的节点处于城市中心，城市中心路段长度较短，随着从中心向外的扩散幅度增加，较长的路段出现在距城市中心 5～10 km 处，同时由道路网形成的元胞，其连通度、直径和面积都呈现随幅度增加的趋势，距城市中心 5～10km 处达到峰值。同时，Chan 等(2011)也指出对于从几何中心向外辐射增加幅度的方法仅在对称增长的城市有效。Zhang 等(2012)则从拓扑结构自相似的角度出发,考察了 5 个尺度下道路对偶图的拓扑模式,发现度分布的形态随尺度发生变化,而一些拓扑模式,如小世界网络和无标度网络,则在尺度变化过程中得到保持。李永树等(2012)提出了基于 GIS 的多粒度复杂网络模型,基于该模型进行了城市道路网失效传播分析。Duan 等(2014)在路段、Stroke 和社区 3 个不同粒度上进行了城市道路网的鲁棒性分析,发现不同粒度对道路网的鲁棒性具有影响。

本节主要关注道路网在对偶法表达下的 4 种拓扑模式和相关的 5 个拓扑指标,即无标度特性(度分布幂指数 γ)、层次组织(簇度相关关系的幂指数 β)、小世界特性(团簇系数 C 和平均最短路径长度 L)以及度相关性(Newman 同配性系数 r)。研究对象是 Auckland、Beijing、Houston、Paris 4 个城市的道路网,它们在几何形态、地理分布、发展历史、文化背景各具特色,有一定的代表性。

3.5.1　多幅度道路网的派生方法

对于多幅度道路网的派生,常用方法是从城市或者道路网的几何中心以欧氏距离向外辐射增加幅度(Masucci et al,2009;Chan et al,2011)。Chan 等(2011)指出对于从几何中心向外辐射增加空间幅度的方法仅在对称增长的城市有效,而且 Masucci 等和 Chan 等的分析方法均是假定辐射中心在城市轮廓的几何中心,特别地 Masucci 等(2009)将伦敦道路网的外部轮廓界定为圆形,从中心向外辐射。

由于城市形态的不规则性,道路网中心与城市轮廓的几何中心可能存在较大差异,同时,道路网属于网络空间,采用网络最短路径距离比欧氏距离更加合适(Yamada et al,2004;Batty,2005;Okabe et al,2006;Borruso,2008)。因此,本节提出一种新的多幅度道路网派生方法。该方法首先根据 Jiang 等(2012)的方法获取道路网的拓扑中心,然后将拓扑中心的质心映射于道路网上与之欧氏距离最近的点,之后以该点作为起始点,沿道路网计算到该点网络最短路径距离小于某个定值所能到达的范围,即可派生出一组基于网络距离的不同空间幅度的道路网数据集(图 3.14)。

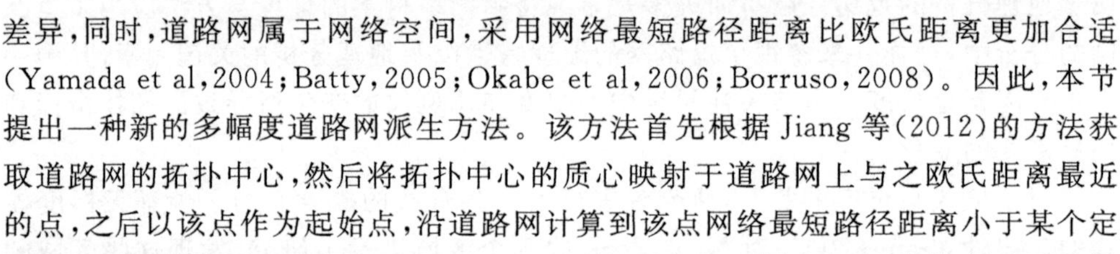

(a) 边界数的定义　　(b) 质心　　(c) 多幅度表达

图 3.14　多幅度道路网派生方法示意

拓扑中心的确定要从最外层边界出发，找到最外层的街区并将其到边缘的拓扑距离定义为 1；之后由外向内地计算各街区到边界的拓扑距离（称为边界数，border number），即将与边界数为 i 的街区相邻接的街区的边界数定义为 $i+1$。这样，边界数越大的街区就距离中心越近，根据头尾定律（head/tail rule）可认为边界数最大的街区构成了整个道路网的拓扑中心（Jiang et al，2012）。取道路网上距离这一拓扑中心区域的质心的欧氏距离最近的点作为起始点。此方法较已有文献中假定圆形切割范围的圆心（Masucci et al，2009）或者城市轮廓的质心（Chan et al，2011）的方法更具有客观性和科学性，并且不受城市的轮廓形态的限制。

已有方法（Masucci et al，2009）在分析不同幅度道路网的特征时忽略了道路网自身的网络特征，以圆形缓冲区的方式划定不同的空间幅度。此类方法在辐射方面没有考虑地形地貌对道路网模式以及通达性的影响，而且在边缘附近容易切割出孤立的碎线（图 3.15(a)中的虚线圆环），对结果产生不利影响。因此本节提出更加接近现实通行情况的网络最短路径距离作为幅度大小的度量，如图 3.14(b)以及图 3.15(b)所示。

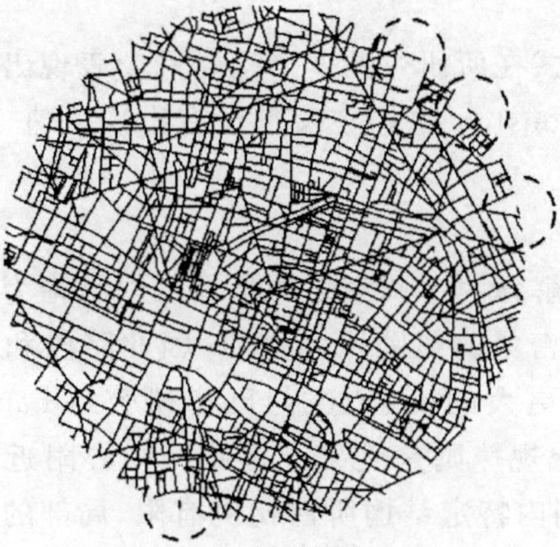

(a) 欧氏距离

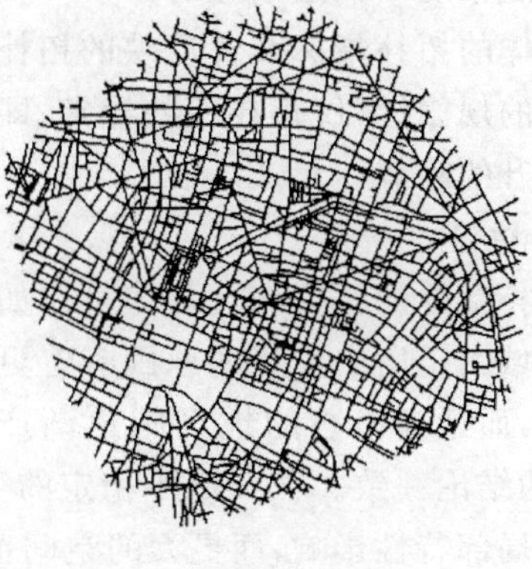

(b) 网络距离

图 3.15　欧氏距离和网络距离在 Paris 道路网 1 500m 时的幅度对比

3.5.2　幅度变化对拓扑模式的影响

1. 结果

根据 3.5.1 节的多幅度道路网派生方法，本小节分析道路网在 Stroke 对偶法表达下的 γ、β、C、L、r 等 5 个拓扑指标的变化规律。在研究的 4 个道路网中，这些指标均随空间幅度变化而变化，即呈现出尺度效应，不同城市间同一指标的变化趋势基本一致。图 3.16 显示了 4 个城市的拓扑指标随空间幅度的变化规律。

随幅度的增大，γ 在头部大幅波动，随后波动范围逐步减小，变化趋于稳定；C 随幅度先减后增，即在头部存在一个峰值，而最终趋近甚至超过初值；L 随幅度和网络规模的扩大逐步增加，尾部受边缘效应影响变化放缓，但其中存在波动（将在下文具体讨论），这与其他指标在尾部逐渐稳定有很大不同；r 均呈现出趋于 0 的规律，异配的特征趋向消失，而在头部存在一个极小值；β 在头部大幅波动，此后逐渐稳定，但稳定值与小幅度内波动极值的大小关系各不相同。

呈现尺度效应的指标随幅度的变化规律不尽相同，就单个指标而言，上述具体变化规律可分为三类：一是 L、r 呈较为光滑的递增变化趋势；二是 C 除开头有一明显降低外其余部分基本也呈较为光滑的递增趋势；三是 γ、β 呈现在头部相当一段尺度范围内大幅波动，在一定幅度以上的尾部基本稳定在某一定值上下。第三类指标的变化一方面表现出较差的规律性，另一方面在大多数尺度区间内几乎没有变化，说明不同拓扑指标的尺度效应强度不同，前两类指标的幅度效应较第三类更为明显。

而在拓扑模式的层面上，无标度特性在不同幅度内保持不变；小世界特性随范围的增大基本稳定或更为显著，因为 C 缓慢上升、L 呈逐渐放缓的增长，而对应随机图 C 下降、L 趋势与对偶图相似；度相关性随幅度增大逐渐减弱，趋近于随机；层次组织随幅度增大逐渐显著。

具体的拓扑指标及其反映的拓扑模式在所研究的 4 个道路网中表现出上述较为一致的规律性，仅存在一处异常，即 Houston 的 C 在头部没有出现极值，而是呈一直上升的趋势。

2. 讨论

拓扑指标的幅度变化规律可作如下解释。单调变化的指标可以解释为靠近中心的区域由于历史发展的原因有着更为密集的道路网和路口，因此路段和街区规模较小，而远离中心的地区则逐渐产生更大的街区，这与已有研究（Chan et al, 2011）的结论一致。在头部不稳定的变化规律则是受到了道路网中心附近道路网结构的局部特性影响，而更大的空间范围内特定结构所占比例有限，局部的细微结构不至于影响整体的结构。这一现象表明，在较小空间范围内不能将道路网视为复杂网络系统，只有当空间范围达到一定规模以后才会表现出统计规律，体现出其复杂系统的整体特性，小于一定空间范围的道路网只能反映与总体模式无关的局部特征。

L 在尾部出现的波动，体现了环线或干线公路对提升整个道路网通达性的重要作用。随着环路或干线逐渐进入分析范围，整个道路网的 L 会出现小段的连续下降（图 3.17）。这一规律在本小节研究的四个城市道路网中均得到证实（图 3.18）。L 在曲线尾部的短暂连续下降在 Auckland 12 km、14 km 处对应于东南两条弧形干线和西北部 1 号、16 号、18 号三条公路构成的环路；在 Beijing 8 km、14 km、18 km、21 km、28 km 处分别对应于东北二环、东南三环、南四环与北五环、西南三环、东北五环的局部路段；在 Paris 5 km 处对应于环城快速路的东段和南段；

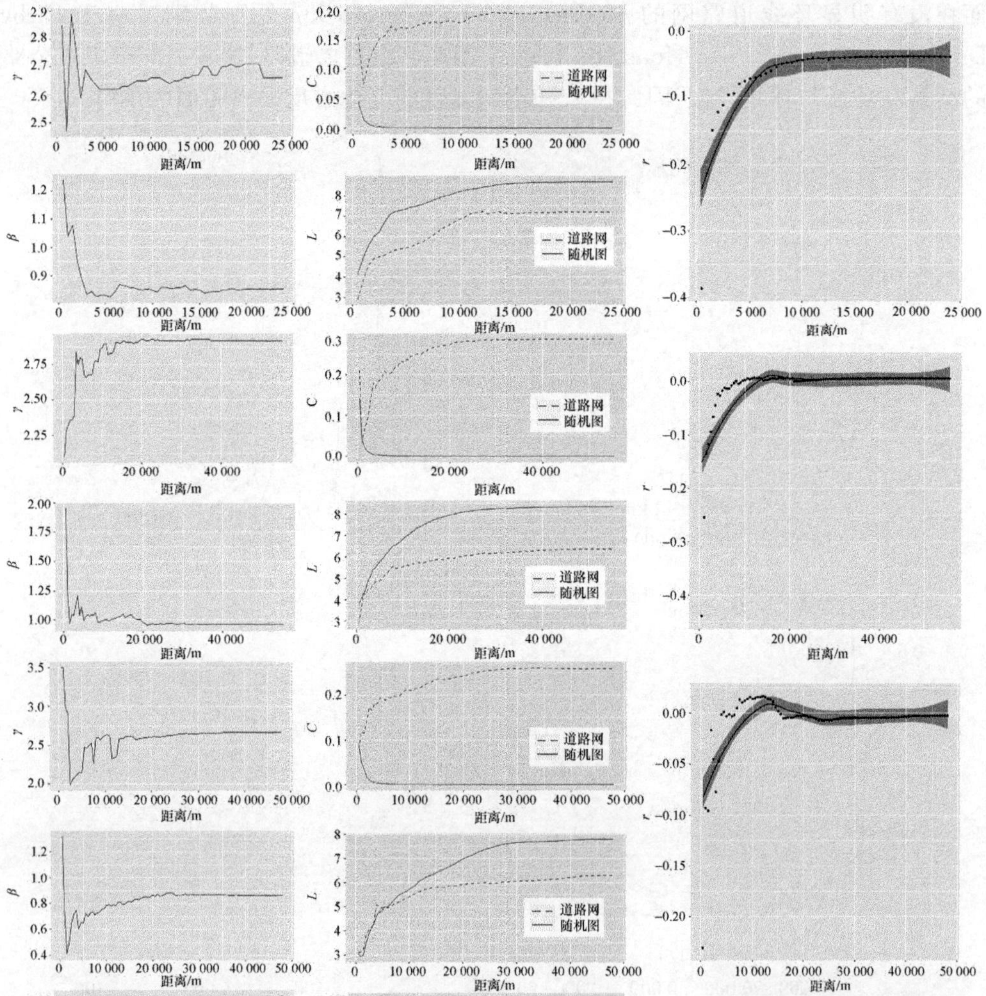

图 3.16　对偶法表达下的道路网拓扑指标随幅度的变化

第一列：γ、β。第二列：C、L。第三列：r。每两行一组自上而下依次为 Auckland、Beijing、Houston、Paris。

而在没有明显环线道路网的 Houston，4 km、6 km、25 km 处则分别对应于 Kirby Drive、Katy Freeway、Sam Houston Freeway 等高等级重要道路，这些高等级干线公路的结构和功能与环线类似，因此在 L 随空间幅度的变化中反映出相似的规律。

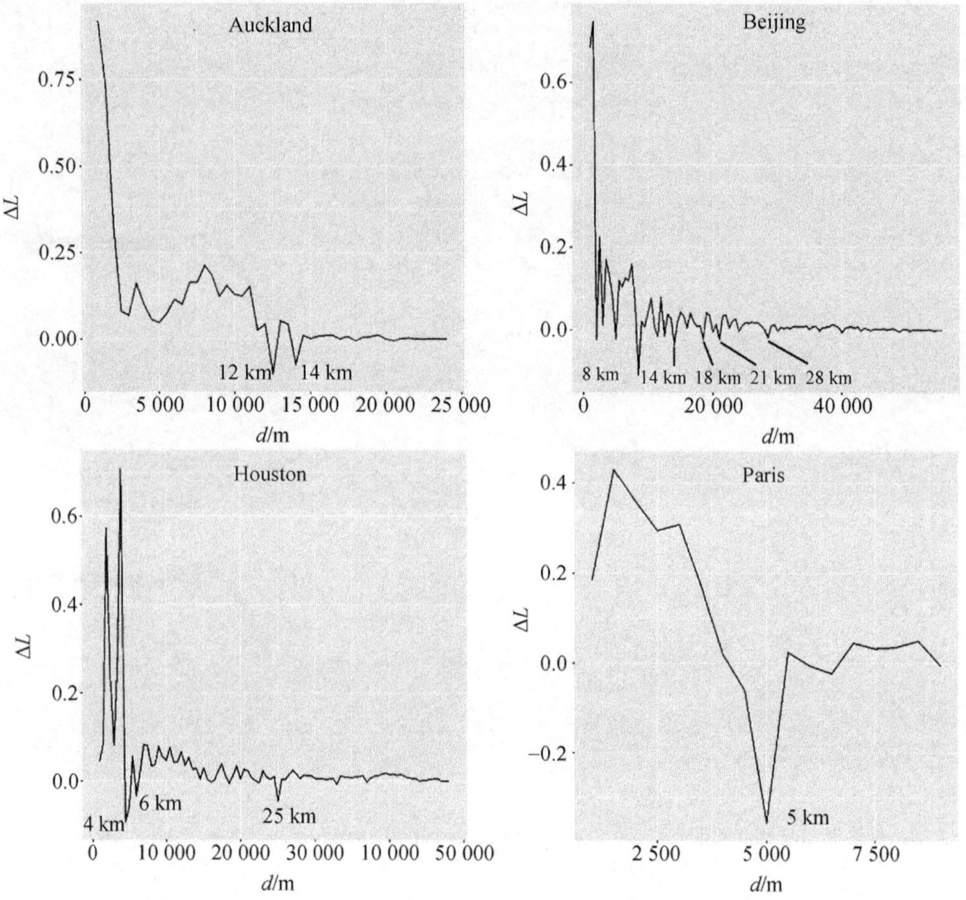

图 3.17 四个道路网对偶图相邻空间幅度的 L 变化量

拓扑模式的幅度变化有助于道路网拓扑分析的尺度选择。对于随幅度增大更加突出的小世界特性和层次组织，可以选择从较小幅度的道路网(如距中心 1 km 以内)入手，如果在某一小范围内观测到这些模式，为了降低计算开销可停止在更大范围内的观测，得出定性结论。对于随幅度增大逐渐消失的度相关性，可以在较小范围内进行尝试，找到的极值作为度相关性判断的依据，较之在全部范围内展开计算和分析会更为方便有效。对于幅度效应较弱的无标度特性，可适当选择较小的幅度进行观测以节省计算开销。

本书提出了一种新的多幅度道路网派生方法，并对道路网拓扑模式的幅度效

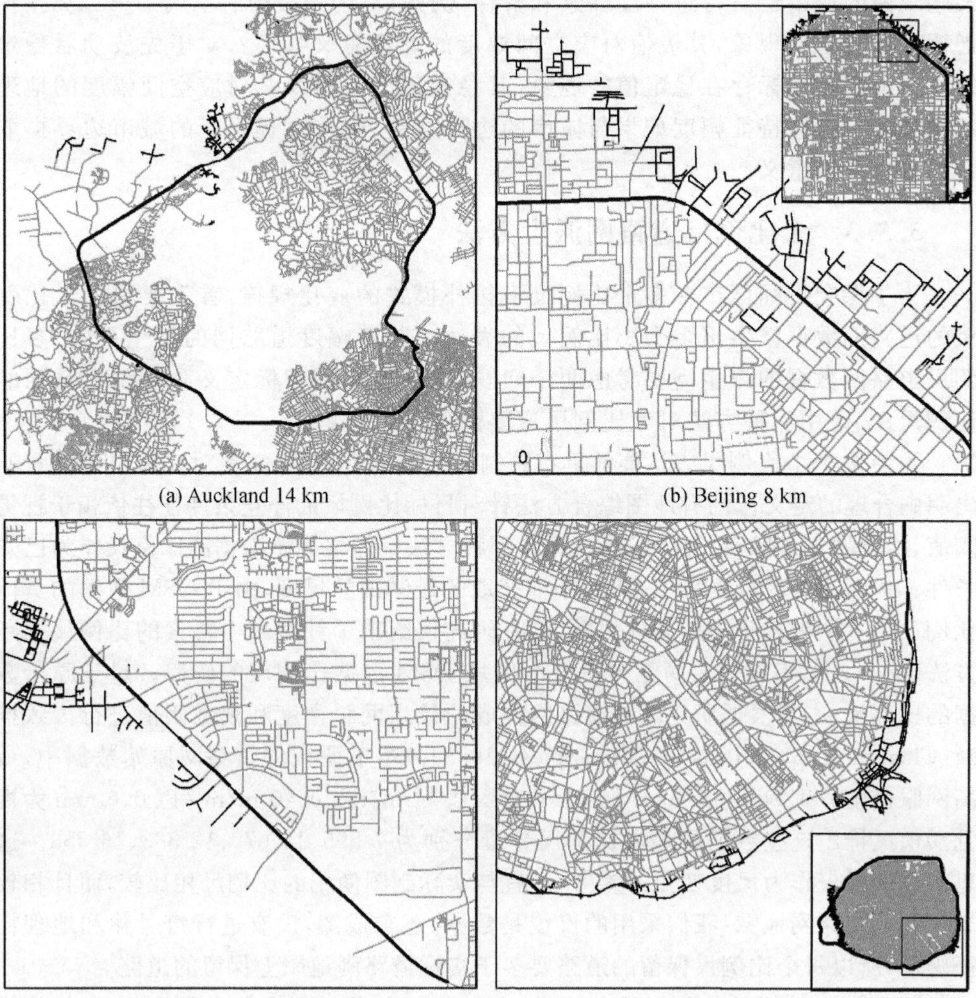

(a) Auckland 14 km　(b) Beijing 8 km　(c) Houston 25 km　(c) Paris 5 km

图 3.18　平均最短路径的尾部波动与对应的城市环路

注：图中浅色线划表示前一个幅度的道路网，深色细线表示后一个幅度新增的道路网，粗线表示环路。

应进行了研究。在对偶法表示形式下，通过对四个城市不同空间幅度的道路网拓扑指标的计算，发现多数指标与空间幅度有关，即具有与幅度相关的尺度效应。不同指标效应强度不同，可分为随幅度平稳变化、波动后平稳变化和波动后基本不变三类。

本书在样本选择方面力求代表性，考虑了可能具有不同几何形态、地理分布、发展历史、文化背景的城市道路网，但是较为有限的样本得到的结论仍有待进一步验证。某些潜在规律难以确证，例如，r 是否存在某个使之稳定的临界空间幅度。

某些现象的成因也有待进一步探索和解释，例如，对于先波动后单调的第二类拓扑指标存在极值的现象，其极值对应空间幅度的地理意义如何？对于先波动后稳定的第三类拓扑指标存在稳定值的现象，其稳定值的大小及其对应空间幅度的地理意义如何？这些特征幅度如果与城市的边界有关，则将对提出新的城市边界提取方法具有重要意义。

3.5.3 多比例尺道路网派生方法

为了探究不同城市在多个比例尺下拓扑模式的变化规律，首先要根据大比例尺的道路网数据派生出多个小比例尺的表达。与多幅度道路网的派生不同，多比例尺道路网数据的派生需要考虑两个问题：①通过何种指标定义和控制道路网的比例尺；②采用何种方法对大比例尺道路网进行综合。

为使多个小比例尺表达能够具有跨制图区域的可比性，需要对比例尺的度量给出明确合理的定义。已有地图综合方法针对目标比例尺的停止条件往往依赖于视觉阈值、给定的要素保留长度或数量，无论哪种方法都需要原始数据的比例尺作为已知条件。本书的实验数据采用 OSM 中能获取的最详细的尺度，由于 OSM 数据的具体比例尺是一个尚未解决的开放问题，已有研究仅给出了针对单个要素的比例尺推断方法(Touya et al,2015)，尚无针对整个区域 OSM 数据比例尺的研究。对于原始数据的比例尺，本节根据研究区域道路网构成的最高网眼密度和视觉阈值进行大致推断(Chen et al,2009;Li et al,2012;Spiess,1988)。本节研究的道路网原始数据中，最高网眼密度分别为 0.88 m/m^2、0.34 m/m^2、0.54 m/m^2、0.40 m/m^2，以 0.6 mm 为视觉阈值反推出这些数据的参考比例尺分母分别为 7 595、19 670、12 333、16 553。这里的比例尺仅作为尺度变化的参考，不宜与实际制图使用的比例尺相比较，而且相较于实际的道路网地图，我们采用的仅仅是数据，还未成图，没有进行符号化和地理特征塑形，所以每个比例尺保留的道路要多于实际道路网地图上保留的道路。

对于派生数据的比例尺控制指标，以视觉阈值作为目标比例尺的控制条件很大程度上受到不同地区道路几何和结构特点的影响，其控制的网眼密度或悬挂线长度的分布也不尽相同；参考权威地图中道路总长度作为控制条件，一方面受到资料图获取困难的限制，另一方面也受到地区间编图信息载负量习惯差异的影响。由于受路网特点和编图习惯的地区差异影响，视觉阈值推断的网眼密度、权威参考地图中道路网总长度在本节的研究中用作比例尺控制条件存在一定的不足。因此本节采用以保留要素数量作为控制尺度的标准，沿用了制图综合传统的开方根规律(王家耀，1993)，根据目标比例尺与原始比例尺的相对关系确定保留的比例。这样的方法不易受地理异质性的影响，使得跨区域的尺度具有了统一的定义与可比性。

道路网自动综合方法主要包括基于 Stroke 线单元的综合、基于网眼(街区)面单元的综合和同时考虑线面结构的混合方法(Yang et al,2010;Chen et al,2009;

Li et al,2012)。其中基于 Stroke 线单元的综合逐条删除次要的 Stroke;面综合着重保持道路网形成街区的结构,依次合并密集的面单元;线面混合的方法本质上是对基于网眼的综合增加了不构成网眼的线划即悬挂线(一端孤立)与桥(连通两个网眼)的处理,可以看作是对面综合的改进。由于本节着重考察比例尺变化过程中道路网的拓扑模式,这一拓扑模式定义在基于 Stroke 的道路网对偶表达基础之上,因此选用基于 Stroke 的线综合方法(Yang et al,2010)。

3.5.4 比例尺变化对拓扑模式的影响

1. 结果

以经过预处理的最为详尽的原始道路网为起点,以不等的步长在参考比例尺 10 万至 100 万之间共生成了 20 个空间尺度的道路网。步长变化的原因是随着比例尺的缩小,等间距的比例尺变化导致的线要素删除越来越少。为使相邻尺度间有较为明显的差别,步长从 2 万逐步扩大至 5 万和 10 万。加上原始尺度的道路网,对这 21 个幅度的道路网分别进行生成 Stroke、构建对偶图、计算拓扑参量等步骤,得到了 γ、β、C、L、r 5 个拓扑指标随空间尺度变化曲线(图 3.19)。

γ 在经过比例尺变换后同初始比例尺存在明显差异,在显著下降后稳定在 2.5 左右; C 随比例尺分母增大平缓上升,最终达到 0.5 左右的最高值; L 随比例尺分母增大光滑下降,直至初始比例尺的 50%至 60%水平; r 在经过比例尺变换后明显降低,对于四个异配道路网即绝对值增大,此后又随比例尺分母增大而逐渐趋近于 0;β 在经过比例尺变换后与初始比例尺相比明显增大,并稳定于 1 左右。

就单个拓扑指标随比例尺的变化而言,上述变化可分为三类:一是 γ、β 在经过最初的比例尺变换后与原始数据存在明显差异,但此后随比例尺变化基本保持不变;二是 r 与初始值产生较大差异,且此后随比例尺继续变化;三是 C、L 随比例尺光滑单调变化。这三类变化反映了不同拓扑指标随比例尺变化的尺度效应程度和方式不同。第一类指标尺度效应最弱,仅存在两个典型的特征尺度;另两类指标的尺度效应较强,但第二类存在非单调的复杂变化,而第三类的单调平滑变化更具规律性。

而在拓扑模式的层面上,无标度特性在初始比例尺存在较强证据,随道路网的综合明显减弱;小世界特性随比例尺分母的增大更为显著,因为 C 缓慢上升、L 呈下降趋势,而对应随机图 C 下降、L 趋势与对偶图相似;度相关性随比例尺分母增大先更为明显,之后又逐渐减弱,趋近于随机;层次组织随比例尺变化始终保持不变。

四个道路网的拓扑指标变化规律基本一致,但也存在三处例外:一是 Paris 的 γ 随比例尺分母增大而波动上升;二是 Beijing 的 r 在较大的比例尺分母区间内较为稳定,未出现其他道路网随比例尺变化明显趋于 0 的态势;三是 Beijing 的 β 随比例尺的变化相对较为平滑,与其他道路网先突变再稳定的变化趋势存在差异。

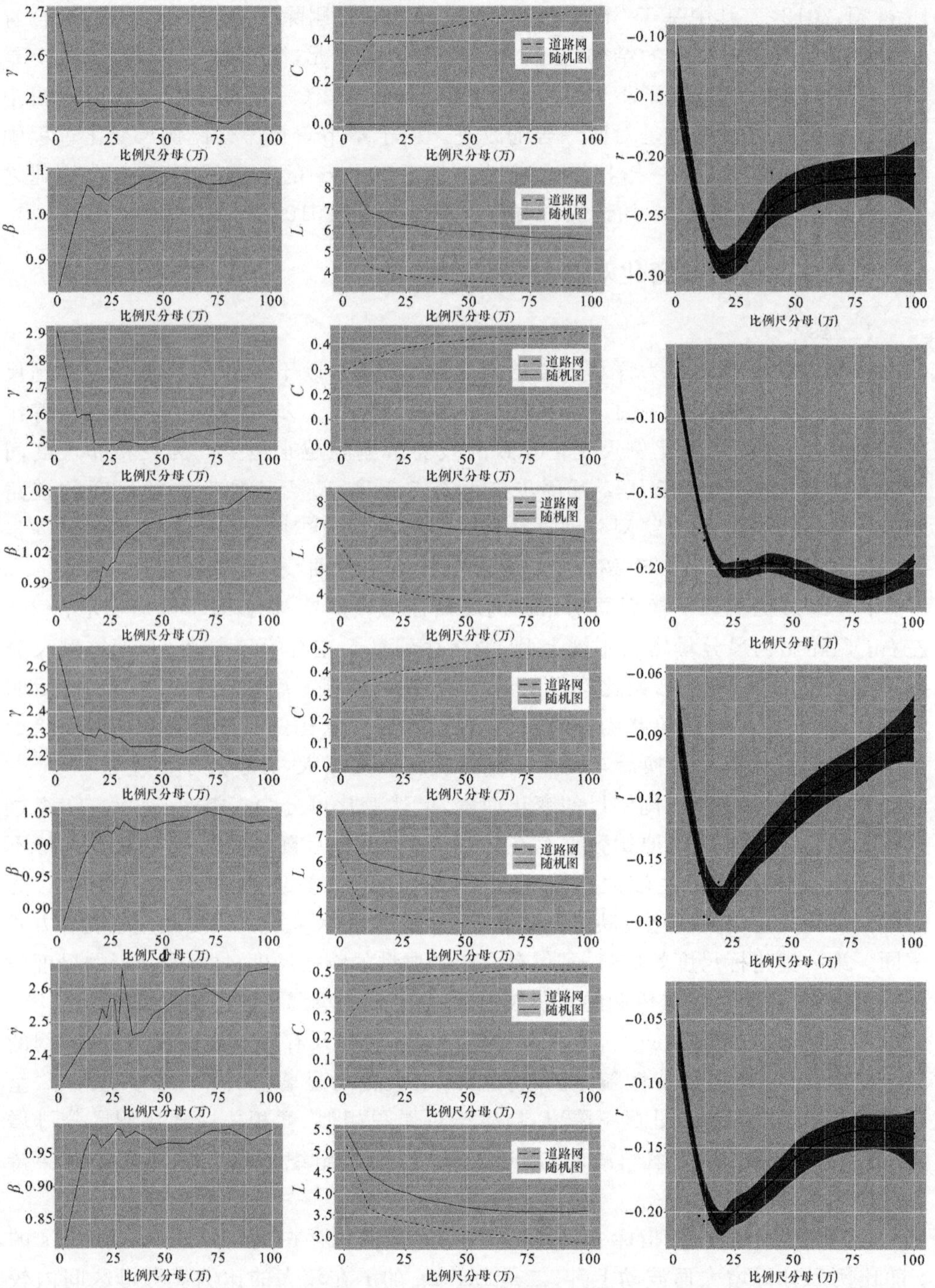

图 3.19 对偶法表达的道路网拓扑指标随比例尺的变化

第一列:γ、β。第二列:C、L。第三列:r。第一至四行分别为 Auckland、Beijing、Houston、Paris。

2. 讨论

下面对上述三类拓扑指标的比例尺变化规律进行讨论。第一类中，γ、β 两个幂指数在考察的尺度区间内的稳定值和原始比例尺下初始值差异明显，这说明了原始比例尺中非常细节的道路对于道路网结构的描述于表达产生了显著的影响。在经过一定程度的综合后，道路网的全局结构得以较好体现。这些局部细节虽然为对偶图贡献了无标度模式所需的大量度较低的小节点，但是它们缺乏全局意义，对其剔除反而有助于解释道路网全局的拓扑模式，使得在经过一定删除后的两个幂指数稳定在理论上更为理想的 2.5 和 1.0 附近。其中，γ 的下降是由于选取剔除了大量度较低的节点，整个度分布的形态更显平缓；β 的上升是由于这些低度节点其邻居连通性往往也较差，拉低了簇度相关关系的头部，对低度节点剔除后整个簇度相关关系头部更加突出，尾部相对变薄。第二类中，r 的比例尺变化规律同第一类指标的变化规律有一定相似性，说明过多低度节点一定程度上不利于观察网络拓扑中的主要模式，经过适度综合后存在一个特征尺度最能凸显网络拓扑的度相关性。与第一类指标不同的是，度相关性的评估需要对网络结构一定程度的保留，对于低度节点的过分删除会使得度相关性的描述出现一定的偏误。第三类中，C 的上升则体现了道路网综合过程对连通性差、依附于主要道路的次要道路的删除，此类道路自身较短、邻居较少，由于地理限制难以互联互通，剔除此类道路后，主要道路构成的主干道路网得以体现出较好的连通性。类似地，L 的下降则是由于剔除了这些拓扑上相对边缘、处于较低层次的道路，原始比例尺中较大的 L 由这些大量的边缘节点对间的高路径距离贡献，剔除后使得 L 显著下降。

拓扑模式的比例尺变化有助于道路网拓扑分析的尺度选择。对于小世界特性的分析，由于小比例尺的道路网会夸大这一模式，因此应从初始的较为完整的道路网来评估这一模式更为客观。对于层次组织，由于其受比例尺变化影响不大，因此在不同比例尺下分析的结果均可反映这一特性。对于无标度特性和度相关性的分析，由于初始比例尺中存在大量局部低等级道路，需要进行初步的选取、剔除这些细节才能使道路网拓扑模式更为突出，但另一方面综合过程本身会对无标度特性和度相关性起到削弱作用，因此要平衡不同比例尺选择带来的更为清晰的道路网结构和拓扑模式的削弱程度，找到能恰当反映道路网结构的特征尺度进行分析。

第 4 章　元胞模式挖掘

§4.1　概　述

元胞(cell)、网眼(mesh)、圈(cycle)和块(block)在有关道路网的文献中均指由道路对地理空间产生分割所构成的多边形,本书不严格区分这些概念,本章采用统计物理学中的术语"元胞"。Buhl 等(2006)就道路网的网眼单元集合提出了"网眼指数",这一指标可以衡量道路格网化的程度,网眼指数越大道路网越接近一个网状的结构,网眼指数越小,道路网越接近树状结构。Lämmer 等(2006)通过对德国最大的 20 个城市元胞结构的研究发现元胞的尺寸分布服从幂律分布,度为 4 的元胞占主导地位且元胞的形状具有多样性。Masucci 等(2009)通过对 London 道路网的研究发现圈的周长和圈的面积从城市中心至外围呈现增加的趋势,且圈的面积服从幂律分布。Chan 等(2011)同样以德国最大的 20 个城市为样本,研究了元胞的面积、拓扑度、形状因子的分布规律以及他们之间的关系,发现元胞面积的分布在大于 10 000m^2 的尾部呈现厚尾现象,元胞的拓扑度的均值在 4～5,元胞的形状因子大多分布在 0.3～0.6。元胞的面积与拓扑度呈现正相关,元胞的面积与形状的关系表现为大面积的元胞形状倾向于更紧凑,小面积的元胞形状更倾向于狭长。形状与拓扑度的关系表现为拓扑度高的元胞的形状主要是矩形,而且拓扑度很高的元胞大多是细长的形状而不是方形。同时他们还对上述属性与距城市中心距离的关系进行分析,发现在距城市中心一定距离的区域,其属性值分布平稳。Jiang 等(2012)从国家的层面出发分析法国、德国和英国的道路网构成的块,发现块的尺寸符合对数正态分布,并由此提出了一种提取自然城市的方法。Louf 等(2014)通过不同道路网块的面积形状特征对道路网进行了层次聚类分析,提出了一种新的道路网分类。

大多数研究主要考虑元胞的形状、尺寸、拓扑度等参量的统计规律以及它们之间的关系,没有考虑元胞的空间配置,因此难以全面反映道路网的元胞模式。如图 4.1所示,具有相同数量、形状、尺寸组成的元胞可以构成多种不同的空间配置。

本章从基本的统计特征开始,逐步深入地对道路网的元胞模式进行研究。§4.2 对大样本异质道路网的元胞尺寸、形状、拓扑度的统计规律以及这些参量间的关系进行了描述;§4.3 提出了网络景观指数分析法,用于挖掘表征元胞模式的主要因子。

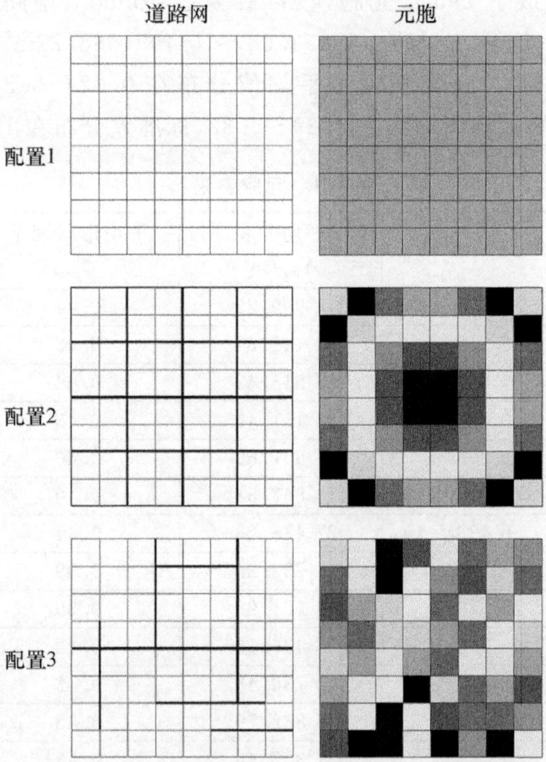

图 4.1　组成相同的元胞形成的不同空间配置

§4.2　元胞参量的统计特征及其关系

本节分析几种常用的参量，包括：

(1)元胞的面积 A，即该元胞的几何面积。

(2)元胞的形状因子 Φ，即该元胞的几何面积与该元胞的最小外接圆的面积之比，其计算公式为

$$\Phi = \frac{A}{A_{\min}(d)} \tag{4.1}$$

式中：d 为该元胞的直径；$A_{\min}(d)$为该元胞的最小外接圆的面积，其计算公式为

$$A_{\min}(d) = \frac{\pi d^2}{4} \tag{4.2}$$

(3)元胞的拓扑度 k，即与该元胞相邻的其他元胞数。

对 100 个城市道路网构成的元胞的数量、拓扑度、面积和形状因子进行统计，结果如表 4.1 所示。由表 4.1 可知，不同的城市元胞数目差距较大，数目最少是

Delaware，道路网构成了 295 个元胞，数目最多是 London，道路网构成了 52 603 个元胞。面积的平均值分布在 6 852.58～4 499 538.27m^2，标准差分布在 9 960.04～29 540 240.36；形状因子平均值分布在 0.32～0.54，标准差分布在 0.1～0.16；拓扑度的平均值分布在 4.29～5.32，标准差分布在 1.36～5.58。

表 4.1 元胞参量

城市	元胞数	平均面积 A_{ave}/m^2	平均形状因子 Φ_{ave}	平均拓扑度 k_{ave}
Athens	6 381	8 999.22	0.47	4.72
Atlanta	5 119	82 141.82	0.45	4.93
Auckland	7 421	169 515.42	0.44	5.26
Austin	10 412	82 151.46	0.43	4.99
Baghdad	20 208	34 607.85	0.40	5.25
Bangkok	8 617	143 867.51	0.40	4.88
Barcelona	5 433	27 433.26	0.44	4.76
Bejaia	299	141 752.26	0.39	4.92
Bangalore	25 279	44 161.98	0.39	5.26
Berlin	40 993	53 436.16	0.42	5.09
Birmingham	8 620	76 736.48	0.42	5.21
Bogota	28 104	15 832.79	0.45	4.93
Bordeaux	2 463	31 327.46	0.43	4.92
Boston	5 525	35 695.75	0.41	4.93
Brasilia	1 474	304 548.13	0.39	4.96
Brno	6 376	68 678.92	0.39	5.15
Brussels	1 337	37 987.24	0.43	4.66
Budapest	16 847	57 431.24	0.41	5.00
Buenos Aires	12 947	22 421.72	0.51	4.38
Cardiff	3 964	74 175.69	0.40	5.19
Charlotte	5 912	151 085.15	0.44	4.84
Chattanooga	3 641	110 051.40	0.44	4.83
Chennai	12 807	27 629.69	0.42	5.32
Chongqing	779	4 499 538.27	0.44	4.80
Cincinnati	5 207	55 508.45	0.42	4.82
Cleveland	4 585	56 108.59	0.40	4.93
Curitiba	12 712	33 065.96	0.47	4.72
Dar es Salaam	2 585	146 604.01	0.43	5.17
Delaware	295	114 657.80	0.47	4.37
Denver	12 967	33 627.31	0.41	4.56

续表

城市	元胞数	平均面积 A_{ave}/m^2	平均形状因子 Φ_{ave}	平均拓扑度 k_{ave}
Detroit	13 311	48 572.21	0.44	4.53
Edinburgh	6 925	98 402.77	0.41	5.18
Edmonton	11 829	127 639.32	0.41	4.86
Evansville	2 307	60 519.05	0.49	4.68
Frankfurt	10 667	51 458.15	0.42	5.15
Gdansk	4 791	109 771.75	0.40	5.04
Glasgow	8 384	54 882.96	0.41	5.06
Grand Rapids	2 222	75 639.08	0.46	4.73
Hamburg	23 243	73 360.24	0.42	5.23
Harare	2 576	211 937.03	0.44	5.06
Honolulu	1 560	44 071.65	0.43	4.46
Islamabad	3 405	135 391.78	0.46	5.19
Kamloops	1 110	70 996.93	0.37	4.70
Karachi	12 499	77 804.02	0.42	5.20
Karlsruhe	7 748	46 413.75	0.41	5.18
Kirovograd	1 129	77 388.28	0.40	4.58
Krakow	7 857	77 764.49	0.41	5.12
Kyiv	10 717	133 880.03	0.40	5.09
Las Vegas	5 502	71 141.42	0.41	4.67
Lawrence	1 465	60 840.85	0.42	4.68
Lexington	2 329	353 092.00	0.42	4.91
Lille	1 944	34 976.22	0.42	4.87
London	52 603	72 752.39	0.42	5.32
Lviv	1 827	123 977.50	0.40	5.13
Lyon	2 842	29 603.29	0.43	4.75
Macon	2 012	68 809.33	0.46	4.76
Madison	4 576	83 898.71	0.43	4.79
Madrid	18 885	46 002.67	0.43	5.06
Manchester	4 892	56 722.57	0.45	5.10
Manila	3 098	11 823.56	0.40	4.59
Marseille	4 892	69 259.38	0.40	4.99
Mexico	31 482	29 220.93	0.42	4.74
Milan	6 439	46 963.33	0.44	4.98
Milwaukee	7 524	50 936.69	0.44	4.51
Mobile	4 423	60 425.94	0.46	4.89

续表

城市	元胞数	平均面积 A_{ave}/m^2	平均形状因子 Φ_{ave}	平均拓扑度 k_{ave}
Monaco	374	6 852.58	0.32	4.29
Montpelier	2 739	33 209.18	0.41	5.04
Montreal	16 769	55 940.28	0.39	4.87
Munich	20 031	32 169.48	0.43	5.14
Nairobi	3 203	137 834.09	0.42	5.00
New Delhi	15 812	84 880.14	0.41	5.21
New York	30 724	36 535.12	0.42	4.53
Newcastle	2 032	101 234.08	0.40	5.08
Nuremberg	7 817	48 390.79	0.43	5.22
Odessa	1 830	130 691.67	0.44	4.82
Osaka	19 843	16 176.00	0.47	4.78
Paris	6 999	33 490.12	0.42	4.92
Pittsburgh	6 236	31 086.58	0.40	4.79
Porto Alegre	6 924	64 473.47	0.43	5.01
Reno	2 351	80 570.49	0.43	4.76
Reykjavik	4 610	72 070.80	0.42	5.09
Riga	6 911	95 224.00	0.40	5.00
Rotterdam	6 574	40 664.23	0.41	5.10
San Diego	13 889	59 628.41	0.39	4.76
Santander	1 778	31 695.48	0.42	4.98
Santo Domingo	3 596	24 388.77	0.46	4.72
Seoul	7 646	95 904.04	0.43	4.95
Shanghai	10 044	592 637.55	0.47	4.98
Singapore	6 124	90 733.82	0.41	4.94
St Louis	8 402	28 895.92	0.39	4.74
State College	598	23 986.42	0.45	4.63
Strasbourg	2 747	48 559.33	0.41	5.04
Taipei	6 916	36 598.56	0.45	4.98
Tel Aviv	3 379	19 003.61	0.43	4.98
Terre Haute	1 609	60 884.57	0.54	4.51
Toronto	21 229	55 536.49	0.42	5.01
Toulouse	5 528	33 439.26	0.39	5.02
Vancouver	10 516	24 458.50	0.40	4.67
Warsaw	13 579	90 015.54	0.42	5.01
Yerevan	2 402	147 547.20	0.41	4.95

4.2.1　元胞的面积

图 4.2 显示了 100 个城市道路网元胞面积概率密度的分布情况，其中黑色实线表示在考虑 100 个城市元胞面积的概率密度分布情况下的概率密度平均值，灰色实线和虚线则分别表示 100 个城市中概率密度的最大值和最小值。通过图 4.2 的分布可看出，元胞面积的分布呈现厚尾现象。

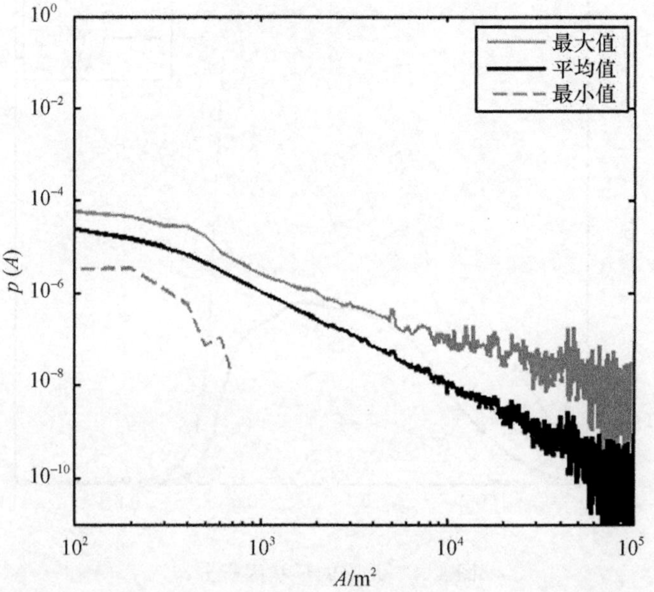

图 4.2　元胞的面积分布

4.2.2　元胞的形状

形状因子 Φ 的取值为 0～1，值越大元胞的形状越趋近于圆的形状，如图 4.3 所示，其中 n 表示正 n 边形的边数。

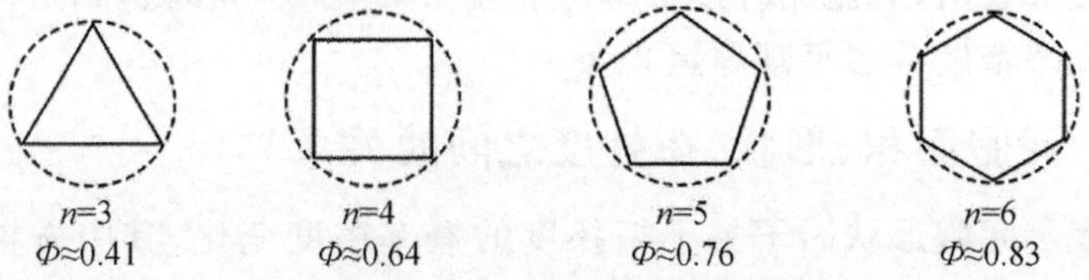

图 4.3　正 n 边形的形状因子

图 4.4 显示了 100 个城市道路网元胞形状因子概率密度的分布情况，其中黑色实线表示在考虑 100 个城市元胞形状因子的概率密度分布情况下的概率密度平均值，灰色实线和虚线则分别表示 100 个城市中概率密度的最大值和最小值。通过图

4.4 的分布可看出，元胞形状因子大多数分布在 0.3 和 0.6 之间。根据式(4.3)和式(4.4)可知，当 $n=3$ 和 $n=4$ 时，形状因子的最大可能值近似于 0.41 和 0.64。

$$\Phi_c^{\max}(n=3)=\frac{3\sqrt{3}}{4\pi}\approx 0.41 \tag{4.3}$$

$$\Phi_c^{\max}(n=4)=\frac{2}{\pi}\approx 0.64 \tag{4.4}$$

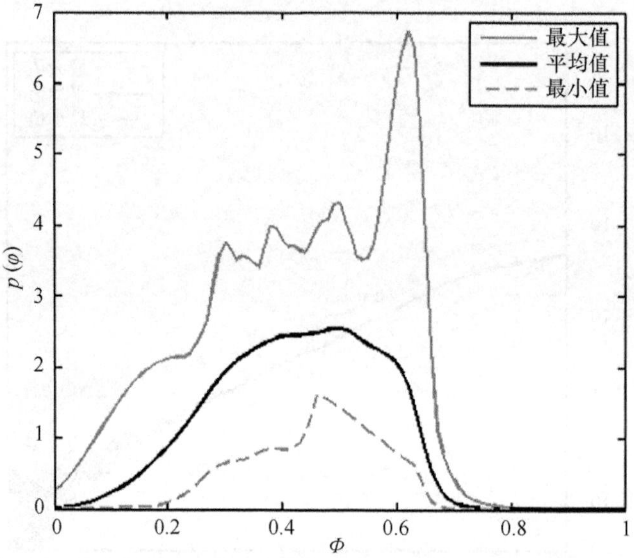

图 4.4 元胞的形状因子分布

4.2.3 元胞的拓扑度

图 4.5 显示了 100 个城市道路网元胞拓扑度概率密度的分布情况，其中黑色实线表示在考虑 100 个城市元胞拓扑度的概率密度分布情况下的概率密度平均值，灰色实线和虚线则分别表示 100 个城市中概率密度的最大值和最小值。通过图 4.5 的分布可看出，元胞拓扑度的概率密度分布在 $k=4$ 时达到最高值，当 $k>4$ 时拓扑度的概率密度分布呈现厚尾现象。

4.2.4 元胞面积、形状、拓扑度之间的关系

图 4.6 表示元胞形状因子关于拓扑度的概率密度变化，其中方格横向代表 1 单位拓扑度，纵向代表 0.01 单位形状因子，方格颜色深浅代表元胞形状因子的概率密度(颜色与概率密度值的关系见右侧图例)。由图 4.6 可知，随着拓扑度的增大，元胞形状因子的概率密度值逐渐向形状因子的低值偏移，如图中箭头所示。同时可以发现，即使当拓扑度大于等于 4 时，也极少有元胞的形状因子大于 0.64(正方形的形状因子值)。

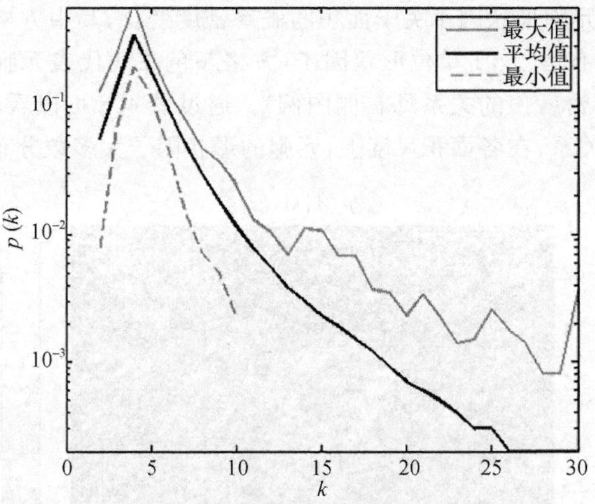

图 4.5　元胞的拓扑度分布

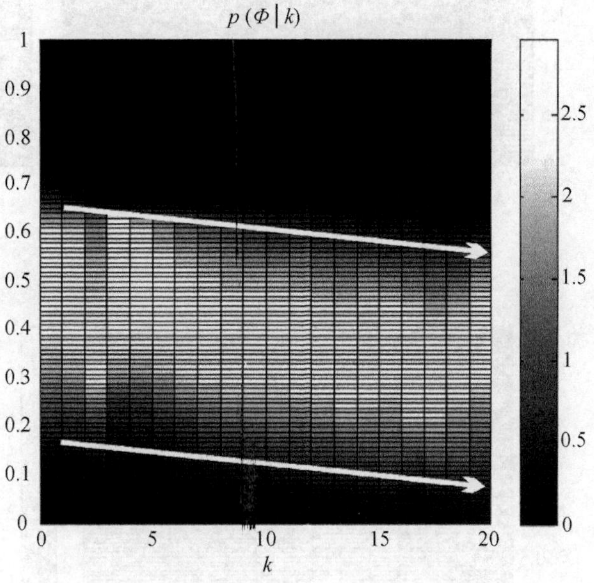

图 4.6　元胞形状因子与拓扑度的关系

图 4.7 表示元胞面积关于拓扑度的概率密度变化，其中方格横向代表 1 单位拓扑度，纵向代表 500 单位面积，方格颜色深浅代表元胞面积的概率密度(颜色与概率密度值的关系见右侧图例)。通过图 4.7 可以看出，大多数元胞分布于较低拓扑度($2<k<5$)、较低面积($A<10\ 000\text{m}^2$)的区域，随着拓扑度增大至 $5<k<10$，元胞的面积分布也逐渐向面积的高值偏移，更高拓扑度的元胞($10<k<15$)数量更少，且面积很大。

图 4.8 表示元胞形状因子关于面积的概率密度变化，其中方格横向代表 1/3 对数单位面积，纵向代表 0.01 单位形状因子，方格颜色深浅代表元胞形状因子的概率密度(颜色与概率密度值的关系见右侧图例)。通过图 4.8 可以看出，元胞的形状与面积没有明显的关系，在各面积尺度上，元胞的形状因子大多数分布在0.3～0.6。

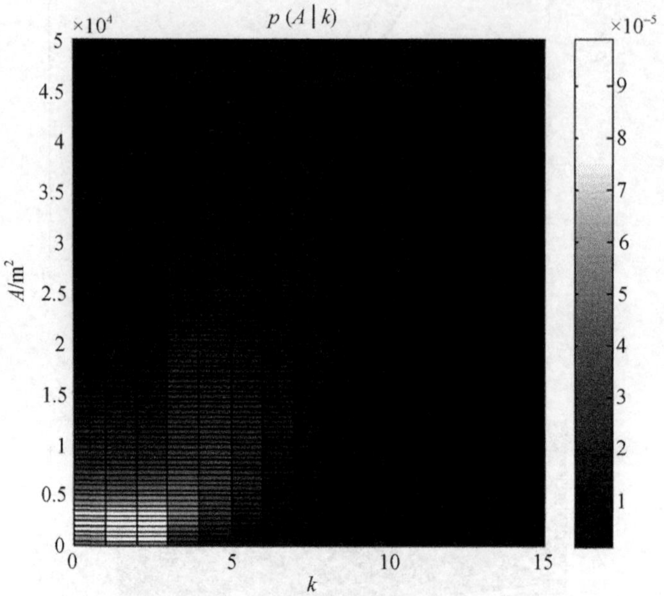

图 4.7　元胞面积与拓扑度的关系

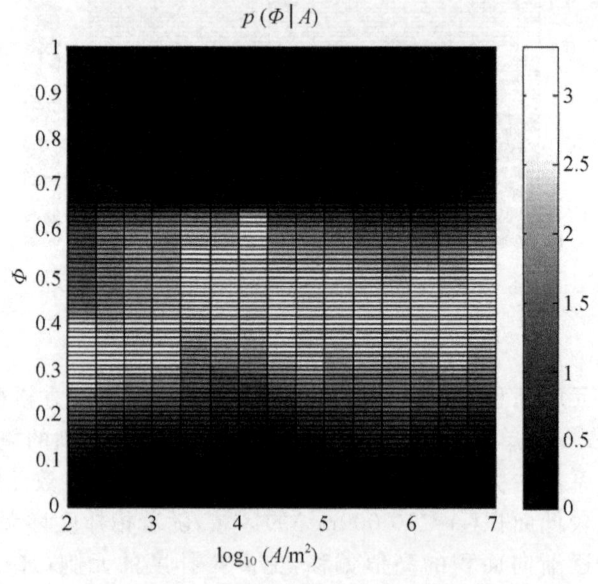

图 4.8　元胞形状因子与面积的关系

§4.3　网络景观指数分析法

4.3.1　网络景观的定义

方法的灵感来源于景观生态学中的景观格局分析(Riitters et al,1995;Bailey et al,2007;Schindler et al,2008;Cushman et al,2008;Šímová et al,2012)。不同类型斑块的组成和配置构成了特定的景观(图 4.9(a)),类似地,道路网中不同类型元胞的组成与配置也构成了特定的景观,以下称为"网络景观",(图 4.9(b))。Huang 等(2007)曾使用 ETM 城市影像数据计算全球 77 个城市地区的空间指标(包括景观指数、中心性、致密性指数、开放空间比率等),应用空间指标进行聚类分析,通过聚类特征对城市分类。Schwarz(2010)运用景观指数分析了 231 个欧洲城市的土地覆盖情况,通过相关分析和因子分析提取了描述城市形态的最小景观指数集合,通过聚类分析探索城市的聚类和特征。此类研究凸显了景观指数在描述城市结构方面的作用。本节尝试将景观指数分析引入道路网元胞模式分析中,为道路网模式分析提供新的视角和新的框架。

景观指数是反映景观结构组成和空间配置的定量指标,景观指数分析法是景观生态学领域常用的分析景观格局并度量空间异质性的重要方法。与景观指数相关的研究大致分为 4 类:①景观指数与空间尺度的关系研究。此类研究通过计算不同比例尺、不同幅度与不同专题分类下的景观指数,分析景观指数的尺度效应(Wu et al,2002;Zhang et al,2013;Feng et al,2015)。②景观格局的时空演变规律研究。此类研究通过计算不同时段或不同区域数据的景观指数,分析景观格局的动态发展或空间异质性,再结合一系列特定研究领域的观测指标,揭示景观格局的时空演变规律与特定研究领域的观测指标变化规律之间的关系(Ji et al,2006;Vaz et al,2014;Oyana et al,2014;Plexida et al,2014;Liu et al,2015)。③景观指数的有效性评估。此类研究主要从数据格式、分析依据和观测指标 3 个方面出发,改变某个方面的因素并保持其他方面不变,比较变化因素对所描述景观格局的影响,并对特定领域的监测与规划提出合理建议(Uuemaa et al,2007;Fan et al,2014)。④核心景观指数或因子的提取。通过多元统计分析方法,从大量高度相关的景观指数中提取最具代表性的指数集合,减少指数冗余,并用最少数量的指数或因子描述景观格局的特征(Griffith et al,2000;Bailey et al,2007;Yang et al,2007;Plexida et al,2014;Kienast et al,2015;Walz,2015)。

本节应用最后一类研究来阐述网络景观指数分析法的基本思路,通过选择和重新定义景观指数来描述网络景观的组成和配置,提取的主要因子可以视为网络景观的特征指标。

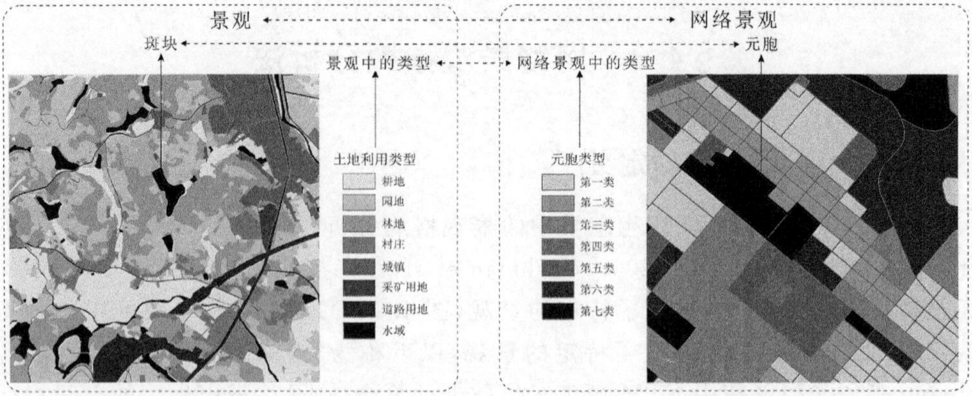

(a) 景观　　(b) 网络景观

图 4.9　景观与网络景观

4.3.2　网络景观的主要因子提取

如上所述，本节通过提取代表网络景观的主要因子来说明网络景观指数分析的实用性。流程如图 4.10 所示。第一步是网络景观的生成，即由道路网生成网络景观；第二步是指数的选择与定义，选择和重新定义适当的网络景观指数；第三步为网络景观的主要因子提取，通过相关分析和因子分析提取主要因子；第四步对网络景观的主要因子进行解释，通过阐述因子的含义来解释主要因子。前两个步骤是网络景观指数分析的通用步骤，后两个步骤旨在提取描述网络景观特征维度的主要因子。

1. 网络景观的生成

借鉴 Chen 等(2009)在研究道路网综合时对元胞进行分类的方法，基于道路类型对元胞进行分类。与 Chen 等的方法不同的是，本方法中元胞类型由所有构成元胞的道路共同决定，而非仅仅考虑等级最低的道路。

OSM 数据中道路的属性信息以标签的形式给出（OpenStreetMapWiki, 2012)，然而不同地区实际情况不同，可进行变通，再者 OSM 道路类型过于繁杂，在考察世界主要国家(英国、法国、德国、美国、加拿大、澳大利亚、日本)的道路分类体系后(Wikipedia, 2014)，将 OSM 的道路类型进行一定程度的归并。具体为：合并高速公路和干线，因为二者除了是否有通行限制外重要性相当，都是各国公路体系中最重要的长途干线道路，通常为 4 车道或以上，具有较大的交通流量；主要道路是地区性主要道路，重要性介于国道和县乡道之间且道路条件也与二者不同，自成一类；合并次要道路和三等道路，因为二者分别对应县乡级道路，都属于低等级区域内道路；合并居民区道路和等外道路，因为二者大多为普通城区街道，除是否经过居民区外无显著差别，此外，未知道路类型的道路被并入此类街道；辅助道路

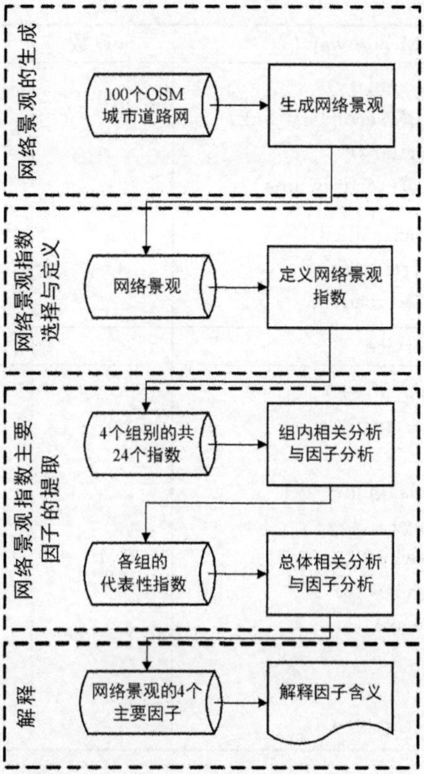

图 4.10　网络景观分析方法流程

多为单车道的内部道路，在小范围内集中分布并且交通流量稀疏，不承担城市交通任务，自成一类；最后一类是有专门用途的道路，通常为单车道，专供如步行者、自行车、有轨电车、马车、赛车等通行。最终形成的 6 类道路与 OSM 道路网的 highway 标签值的映射关系见表 4.2。图 4.11 展示了一个示例道路网根据道路类型确定其相应的网络景观的方法。

表 4.2　道路类型及其与 OSM 中 highway 标签值的映射

道路类型	OSM highway 值	车道数	描述
第一类	高速公路(motorway) 干线(trunk) 高速公路匝道(motorway_link) 干线匝道(trunk_link)	4 或以上	交通流量大
第二类	主要道路(primary) 主要道路匝道(primary_link)	2～4	交通流量大

续表

道路类型	OSM highway 值	车道数	描述
第三类	次要道路(secondary) 次要道路匝道(secondary_link) 三等道路(tertiary) 三等道路匝道(tertiary_link)	2～4	交通流量中等
第四类	等外道路(unclassified) 居民区道路(residential) 未知类型道路(road)	1～2	交通流量低
第五类	辅助道路(service)	1	交通流量低,用于特定场所
第六类	生活街(living_street) 步行街(pedestrian) 车辙(track) 电车轨道(bus_guideway) 跑道(raceway) 人行路(footway) 自行车道(cycleway) 马道(bridleway) 台阶(steps) 小路(path) 避险车道(escape)	1	指定用于非机动车或专门用途

2. 网络景观指数的选择与定义

在景观生态学的文献中有很多描述景观格局的指数(Riitters et al,1995;Cushman et al,2008;Šímová et al,2012;McGarigal et al,2012)。本书选择其中一部分用于分析网络景观。指数选择主要考虑以下几个原则:①数据类型,本书研究的数据类型是矢量数据,所以排除仅针对栅格数据的指数。②常用性,选择运用较多的指数。③客观性,排除度量对比性、相似性及邻近性的指数,因为这些指数需要定义相似性矩阵并输入邻近距离。④意义较为明确,排除欧氏最近邻距离相关的指数,因为在景观分析中斑块的类型具有实际意义,所以判断某一类型是否孤立具有特定的含义,而本书中的元胞的类型是由其边界的道路类型确定,没有明确的意义,所以暂时未考虑这些指数。⑤同样,核心区面积在本分析中意义不明确,也不予考虑。⑥最后,部分指数在矢量格式下的计算需要修正,例如形状相关的部分景观指数如形状指数(SHAPE)、分维数(FRAC)、最大元胞指数(LCI)等的系数 0.25 是在正方形栅格基础上定义,在矢量数据中需按照圆形考虑改为 0.282(Rempel et al,2012)。根据上述原则共选择 24 个指数,并进行了适当的改造。这些指数大致分为 4 组:“面积、边界和密度”“形状”“纹理”和“多样性”(表 4.3)。

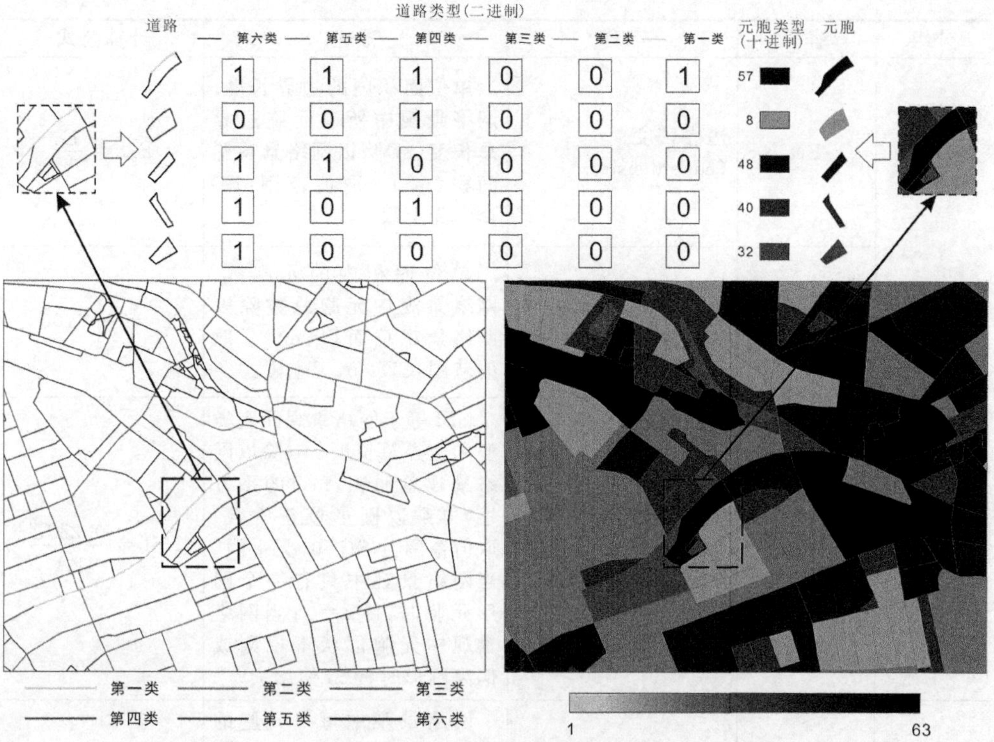

图 4.11　网络景观生成示意

表 4.3　指数定义

分组	缩写	名称	描述	计算公式
第一组：面积、边界和密度	AREA_MN	平均元胞面积(mean cell size)	网络景观中所有元胞的平均面积(m^2)	AREA = a_{ij}
	AREA_AM	面积加权平均元胞面积(area-weighted mean cell size)	网络景观中所有元胞的面积加权平均元胞面积(m^2)	
	AREA_CV	元胞面积变异系数(cell size coefficient of variation)	元胞面积的标准差除以平均元胞面积，再乘以 100(转换为百分率)。取值范围：AREA_CV≥0，无上限	
	LCI	最大元胞指数(largest cell index)	最大元胞面积占网络景观总面积的百分比。取值范围：0<LCI≤100	LCI = $\frac{\max(a_{ij})}{A}(100)$

续表

分组	缩写	名称	描述	计算公式
第一组：面积、边界和密度	ED	边界密度 (edge density)	单位面积内的边界长度。网络景观中所有元胞边界总长度(m)除以网络景观总面积(m^2)。取值范围：ED≥0，无上限	$ED=\frac{E}{A}$
	CD	元胞密度 (cell density)	单位面积内的元胞数。网络景观中元胞总数除以网络景观总面积(m^2)。取值范围：CD>0，无上限	$CD=\frac{N}{A}(100)$
	NSI	网络景观形状指数 (network-scape shape index)	NSI等于网络景观元胞类型的边界总长度(m)除以网络景观总面积(m^2)的平方根，再乘以圆形校正常数。取值范围：NSI≥0，无上限。当网络景观中只有一个圆形元胞时，NSI=1；当网络景观中元胞形状不规则或偏离圆形时，NSI值增大	$NSI=\frac{0.282E}{\sqrt{A}}$
第二组：形状	SHAPE_MN	平均元胞形状指数 (mean shape index)	网络景观中每一元胞的周长(m)除以面积(m^2)的平方根，再乘以圆形校正常数，然后对所有元胞加和，再除以元胞总数。取值范围：SHAPE_MN≥1，无上限。当网络景观中所有元胞均为圆形时，SHAPE_MN=1；当元胞的形状偏离圆形时，SHAPE_MN值增大	$SHAPE=\frac{0.282p_{ij}}{\sqrt{a_{ij}}}$
	SHAPE_AM	面积加权平均元胞形状指数(area-weighted mean shape index)	每一元胞的周长(m)除以面积(m^2)的平方根，再乘以圆形校正常数，再乘以元胞面积(m^2)与网络景观总面积(m^2)之比，然后对所有元胞加和。取值范围：SHAPE_AM≥1，无上限。SHAPE_AM随元胞形状的不规则性增加而增加；当网络景观中所有元胞均为圆形时，SHAPE_AM=1	

续表

分组	缩写	名称	描述	计算公式
	SHAPE_CV	形状指数变异系数(shape index coefficient of variation)	元胞形状指数的标准差除以平均形状指数，再乘以100(转换为百分率)。取值范围：SHAPE_CV≥0，无上限	$\text{SHAPE}=\frac{0.282p_{ij}}{\sqrt{a_{ij}}}$
	FRAC_MN	平均元胞分维数(mean fractal dimension)	2乘以网络景观中每一元胞的元胞周长(m)与圆校正常数校正之积的对数，除以元胞面积(m^2)的对数，对所有元胞加和，再除以元胞总数。取值范围：1≤FRAC_MN≤2	$\text{FRAC}=\frac{2\ln(0.282p_{ij})}{\ln a_{ij}}$
第二组：形状	FRAC_AM	面积加权平均元胞分维数(area-weighted mean fractal dimension)	每一元胞的元胞分维数与面积乘积除以元胞总面积，对所有元胞加和	
	FRAC_CV	元胞分维数变异系数(fractal dimension coefficient of variation)	元胞分维数的标准差除以平均元胞分维数，再乘以100(转换为百分率)	
	CIRCLE_MN	平均相关外接圆指数(mean related circumscribing circle)	等于1减去元胞面积(m^2)与该元胞最小外接圆面积(m^2)的比值	$\text{CIRCLE}=1-\left(\frac{a_{ij}}{a_{ij}^{s}}\right)$
	CIRCLE_AM	面积加权平均相关外接圆指数(area-weighted mean related circumscribing circle)	每一元胞的相关外接圆指数与面积乘积除以元胞总面积，对所有元胞加和	

续表

分组	缩写	名称	描述	计算公式
第二组：形状	CIRCLE_CV	相关外接圆指数变异系数(related circumscribing circle coefficient of variation)	相关外接圆指数的标准差除以平均相关外接圆指数，再乘以100(转换为百分率)	$CIRCLE=1-\left(\frac{a_{ij}}{a_{ij}^{s}}\right)$
第三组：纹理	IJI	散布和并列指数(interspersion and juxtaposition index)	IJI等于每一元胞类型的总边缘长度除以网络景观中边界总长度，然后再乘以这一值的自然对数值，再把所有类型求和，取相反数后除以景观中元胞类型数目与景观中元胞类型数目减1之积0.5的自然对数值，再乘以100转化为百分比	$IJI=\frac{-\sum_{i=1}^{m}\sum_{k=i+1}^{m}\left[\frac{e_{ik}}{E}\cdot\ln\left(\frac{e_{ik}}{E}\right)\right]}{\ln(0.5[m(m-1)])}(100)$
第四组：多样性	RPR	相对元胞丰富度(relative cell richness)	RPR是实际元胞丰富度与最大潜在丰富度之间的比值。取值范围：0＜RPR≤1	$RCR=\frac{m}{m_{\max}}$
	SHDI	Shannon多样性指数(Shannon's diversity index)	SHDI等于网络景观中各元胞类型面积比重与其自然对数乘积的总和，再取相反数。取值范围：SHDI≥0，无上限。当网络景观中只有一个元胞时，SHDI＝0；随着网络景观中元胞类型数的增加以及它们面积比重的均衡化，SHDI值也不断增大	$SHDI=-\sum_{i=1}^{m}(q_i\cdot\ln q_i)$
	SHEI	Shannon均衡性指数(Shannon's evenness index)	SHEI等于Shannon多样性指数与元胞类型数自然对数的比值。取值范围：0≤SHEI≤1。随着网络景观中不同元胞类型面积比重越来越不均衡，SHEI趋于0；当网络景观中只有一个元胞时，SHEI＝0；当网络景观中各元胞类型面积比重相同时，SHEI＝1	$SHEI=\frac{-\sum_{i=1}^{m}(q_i\cdot\ln q_i)}{\ln m}$

续表

分组	缩写	名称	描述	计算公式
第四组：多样性	SIDI	Simpson 多样性指数（Simpson's diversity index）	SIDI 等于 1 减去网络景观中各元胞类型面积比重的平方和。取值范围：0≤SIDI≤1。当网络景观中只有一个元胞时，SIDI＝0；随着网络景观中元胞类型数的增加，以及它们面积比重的均衡化，SIDI 趋近于 1	$\text{SIDI}=1-\sum_{i=1}^{m}q_i^2$
	SIEI	Simpson 均衡性指数（Simpson's evenness index）	SIEI 等于 Simpson 多样性指数与 1 减元胞类型数倒数的比值。取值范围：0≤SHEI≤1。随着网络景观中不同元胞类型面积比重越来越不均衡，SIEI 趋于 0；当网络景观中只有一个元胞时，SIEI＝0；当景观中各元胞类型面积比重相同时，SIEI＝1	$\text{SIEI}=\dfrac{1-\sum_{i=1}^{m}q_i^2}{1-\dfrac{1}{m}}$
	MSIDI	修正 Simpson 多样性指数（modified Simpson's diversity index）	MSIDI 等于网络景观中各元胞类型面积比重的平方和的自然对数的相反数。取值范围：MSIDI≥0，无上限。当网络景观中只有一个元胞时，MSIDI＝0；随着网络景观中元胞类型数的增加以及它们面积比重的均衡化，MSIDI 值也不断增大	$\text{MSIDI}=-\ln\sum_{i=1}^{m}q_i^2$
	MSIEI	修正 Simpson 均衡性指数（modified Simpson's evenness index）	MSIEI 等于修正 Simpson 多样性指数与网络景观中元胞类型数自然对数的比值。取值范围：0≤MSIEI≤1。随着网络景观中不同元胞类型面积比重越来越不均衡，MSIEI 趋于 0；当网络景观中只有一个元胞时，MSIEI＝0；当网络景观中各元胞类型面积比重相同时，MSIEI＝1	$\text{MSIEI}=\dfrac{-\sum_{i=1}^{m}q_i^2}{\ln m}$

注：a_{ij} 是元胞 ij 的面积（m^2）；A 是网络景观总面积（m^2）；E 是网络景观边界总长度（m）；N 是网络景观元胞总数；p_{ij} 是元胞 ij 的周长（m）；e_{ik} 是网络景观中类型 i 与类型 k 之间的边界总长度（m）；m 是网络景观中元胞类型数；q_i 是元胞 i 面积（m^2）占网络景观总面积（m^2）的百分比；a_{ij}^s 是元胞 ij 最小外接圆的面积（m^2）。

3. 网络景观的主要因子提取

运用相关分析与因子分析相结合的方法挖掘网络景观的主要因子，包括以下4个步骤：

(1)组内相关分析。在每组指数中，首先进行 Spearman 相关分析，如果存在相关系数大于+0.9 的指数对，保留其中一个指数(Riitters et al,1995;Griffith et al,2000;Schindler et al,2008)。

(2)在高相关性的指数间选择。对于组中至少有一对相关系数 r 大于 0.9 的指数，对所有可能的指数组合分别进行组内因子分析。高度相关指数间的选择是基于每个指数组合所解释的方差(累计贡献率)与相关系数绝对值之和($\Sigma|r|$)(Mishra,2007,2009)的比率。此外，对于"多样性"指数组，优先选择基于 Simpson 的指数，因为基于 Shannon 的指数在丰富度大于 100 的情况下较为有效(Yue et al,1998)，而本书研究中的丰富度为 63。

(3)选择每组的代表性指数。对步骤(2)中比率最高的指数组合使用因子分析(Johnston et al,2007)，保留因子的原则是特征值大于 1。对于每组指数，选择因子载荷最高的指数进入总体分析。通过上述过程，指数的数量随之减少，最后这些指数进入总体分析。

(4)总体分析。总体分析的过程同步骤(1)至步骤(3)(先进行相关分析，然后进行因子分析)。运用载荷较高的指数对因子进行解释并计算因子得分。基于因子得分，选择代表性的道路网阐述因子分析的结果。

4. 解释

主要因子由具有较高载荷的指数来解释。首先阐述因子的含义；然后比较 100 个网络景观中因子得分相对较低和较高值之间的视觉差异；之后，应用点格图(point grid map,PGM)(Zhou et al,2016)对因子的空间分布进行可视化表达，它用相同大小的正方形来抽象代表各个城市，且尽可能地用保持它们之间相对空间位置的方式来可视化表达四个因子得分的分布情况，每个正方形的颜色表示相应城市道路网的某一因子的得分。

4.3.3 结　果

对 100 个城市道路网，计算表 4.3 所示指数，路网信息与指数信息详见附录 B。基本的统计信息见表 4.4，以上步骤提取主要因子的结果如下：

(1)组内相关分析。对第一组指数，相关分析结果如表 4.5 所示，CD 与 AREA_MN 完全负相关(相关系数等于−1)，这是由于这两个指数的计算方式定义其互为倒数；AREA_AM 与 AREA_CV 相关性较高。第二组的相关分析中没有超过+0.9 的指数。第三组只有一个指数，直接选择进入总体分析。第四组经过相关分析后发现指数间的相关性均很高(表 4.5)。

表 4.4　24 个指数的统计信息

变量	平均值	标准差	最小值	最大值	正态性
AREA_MN	121 526.560	446 319.411	6 852.577	4 499 538.271 4	否
AREA_AM	5 066 280.151	20 374 151.193	21 290.528	198 187 325.964 9	否
AREA_CV	485.088	294.276	145.153	1517.684 7	否
LCI	4.152	4.356	0.419	23.873 5	否
ED	82.108	40.885	5.888	310.048 7	是
CD	22.234	20.609	0.222	145.930 5	否
NSI	41.984	20.833	9.134	119.513 7	是
SHAPE_MN	1.322	0.045	1.195	1.513 9	是
SHAPE_AM	1.485	0.113	1.244	1.895 8	是
SHAPE_CV	17.352	2.948	10.259	25.849 0	是
FRAC_MN	1.055	0.008	1.034	1.102 2	是
FRAC_AM	1.058	0.009	1.035	1.086 0	是
FRAC_CV	2.957	0.559	1.608	5.589 9	是
CIRCLE_MN	0.576	0.028	0.463	0.675 2	是
CIRCLE_AM	0.591	0.031	0.495	0.679 3	是
CIRCLE_CV	22.498	1.324	17.943	25.834 1	是
IJI	37.719	8.609	18.756	58.345 4	是
RPR	0.729	0.206	0.222	1.000 0	否
SHDI	2.632	0.395	1.511	3.496 3	是
SHEI	0.696	0.084	0.473	0.864 7	是
SIDI	0.875	0.060	0.647	0.956 7	否
SIEI	0.896	0.059	0.676	0.972 4	否
MSIDI	2.175	0.430	1.042	3.139 7	是
MSIEI	0.576	0.105	0.328	0.786 6	是

注：正态性由显著性水平 0.05 的单样本 Kolmogorov-Smirnov 检验确定。

表 4.5　第一组、第二组和第四组指数的 Spearman 相关分析

第一组	AREA_MN	AREA_AM	AREA_CV	LCI	ED	CD	NSI		
AREA_MN	1.000								
AREA_AM	0.742**	1.000							
AREA_CV	0.430**	0.910**	1.000						
LCI	0.336**	0.572**	0.610**	1.000					
ED	−0.972**	−0.820**	−0.548**	−0.371**	1.000				
CD	−1.000**	0.742**	−0.430**	−0.336**	0.972**	1.000			
NSI	−0.370**	−0.124	0.025	−0.594**	0.357**	0.370**	1.000		

续表

第二组	SHAPE_MN	SHAPE_AM	SHAPE_CV	FRAC_MN	FRAC_AM	FRAC_CV	CIRCLE_MN	CIRCLE_AM	CIRCLE_CV
SHAPE_MN	1.000								
SHAPE_AM	0.603**	1.000							
SHAPE_CV	0.748**	0.565**	1.000						
FRAC_MN	0.831**	0.461**	0.578**	1.000					
FRAC_AM	0.551**	0.849**	0.472**	0.531**	1.000				
FRAC_CV	0.636**	0.360**	0.824**	0.719**	0.357**	1.000			
CIRCLE_MN	0.881**	0.420**	0.451**	0.844**	0.475**	0.432**	1.000		
CIRCLE_AM	0.665**	0.608**	0.541**	0.588**	0.726**	0.412**	0.664**	1.000	
CIRCLE_CV	0.107	0.099	0.522**	0.094	0.012	0.528**	−0.182	0.075	1.000
第四组	RCR	SHDI	SHEI	SIDI	SIEI	MSIDI	MSIEI		
RCR	1.000								
SHDI	0.622**	1.000							
SHEI	0.020	0.728**	1.000						
SIDI	0.414**	0.943**	0.847**	1.000					
SIEI	0.258**	0.868**	0.921**	0.975**	1.000				
MSIDI	0.414**	0.942**	0.845**	1.000**	0.975**	1.000			
MSIEI	−0.014	0.690**	0.970**	0.859**	0.940**	0.858**	1.000		

注:“**”表示在显著性水平为0.01的双侧检验中显著相关。

(2)在高相关性的指数间选择。因为第二组中没有相关系数大于0.9的指数，对第三组中只包含一个指数，所以这两个组不需要在高相关性的指数间进行选择。通过4.3.2小节网络景观的主要因子提取中步骤(2)的方法选择第一组和第四组中的指数(表4.6)。

表4.6 第一组和第四组强相关性指数选择

指数组合	累计贡献率/%	$\Sigma\|r\|$	比率	最高载荷指数
AREA_MN AREA_AM LCI NSI	87.261	2.738	0.319	AREA_AM NSI
AREA_MN AREA_CV LCI NSI	74.818	2.365	0.316	AREA_CV NSI
AREA_CV ED LCI NSI	77.319	2.505	0.309	AREA_CV NSI
AREA_CV CD LCI NSI	72.883	2.365	0.308	AREA_CV NSI
AREA_AM ED LCI NSI	50.960	2.838	0.180	AREA_AM LCI ED NSI
AREA_AMCD LCI NSI	47.247	2.738	0.173	AREA_AM LCI CD NSI
MSID IMSIEI RCR	99.796	1.286	0.776	RCR MSIEI
SIDI MSIEI RCR	99.008	1.286	0.770	RCR MSIEI
SHDI MSIEI RCR	99.282	1.326	0.749	RCR MSIEI

续表

指数组合	累计贡献率/%	Σ|r|	比率	最高载荷指数
MSIDI SHEI RCR	67.095	1.280	0.524	RCR SHEI MSIDI
SIDI SHEI RCR	66.738	1.281	0.521	RCR SHEI SIDI
SHDI SHEI RCR	68.046	1.370	0.497	RCR SHDI SHEI
SHDI SIEI RCR	75.070	1.748	0.429	RCR SHDI SIEI

指数选择考虑可以消除强相关性的所有可能的指数组合(第一组 6 种组合,第四组 7 种组合),删除最小数量的指数(第一组 3 个,第四组 4 个)。每组的指数组合按累积贡献率与 Σ| r |的比率进行排序,比率最高的组合为最优子集。通过该过程,第一组选择 AREA_MN、AREA_AM、LCI 和 NSI;第四组选择 RCR、MSIDI 和 MSIEI。

(3)选择每组的代表性指数。从第一组中选出最高载荷指数为 AREA_AM 和 NSI(表 4.7)。第二组的因子分析结果为 SHAPE_AM、CIRCLE_MN 和 CIRCLE_CV(表 4.7)。第四组中选择 RCR 和 MSIEI(表 4.7)。通过上述过程,指数总数由 24 个减少到 8 个,即 AREA_MN、NSI、SHAPE_AM、CIRCLE_MN、CIRCLE_CV、IJI、RCR 和 MSIEI 进入总体分析。

表 4.7　第一组、第二组和第四组指数的因子分析

景观指数	第一组	因子		
		1	2	
特征值		2.411	1.079	
贡献率/%		60.279	26.982	
累计贡献率/%		60.279	87.261	
AREA_MN	面积、边界和密度	0.975	0.132	
AREA_AM	面积、边界和密度	0.977	0.192	
LCI	面积、边界和密度	0.360	0.762	
NSI	面积、边界和密度	−0.011	−0.907	
景观指数	第二组	因子		
		1	2	3
特征值		5.646	1.509	1.024
贡献率/%		62.738	16.766	11.373
累计贡献率/%		62.738	79.504	90.877
SHAPE_MN	形状	0.860	0.422	0.163
SHAPE_AM	形状	0.170	0.934	0.135
SHAPE_CV	形状	0.591	0.399	0.610
FRAC_MN	形状	0.906	0.272	0.130
FRAC_AM	形状	0.346	0.885	0.041

续表

景观指数	第二组	因子		
		1	2	3
FRAC_CV	形状	0.748	0.134	0.586
CIRCLE_MN	形状	0.914	0.308	−0.152
CIRCLE_AM	形状	0.567	0.697	−0.024
CIRCLE_CV	形状	−0.047	−0.007	0.968
景观指数	第四组	因子		
		1	2	
特征值		1.988	1.005	
贡献率/%		66.281	33.516	
累计贡献率/%		66.281	99.769	
RCR	多样性	0.082	0.996	
MSIDI	多样性	0.930	0.364	
MSIEI	多样性	0.995	−0.090	

(4)总体分析。在网络景观层次的总体分析中,通过相关系数分析发现无指数冗余(表 4.8)。通过因子分析发现了描述道路网元胞模式的 4 个因子(表 4.9),解释了这 8 个指数 78.2%的方差。

表 4.8 总体分析中 8 个指数的 Spearman 相关分析

	AREA_AM	NSI	SHAPE_AM	CIRCLE_MN	CIRCLE_CV	IJI	RCR	MSIEI
AREA_AM	1.000							
NSI	−0.124	1.000						
SHAPE_AM	0.507**	−0.098	1.000					
CIRCLE_MN	0.119	0.053	0.418**	1.000				
CIRCLE_CV	−0.020	−0.208*	0.099	−0.183	1.000			
IJI	0.160	−0.089	0.247*	0.398**	0.182	1.000		
RCR	0.082	0.557**	0.041	0.074	−0.113	0.153	1.000	
MSIEI	0.077	−0.142	0.187	0.298**	0.059	0.780**	−0.014	1.000

注:“**”表示在显著性水平为 0.01 的双侧检验中显著相关,“*”表示在显著性水平为 0.05 的双侧检验中显著相关。

表 4.9 总体因子分析

景观指数	组别	因子			
		均衡性	丰富度-密度	形状不规则性	尺寸和形状变异
特征值		2.349	1.760	1.078	1.071
贡献率/%		29.366	22.001	13.471	13.382
累计贡献率/%		29.366	51.367	64.838	78.220

续表

景观指数	组别	因子			
		均衡性	丰富度-密度	形状不规则性	尺寸和形状变异
AREA_AM	面积、边界和密度	−0.187	−0.027	0.148	0.820
NSI	面积、边界和密度	−0.098	0.824	−0.090	−0.273
SHAPE_AM	形状	0.084	−0.068	0.812	0.155
CIRCLE_MN	形状	0.320	0.102	0.792	−0.178
CIRCLE_CV	形状	0.408	−0.195	−0.256	0.652
IJI	纹理	0.889	0.090	0.260	0.145
RCR	多样性	0.088	0.892	0.091	0.085
MSIEI	多样性	0.913	−0.068	0.159	−0.156

第一个因子中，指数 MSIEI 和 IJI 有较高载荷，这里均衡不但指各类元胞的面积比例较为均衡，亦指各类型元胞在空间上分布均匀。第一个因子描述了各类元胞的面积比例失调且同类型元胞呈聚集分布到各类元胞面积均衡且各类型元胞交叉分布。第二个因子在指数 RCR 和 NSI 有较高的载荷，该因子得分越高，表明道路网拥有更高的丰富度和密度。第三个因子在指数 SHAPE_AM 和 CIRCLE_MN 有较高的正载荷，该因子得分越高，表明道路网中含有越多不规则和狭长的元胞。第四个因子在 AREA_AM 和 CIRCLE_CV 上有较高的载荷，这表明不同道路网间存在平均元胞大小的差异，同一道路网中元胞形状差异在不同城市之间也有明显差异。

图 4.12 和图 4.13 是 4 个因子得分在两极的 8 张典型的网络景观图及其对应的道路网。均衡性上取低值(图 4.12(a))的网络景观各类型元胞的面积分布不均，且同类型的元胞集聚分布；反映到道路网则表现为只有特定类型的道路相交，而这些路段集中在某些地区，如 Detroit 的第三类和第四类道路(图 4.13(a))。而在均衡性取高值的网络景观中(图 4.12(b))，各类型的面积较为均衡，且均匀分布在图面上；这表明不同类型的道路均匀分布，例如 Edinburgh 的第四类和第六类道路均匀分布(图 4.13(b))。具有较低丰富度-密度的网络景观通常元胞类型和边界密度较低，如 Delaware(图 4.12(c))只有 14 种类型的元胞；这表明城市道路网络稀疏，道路种类相对较少(图 4.13(c))，也可能对于每种类型的道路存在特定的相交模式，使得难以形成多种元胞类型。丰富度-密度较高的网络景观，其元胞的多样性高，且边界密度较大，例如 London(图 4.12(d))具有全部 63 种类型的元胞且密度很高；反映到道路网则表现为道路密度高，道路类型丰富(图 4.13(d))。虽然第一个因子和第二个因子都涉及不同道路类型的交叉，但它们有本质的区别。图 4.14 给出了均衡性和丰富度分别取低值和高值的 4 种组合情况的差异示例。

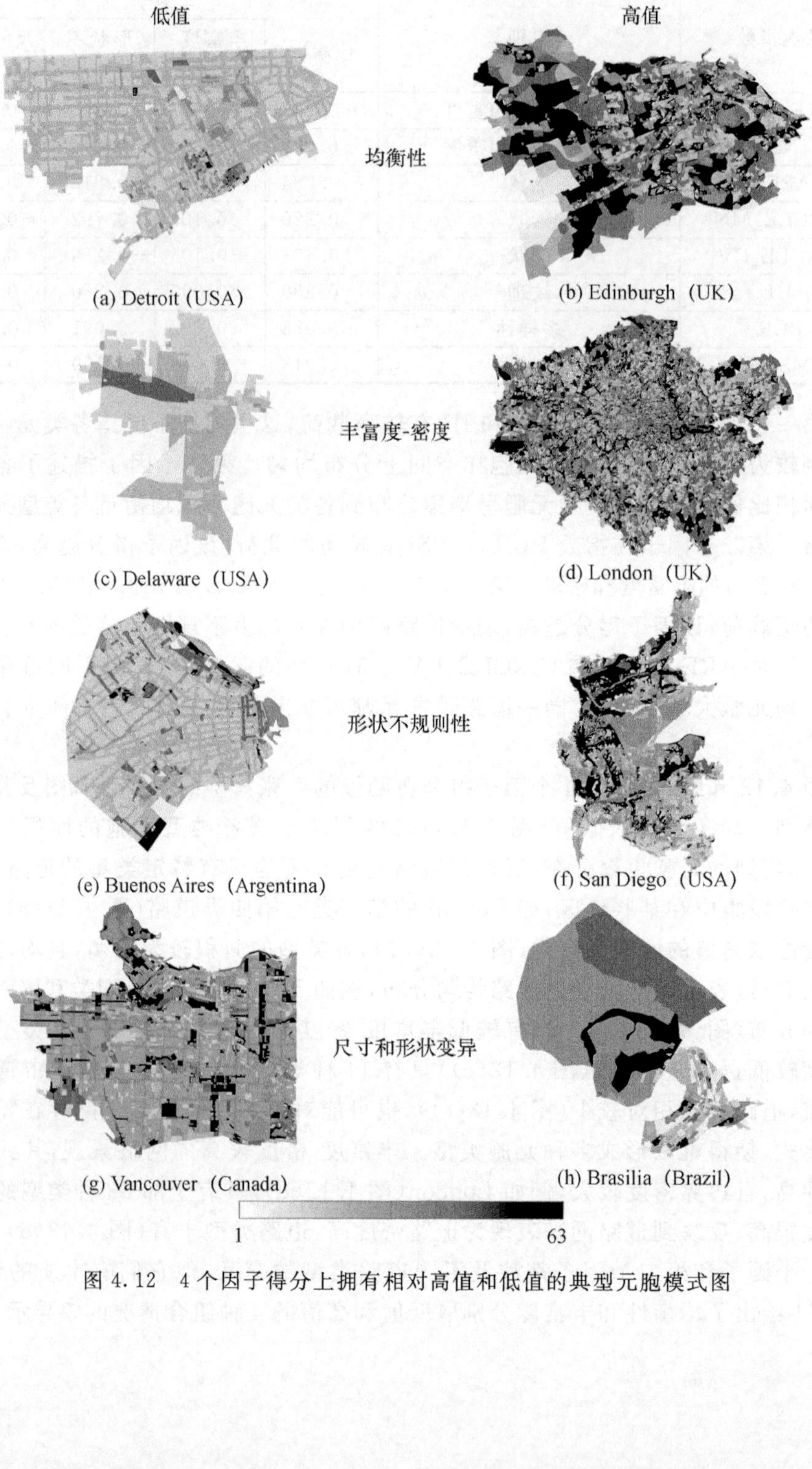

图 4.12　4 个因子得分上拥有相对高值和低值的典型元胞模式图

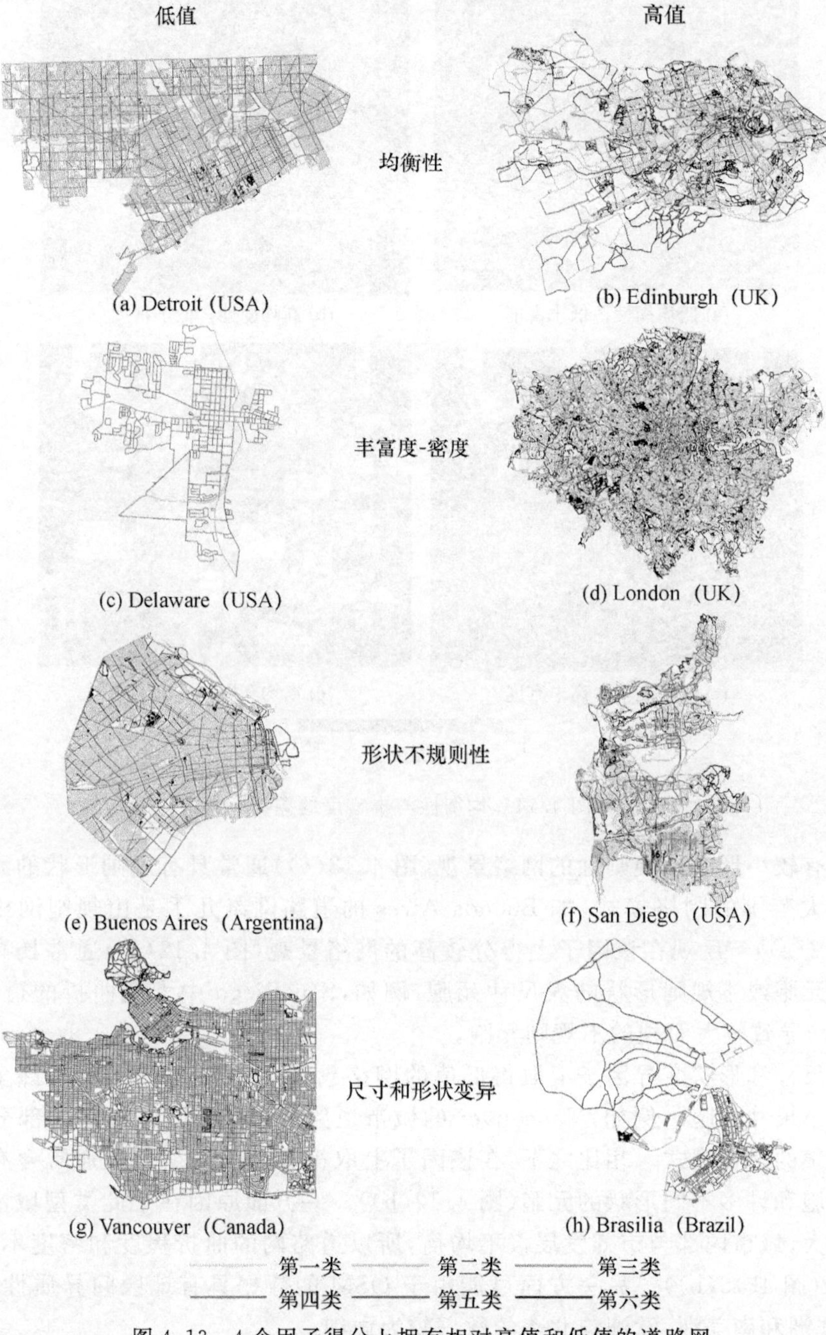

图 4.13　4 个因子得分上拥有相对高值和低值的道路网

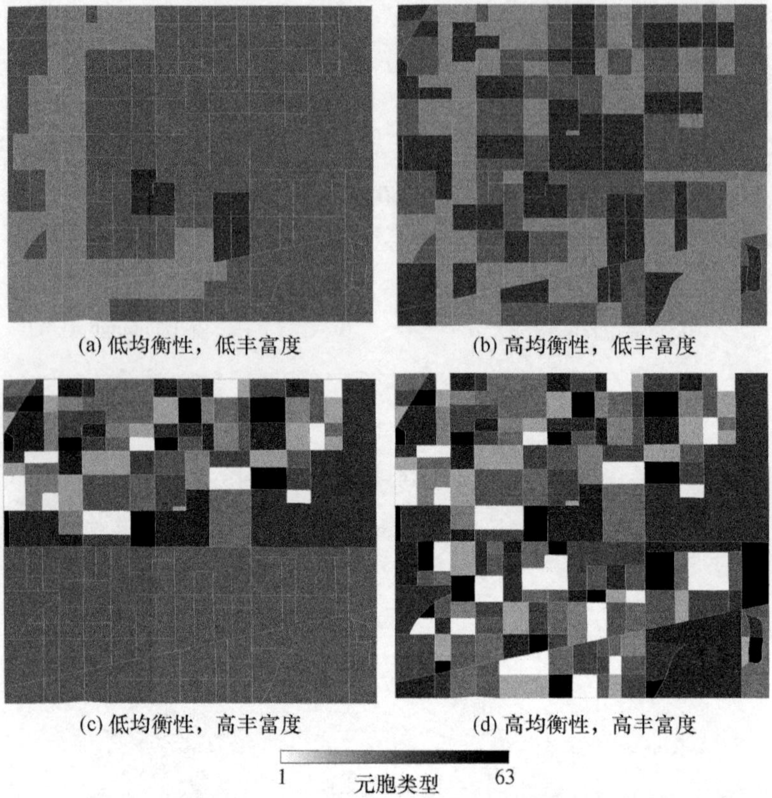

图 4.14 均衡性与丰富度的差异

具有较小形状不规则性的网络景观(图 4.12(e))通常具有规则形状的元胞并呈现出大范围的网格模式，如 Buenos Aires 的道路网络几乎是由规则网格组成(图 4.13(e))。反观在该因子上得分较高的网络景观(图 4.12(f))通常具有许多细长的元胞或不规则形状的大尺寸元胞，例如，San Diego 中大量曲折的道路(图 4.13(f))导致较大面积的不规则元胞。

在尺寸和形状变异因子上取得低值的网络景观(图 4.12(g))，具有许多类似形状的小尺寸元胞。例如，Vancouver 的城市道路网(图 4.13(g))在大部分地区呈现密集的网格模式。相比之下，在该因子上取得高值的网络景观通常含有非常大的元胞和许多不同形状的元胞(图 4.12(h))。一方面原因在于此类型城市自身面积较大，城市内部与市郊发展极不均衡，所以道路网的曲折程度和密度不同，如 Brasilia(图 4.13(h))。另一方面可能由于 OSM 的数据具有地区间异质性，相比亚洲、非洲和南美洲，欧洲与北美的数据较为详细。

通过 PGM 对每个因子的空间分布进行了可视化和分析(图 4.15)，第一个因子得分图显示大多数欧洲道路网具有较高均衡性(图 4.15(a))。对于第二个因子，各大洲均有得分较低的城市，如 Delaware、Barcelona、Nairobi 等(图 4.15(b))；各大洲一些著名的大城市在此因子上的得分很高，如 London、Berlin、Paris、New York、Osaka 等。第三个因子得分图表现为各大洲的城市道路网形成的元胞的平均形状均有较为规则和较不规则的情况，呈现随机分布(图 4.15(c))，同时也说明形态特征并非某一国家或某一大洲城市的关键特征，例如网格模式在很多城市的道路网中均存在，而并非北美规划型城市独有。从第四个因子得分图可以得出美洲呈现从北至南的因子得分增加的趋势，一些发展中国家的发达城市在第四个因子上的得分较高，如 Shanghai、Chongqing 和 Brasilia(图 4.15(d))，表明此类城市城乡发展差距很大。

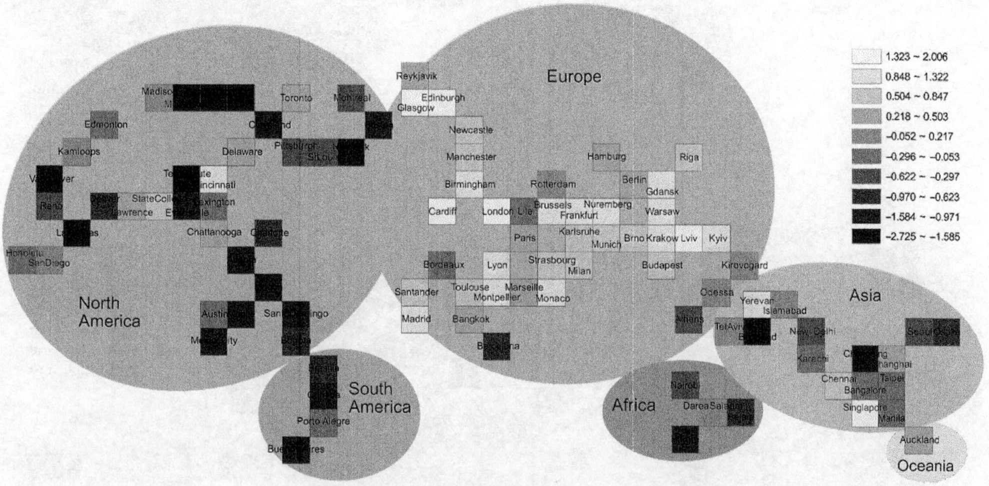

(a) 因子1均衡性

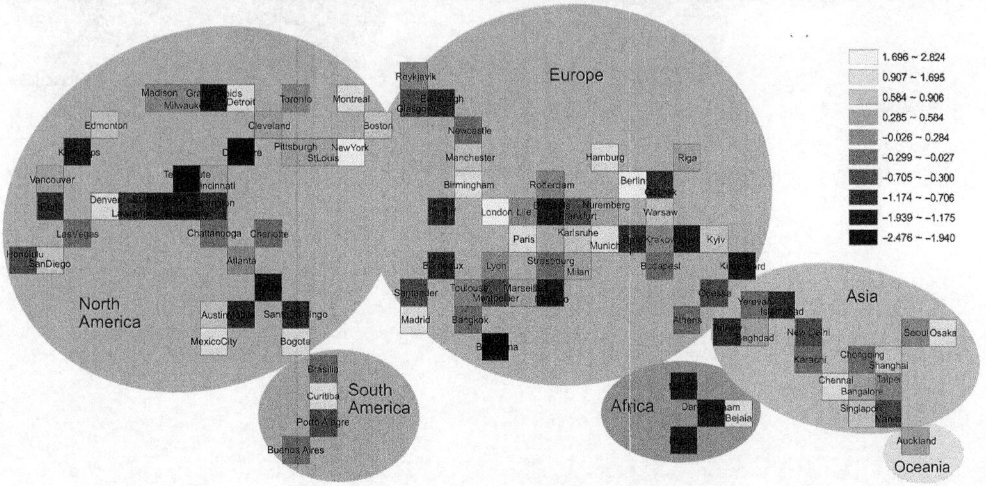

(b) 因子2丰富度-密度

图 4.15　4 个因子得分的分布模式

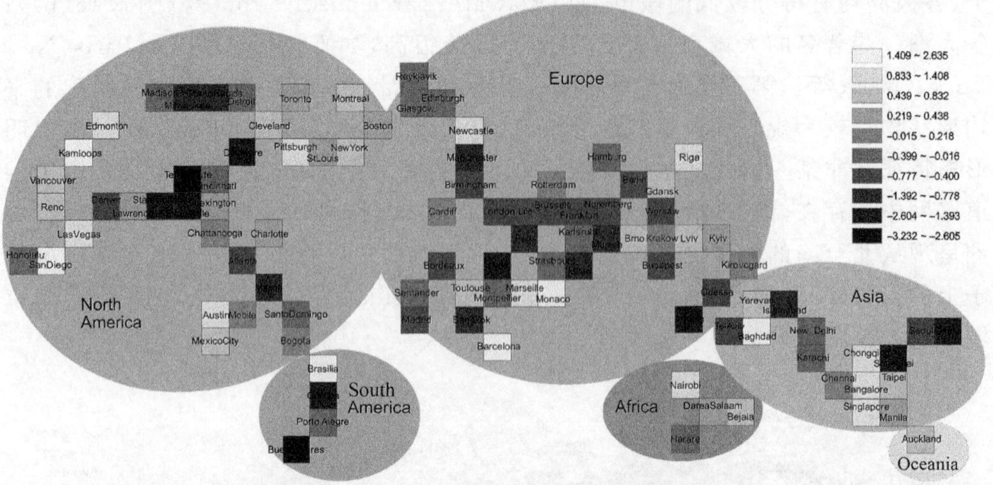

(c)因子3形状不规则性

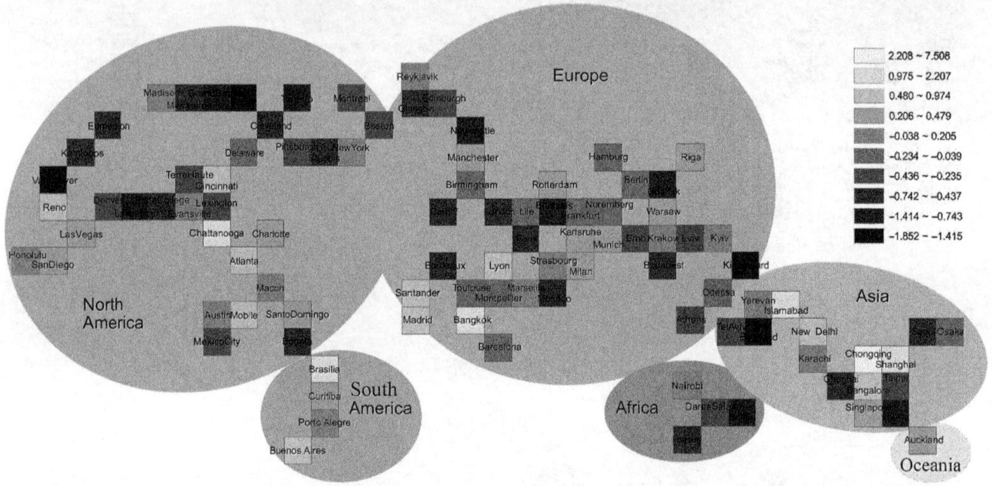

(d)因子4尺寸与形状变异

图 4.15(续) 4 个因子得分的分布模式

第 5 章　依附模式发现

§5.1　概　述

现实世界中，很多与人相关的现象和事件邻近、沿着或发生于交通网络，如交通事故、街头犯罪、基础设施的分布等，这些现象被称为网络空间现象，几何上可抽象表达为网络上或邻近网络的点（Okabe et al，2001；Okabe et al，2006）。网络空间分析是空间分析领域的热门研究问题与重要的研究议题（Batty，2005；Baum et al，1992；Okabe et al，2006）。网络空间分析的显著特点是其距离测度由平面上的欧氏距离变为网络上的最短路径距离，整个平面由连续变为离散，由同质变为异质。对于城市区域，两点之间的欧氏距离与其网络上的最短路径距离具有显著区别，将平面欧氏空间的一些方法直接应用于网络空间现象的分析时存在一定的缺陷，往往导致错误的结论（Yamada et al，2004；Lu et al，2007）。对网络空间现象进行分析的一种主要途径是将欧氏空间的经典方法扩展到网络空间，例如网络 K 函数与网络核密度（Okabe et al，2001；Yamada et al，2004；Batty，2005；Lu et al，2007；Borruso，2008；Xie et al，2008）。

同位模式是频繁出现在同一区域的一组空间要素或事件，它表示布尔空间要素子集，这些子集的实例频繁地同时出现于地理邻近区域（Huang et al，2004；Huang et al，2006），例如，生态学中的尼罗鳄与埃及燕鸻、经济学中的供应商与制造商的分布均是典型的同位模式（Hu，2008）。同位模式的挖掘是从含有大量布尔要素的空间数据集中检测同位模式，该研究是空间数据挖掘领域感兴趣的课题，同时也是一项重要的数据挖掘任务（Huang et al，2006；李德仁 等，2001，2006），有助于揭示现象或事件的分布规律，辅助决策支持。同位模式挖掘的方法主要分为空间统计方法和数据挖掘方法两类（Huang et al，2004）。

空间统计方法运用空间相关性指标来描述不同类型空间要素间的关系，这些指标包括交叉 K 函数、平均最近邻距离、空间回归模型、可用于度量点和面关联模式的指标、同位系数、Q 统计等（Arbia et al，2008；Ruiz et al，2010；Leslie et al，2011；Guo et al，2013；边馥苓 等，2009）。数据挖掘方法主要通过选择同位模型来产生事务，然后设计类似于 Apriori 的算法来挖掘同位模式（Huang et al，2004），模式是否频繁由参与率和条件概率决定，Koperski 等（1995）、Zhang 等（2004）、Bembenik 等（2009）、Shekhar 等（2001）是此类方法的代表。目前有参考要素中心模型、窗口中心模型和事件中心模型三种主要的同位模型(Shekhar et al,2001)。参考要素中心模型(Zhang et al,2004)聚焦于挖掘特定类型的要素与其他类型的要素的同位模式,该模型通过定义邻居关系产生事务。窗口中心模型又称为划分模型,它首先定义合适大小的窗口,然后将所有窗口作为事务产生的依据。事件中心模型(Huang et al,2004)常用于找出所有可能同位的空间要素子集,与参考要素中心模型一样需要定义邻居关系来产生事务。

目前,对于网络空间现象的同位模式挖掘的研究较少,这是本书关注的问题。网络空间现象关联模式挖掘的方法主要有网络交叉 K 函数、网络交叉最近邻距离(Okabe et al,2001)。Yu 等(2017)提出了一种基于网络距离衰减的同位模式发现方法,认为应考虑不同距离的现象对同位模式贡献的不同。

本章 §5.2 和 §5.3 关注网络空间现象的同位模式发现,分别提出了基于骨架线划分以及基于 Q 统计的网络空间现象同位模式发现方法。

§5.2 基于骨架线划分的制造业公司同位模式发现

Sierra 等(2012)提出了一种同位模式挖掘方法,该方法的理论基础源于自然语言理解,其基本思想是建立同位模型提取处于同现关系的布尔要素子集,设计统计量判断不同布尔要素类间的统计独立性来确定同现关系是否具有统计显著性。该方法在建立同位模型时,是通过网格对平面进行划分,属于同一网格内的点对即为同现,同时,该文献也提到可以定义其他同位模型描述同现关系。本节将该方法扩展至网络空间,通过对道路网络进行划分来确定哪些要素类具有同现关系,判断不同要素类间的统计独立性,来确定该同现关系是否频繁到从统计意义上构成同位模式,并将该方法应用于集聚经济学中不同产业的公司之间的同位模式挖掘。

5.2.1 方　法

方法包括两个核心步骤:第一,建立道路网络的骨架线,形成路段的近似沃罗诺依(Voronoi)图,位于同一 Voronoi 多边形的布尔要素的实例即为同现;第二,基于要素类间的同现关系,从要素类间的统计独立性出发设计统计指标,判定某一同现关系是否频繁到构成具有统计显著性的同位模式。

1. 骨架线划分与同位模型的建立

Sierra 等(2012)通过使用均匀的网格对整个平面进行划分,将不同要素类的实例出现在同一网格内定义为同现,将该实例定义为同现实例,在一个网格内只考虑实例出现与否而不考虑实例出现的次数,如图 5.1(a)所示,要素类 A、B 和 C 的同现实例有 $\{A_2, C_3\}$、$\{B_2, A_3\}$ 和 $\{B_1, C_4, C_5\}$。B_1、C_4 和 C_5 在同一个网格内,为一个同现实例。网络空间中的同位模式应该揭示空间现象在网络中的同位和邻近,而网格划分不能体现这一空间关系。本节所提方法试图通过对网络空间划分来定义网络空间邻域。

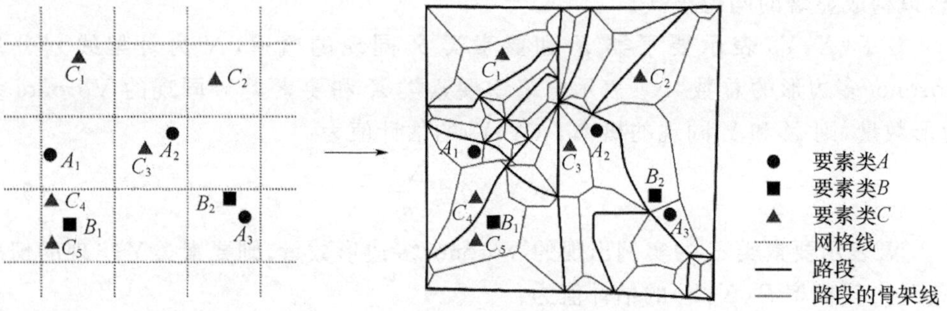

(a) 网格对平面的划分及同现 (b) 对网络的划分及同现

图 5.1 网格划分与网络划分示意

网络空间的划分有四种方法。第一种是平面图(planar graph)法,道路网由路段和节点组成,路段的交点形成节点,因此路段可以看成对整个道路网的一种划分。第二种是线素(lixel)划分法,由 Xie 等(2008)提出。该方法根据固定的网络距离将路段划分为等长的小单元,但是该固定长度的选择存在困难,此外,对于选定的长度存在多种可能的划分结果,增加了该方法的不确定性。第三种是 Shiode(2008)提出的网络样方(quadrat)法,其基本思想是将道路网划分成几个总长度相等的子网络,在同一子网络内的路段视为同一个空间邻域。与线素法类似,网络样方法也存在长度参数选取困难、选定参数后结果不确定的问题。第四种是 Okabe 等(2000)提出的网络 Voronoi 图法,根据到所分析的事件点的网络最短距离可将网络划分为若干个 Voronoi 单元。然而该方法中每个事件点都有相应的 Voronoi 单元,不能直接运用于要素类空间同位模型的构建。

基于上述分析,本节采用骨架线划分对道路网络空间进行划分,并建立同位模型。首先对道路段进行约束德洛奈(Delaunay)三角剖分,然后生成骨架线,最后基于骨架线生成近似 Voronoi 多边形(Liu et al,2010)。在此基础上,如果不同要素类的实例在同一个 Voronoi 多边形内出现,则定义这些要素类间存在同现(co-occurrence),相关的实例为同现实例。这里不考虑要素类 B 或 C 的实例出现的次数,仅考虑其是否出现。

如图 5.1 所示,三个要素类 A、B、C 分别有 3 个、2 个、5 个实例。根据图 5.1(a)中的网格划分,B_1、C_4、C_5 在同一个网格内,构成一个同现实例。共有$\{A_2,C_3\}$、$\{B_2,A_3\}$和$\{B_1,C_4,C_5\}$三个同现实例。而根据图 5.1(b)中的骨架线划分,A_2、B_2 在同一个 Voronoi 多边形内,构成一个同现实例,共有$\{A_2,B_2\}$、$\{B_1,C_4,C_5\}$两个同现实例。

2. 同现关系的统计推断

沿用 Sierra 等(2012)的方法,同位模型建立后,通过统计推断来确定要素类 X

和要素类 Y 是否独立,从而确定两个要素类对应的同现在统计意义上是否足够频繁,以构成显著的同位模式。

令 $P(X,Y)$ 表示要素类 X 和要素类 Y 同现的概率,N 为骨架线划分后 Voronoi 多边形的总数,N_{xy} 表示网络中要素类 X 和要素类 Y 同现的 Voronoi 多边形数量,则 X 和 Y 同现的概率 $P(X,Y)$ 的估计值为:

$$\hat{P}(X,Y)=\frac{N_{xy}}{n} \tag{5.1}$$

N_y 表示要素类 Y 的实例出现的 Voronoi 多边形数量,则要素类 Y 出现的情况下,X 出现概率 $P(X|Y)$ 的估计值为:

$$\hat{P}(X \mid Y)=\frac{N_{xy}}{N_y} \tag{5.2}$$

令 S_x 表示 X 以概率 $P(X)$ 在 N_y 个 Voronoi 多边形内出现的数量,$S_{x|y}$ 表示 X 以概率 $P(X \mid Y)$ 在 N_y 个 Voronoi 多边形内出现的数量。下面确定 S_x 和 $S_{x|y}$ 在统计上是否不同。如果 S_x 和 $S_{x|y}$ 相差很大,就表明它们在一个高置信水平下分布不同。

下面对 S_x 和 $S_{x|y}$ 的偏差进行度量。注意到式(5.1)中的涉及要素类 X 和 Y 是否出现,并不关心在同一 Voronoi 多边形内 X 和 Y 出现的个数,所以 S_x 是二项分布随机变量,其数学期望为 $N_yP(X)$,方差为 $N_yP(X)(1-P(X))$。由此,S_x 的数学期望 $E(S_x)$ 以及 S_x 的标准差 σ_{S_x} 可分别表示为:

$$E(S_x)=N_y\hat{P}(X) \tag{5.3}$$

$$\sigma_{S_x}=\sqrt{N_y\hat{P}(X)(1-\hat{P}(X))} \tag{5.4}$$

$S_{x|y}$ 的数学期望 $E(S_{x|y})$ 的估计值为:

$$E(S_{x|y})=N_y\hat{P}(X \mid Y) \tag{5.5}$$

随后,可以进行二项分布检验来度量 Y 对 X 分布的影响:

$$z=\frac{E(S_{x|y})-E(S_x)}{\sigma_{S_x}}=\frac{N_y\hat{P}(X|Y)-N_y\hat{P}(X)}{\sqrt{N_y\hat{P}(X)(1-\hat{P}(X))}} \tag{5.6}$$

在样本量足够大的情况下,由中心极限定理可知,二项分布近似于正态分布。则当 $z>1.96$ 时,说明在显著性水平 0.05 下要素类 X 和 Y 同现的概率远大于当 X 和 Y 的分布独立时的同现的期望值,即要素类 X 和 Y 同现是频繁的,它们从统计意义上构成同位模式。当 $z<-1.96$,说明在显著性水平 0.05 下,要素类 X 和 Y 同现的概率远小于当要素类 X 和 Y 的分布独立时的同现的期望值,即从统计意义上要素类 X 和 Y 相互排斥。

为了说明上述网络空间现象的同位模式挖掘方法的应用过程及有效性,下文将该方法应用于集聚经济学中不同行业公司的分布模式研究中,判断制造业对应的子行业中哪些行业的公司分布具有同位模式。

5.2.2 数据及其预处理

深圳市的通信设备、计算机及其他电子设备制造行业在全国范围内处于领先地位，化学原料及化学制品制造业、金属制造业、交通运输设备制造业和电气机械及器材制造业等四个行业在广东省处于领先地位，纺织业和纺织服装、鞋、帽制造业，以及家具制造业等劳动力密集型行业仍吸引着众多劳动力（周文良，2010），这对深圳市制造业公司的分布规律的研究具有一定的意义，为这些公司的区位选择提供了一定的支持。

深圳市制造业公司的数据由中国广东省深圳市基础地理信息中心提供，为 2009 年的深圳市关注点（POI）数据子集。深圳市制造业公司的数据由中国广东省深圳市基础地理信息中心提供，为 2009 年的深圳市关注点数据子集。该数据集包含了根据公司业务范围与主营产品确定的公司分类信息。对于信息不全的公司，通过电话咨询以及上网搜索到方式将信息补齐，共 50 784 个公司，分为 27 类，如表 5.1。

表 5.1　深圳市制造业公司行业分类构成

行业分类及名称	数量	行业分类及名称	数量
C13 农副食品加工业	132	C29 橡胶制品业	77
C14 食品制造业	57	C30 塑料制品业	2 206
C15 饮料制造业	131	C31 非金属矿物制品业	639
C16 烟草制造业	8	C32 黑色金属冶炼及压延加工业	43
C17 纺织业	138	C33 有色金属冶炼及压延加工业	17
C18 纺织服装、鞋、帽制造业	2 933	C34 金属制造业	3 287
C19 皮革、毛皮、羽毛(绒)及其制品业	774	C35 通用设备制造业	346
C20 木材加工及木、竹、藤、棕、草制品业	507	C36 专用设备制造业	3 655
C21 家具制造业	845	C37 交通运输设备制造业	326
C22 造纸及纸制品业	1 112	C39 电气机械及器材制造业	1 652
C23 印刷业及记录媒介的复制	1 875	C40 通信设备、计算机及其他电子设备制造业	18 550
C24 文教体育用品制造业	823	C41 仪器仪表及文化、办公用机械制造业	514
C26 化学原料及化学制品制造业	1 708	C42 工艺品及其他制造业	7 978
C27 医药制造业	451		

道路网数据为深圳市 1∶1 万道路网数据，对其进行必要的预处理，删除立交桥，对道路网进行拓扑检查，删除伪结点，并在交叉点处打断，对道路网络进行划分。深圳市制造业公司的分布与相应的道路网如图 5.2 所示。

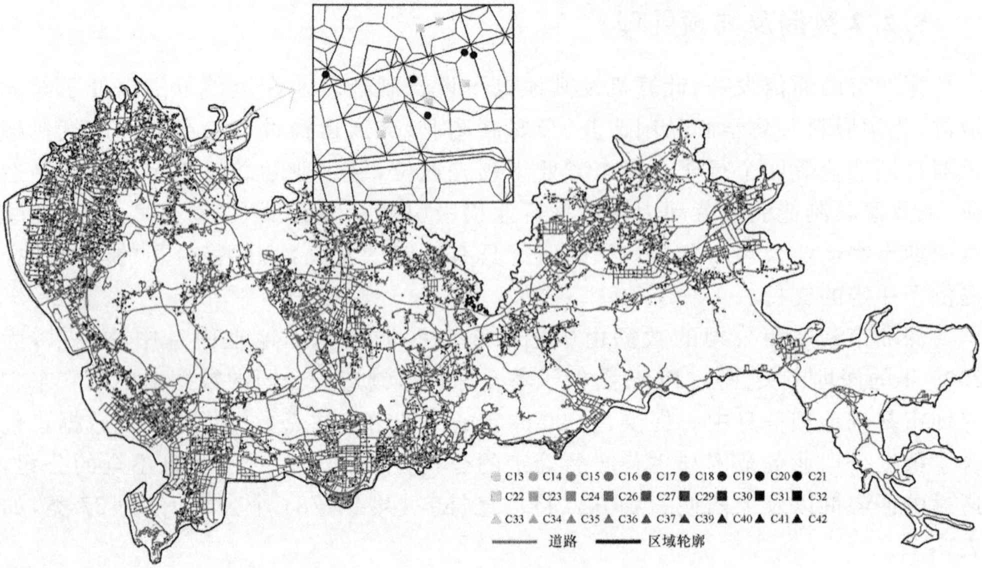

图 5.2 深圳市道路网、制造业公司分布与局部的骨架线划分

5.2.3 结果与分析

从表 5.2 的实验结果可知，351 个行业对中有 311 对行业在显著性水平 0.05 下呈现统计意义下的同位模式，40 对行业公司的分布模式既不同位也不排斥，无行业对的分布模式为排斥分布。其中，化学原料及化学制品制造业(C26)，专用设备制造业(C36)，电气机械及器材制造业(C39)，通信设备、计算机及其他电子设备制造(C40)和工艺品及其他制造业(C42)等 5 个行业可与除本行业以外的制造业行业形成同位模式。

根据集聚经济学理论中产生集聚现象的 3 个重要机制对结果进行定性分析。这 3 个重要机制是劳动力集聚、知识溢出和行业间的前后向联系(吴学花，2010)。这些机制与同位模式是相互促进、相互影响的关系，而且，这些机制并不是孤立的，某种同位模式可能与这 3 种机制都有关联，所以，这里以其主要作用的机制作为分析依据。

(1)劳动力集聚：劳动力通过转移集聚在某一特定区域，形成劳动力市场，从而产生集聚效应，集聚效应能够促进行业间劳动力的流动和共享，有利于降低企业的劳动力成本(如培训费)和降低工人失业率(吴学花，2010)。行业内企业会集聚分布，但会出现同行产品竞争力过强等不利企业发展的现象，因此，为了获得更大的劳动力集聚效应，且尽量降低不利因素的影响，企业会靠近能够共享劳动力的其他行业的企业，从而促成了行业间同位模式的形成，同位模式形成后，地理上的邻近性又给企业带来更多共享劳动力的机会，增强了劳动力集聚效应。由于劳动力密集型行业更需要共享劳动力，劳动力更易在拥有相似技术或者技术含量较低的岗位间流动，因此典型的劳动力密集型行业之间易形成同位模式。在本书中，纺织服装、鞋、帽制造业（C18）和皮革、毛皮、羽毛（绒）及其制品业（C19）需要大量的劳动力，且对劳动力的技术要求较低，二者之间有着较明显的共享劳动力现象，橡胶制品业（C29）和塑料制品业（C30）的岗位相似度较高（Jofre-Monseny et al，2011），岗位相似度越高意味着劳动力流动更频繁，共享程度更高。有着受益于劳动力集聚效应的驱动力，这就不难理解纺织服装、鞋、帽制造业（C18）和皮革、毛皮、羽毛（绒）及其制品业（C19），橡胶制品业（C29）和塑料制品业（C30）形成同位模式。

（2）知识溢出：通过员工流动、公司交流学习等方式促进行业间知识共享，有利于增大行业的知识储量。对于可以通过产品、语言文字等方式溢出的显性知识和难规范、高度个人化只能通过面对面交流的方式进行传播的隐性知识来说，知识溢出更主要的是促进隐性知识的传播和扩散。隐性知识的溢出一定程度上受到地理距离和行业之间知识或者技术的相似程度的限制（王国红，2010），因此行业间形成同位模式以获得更大的知识溢出。那些从知识溢出受益较多的行业对知识溢出的需求大，易形成同位模式。在本书中，化学原料及化学制品制造业（C26）和医药制造业（C27）同属于化学工业，生产相关化学制品的技术、工艺和经验等知识的溢出能促进知识的取长补短，增加行业的知识容量。电力电子元器件制造属于电气机械及器材制造业（C39），光电子器件及其他电子器件制造属于通信设备、计算机及其他电子设备制造业（C40），对电子器件的设计、改进等知识的溢出能提高电气机械及器材制造业（C39）和通信设备、计算机及其他电子设备制造业（C40）这两个行业的知识水平，从而提高行业的创新开发能力。有着受益于知识溢出的驱动力，这就不难理解化学原料及化学制品制造业（C26）和医药制造业（C27），电气机械及器材制造业（C39）和通信设备、计算机及其他电子设备制造业（C40）形成同位模式。

（3）前后向关联：具有前向联系或后向联系的两个行业为了减少中间投入品的运输成本和在途损耗（周文良，2010），一个行业的企业会选择邻近另一行业的企业的产址，因此形成同位模式。如 Amiti（2005）所提到的橡胶和机动车，橡胶制品业（C29）依赖于橡胶原料，机动车制造属于交通运输设备制造业（C37），二者形成同位模式的原因在于橡胶制品业可为机动车的制造提供橡胶制品，如轮胎。有前后向联系的行业易形成同位模式，特别是在制造中间产品的行业和制造最终需求产品的行业之间，在本书中，木材加工及木、竹、藤、棕、草制品业（C20）向家具制造业（C21）提供加工木材等中间产品，金属制品业（C34）向通用设备制造业（C35）提供金属制品等中间产品。运输木材、金属制品等中间产品需要耗费一定的人力、物力、财力和时间，还可能因为意外而损失产品，有着减少开支和降低损失的驱动力，

表 5.2 基于骨架线划分的同位模式识别方法的统计推断结果

	C13	C14	C15	C16	C17	C18	C19	C20	C21	C22	C23	C24	C26	C27	C29	C30	C31	C32	C33	C34	C35	C36	C37	C39	C40	C41	C42
C13		6.56	7.35	-0.25	0.90	7.77	3.56	6.37	5.42	4.87	3.69	5.34	7.82	6.60	1.76	4.20	8.48	-0.59	-0.35	7.02	5.19	6.49	5.70	5.30	5.77	1.89	7.70
C14	6.54		5.42	-0.17	3.55	4.74	1.08	0.51	3.74	5.90	3.31	4.64	7.93	5.36	-0.54	6.38	4.89	2.12	-0.24	7.67	5.83	7.14	5.68	5.73	5.92	5.01	7.35
C15	7.35	5.43		-0.24	5.12	18.27	9.13	2.60	8.75	6.57	13.74	12.57	18.93	26.95	-0.75	5.96	16.17	1.25	-0.33	9.06	14.04	14.05	12.34	18.10	13.90	6.69	15.47
C16	-0.25	-0.17	-0.24		-0.25	1.64	1.28	-0.42	-0.54	-0.65	0.50	2.93	2.22	2.19	-0.19	-0.85	1.46	-0.14	-0.09	0.02	-0.37	3.12	-0.37	3.35	2.05	-0.45	3.60
C17	0.90	3.55	5.12	-0.25		16.31	8.66	3.33	8.75	7.99	12.70	9.32	11.37	3.93	4.20	7.34	8.69	4.47	2.46	10.09	6.99	10.61	6.16	8.98	11.71	9.68	9.60
C18	8.13	4.98	19.12	1.73	17.06		27.34	14.23	23.20	28.65	34.15	27.32	33.54	24.33	4.58	26.12	26.66	3.45	3.36	29.80	24.59	34.88	16.83	32.20	36.32	23.44	37.34
C19	3.63	1.10	9.29	1.31	8.81	26.58		10.19	16.30	23.82	22.48	22.22	15.50	6.55	7.03	25.76	13.62	5.02	1.85	23.70	10.78	21.34	7.42	18.00	21.59	19.52	10.33
C20	6.42	0.51	2.62	-0.43	3.36	13.72	10.10		19.27	13.20	12.78	12.33	13.13	4.68	9.18	14.18	13.96	3.06	2.79	16.24	5.31	12.85	7.05	13.25	11.73	8.51	15.58
C21	5.52	3.82	8.91	-0.55	8.90	22.55	16.30	19.43		20.40	20.84	20.46	20.13	8.98	8.28	21.27	16.89	6.67	5.87	24.21	12.45	20.22	9.95	16.82	18.83	14.98	22.93
C22	5.01	6.07	6.75	-0.67	8.21	28.12	24.04	13.44	20.59		30.49	22.42	18.90	11.98	10.36	30.93	15.41	6.51	3.55	30.69	13.50	28.25	7.43	24.56	27.36	18.10	25.31
C23	3.84	3.46	14.32	0.53	13.23	34.01	23.01	13.20	21.35	30.94		25.69	26.90	17.01	7.94	29.88	22.61	6.04	2.64	31.60	18.48	32.81	16.43	32.05	32.62	21.71	32.41
C24	5.44	4.75	12.82	3.00	9.50	26.62	22.26	12.47	20.51	22.26	25.15		23.18	16.50	6.57	25.83	15.79	4.69	1.70	25.33	16.20	23.36	9.69	21.75	22.55	18.31	22.18
C26	8.06	8.20	19.53	2.30	11.73	33.06	15.70	13.42	20.41	18.98	26.62	23.44		25.27	3.40	21.53	28.29	4.69	5.37	26.41	23.18	34.38	19.66	30.98	31.70	17.10	33.31
C27	6.64	5.41	27.14	2.21	3.95	23.41	6.48	4.67	8.88	11.74	16.44	16.28	24.66		0.39	6.72	18.87	-0.93	1.29	11.57	16.08	18.20	15.27	21.05	18.45	10.14	20.57
C29	1.76	-0.54	-0.75	-0.19	4.19	4.37	6.89	9.09	8.13	10.07	7.61	6.43	3.29	0.39		7.95	3.94	6.20	7.13	10.81	4.01	7.84	3.04	4.09	7.43	2.70	6.29
C30	4.42	6.73	6.27	-0.90	7.72	26.26	26.63	14.79	22.00	31.69	30.17	26.65	21.96	7.03	8.38		16.04	6..25	6.59	36.29	12.44	33.47	8.00	27.77	32.02	19.51	29.73
C31	8.60	4.98	16.41	1.48	8.81	25.85	13.58	14.04	16.85	15.22	22.02	15.71	27.83	19.02	4.01	15.47		5.56	3.51	18.92	22.25	22.66	15.24	23.04	18.83	13.56	21.72
C32	-0.58	2.12	1.25	-0.14	4.45	3.29	4.92	3.02	6.53	6.32	5.78	4.58	4.54	-0.92	6.19	5.92	5.47		4.79	9.64	1.46	7.68	2.54	5.78	8.22	5.46	6.19
C33	-0.35	-0.24	-0.33	-0.09	2.45	3.20	1.82	2.75	5.75	0.45	0.53	1.66	5.19	1.28	7.12	6.24	3.45	4.78		4.31	1.42	5.86	1.37	3.78	4.06	0.91	5.10
C34	7.54	8.26	9.74	0.02	10.83	30.58	25.01	17.29	25.56	32.09	32.57	26.68	27.50	12.35	11.63	37.04	20.02	10.38	4.64		17.17	38.40	13.08	31.88	34.97	21.71	34.30
C35	5.22	5.87	14.12	-0.37	7.03	23.63	10.65	5.29	12.30	13.22	17.83	15.97	22.59	16.06	4.03	11.89	22.05	1.47	1.43	16.07		22.63	14.70	22.68	17.81	14.40	20.17
C36	6.96	7.67	15.06	3.36	11.37	35.71	22.46	13.65	21.29	29.47	33.73	24.54	35.72	19.37	8.42	34.08	23.93	8.26	6.31	38.31	24.11		19.14	38.08	40.40	20.63	37.78
C37	5.73	5.72	12.41	-0.38	6.19	16.18	7.34	7.02	9.84	7.28	15.86	9.55	19.17	15.25	3.06	7.65	15.10	2.56	1.39	12.25	14.70	17.97		17.20	15.73	6.13	16.04
C39	5.49	5.95	18.77	3.49	9.31	31.89	18.33	13.62	17.14	24.78	31.88	22.10	31.14	21.68	4.24	27.36	23.53	6.00	3.93	30.76	23.38	36.84	17.72		38.18	19.73	32.46
C40	6.47	6.67	15.61	2.31	13.15	38.97	23.82	13.05	20.78	29.91	35.15	24.82	34.51	20.58	8.35	34.17	20.83	9.25	4.57	36.56	19.89	42.34	17.56	41.36		22.04	44.27
C41	1.91	5.08	6.76	-0.46	9.78	22.64	19.39	8.53	14.88	17.81	21.06	18.15	16.76	10.18	2.74	18.74	13.51	5.53	0.93	20.44	14.48	19.46	6.16	19.24	19.84		18.39
C42	8.38	8.02	16.85	3.94	10.45	38.85	21.75	16.82	24.54	26.83	33.86	23.68	35.17	22.25	6.86	30.76	23.31	6.76	5.57	34.78	21.84	38.40	17.36	34.09	42.93	19.81	

注：表格第一行和第一列分别为行业代码 C_i 和 C_j（$13 \leqslant i, j \leqslant 42$，且 i 和 j 不为 25、28 和 38），其余单元格内数字表示 C_i 对 C_j（$i \neq j$）的影响 z 值。

这就不难理解木材加工及木、竹、藤、棕、草制品业(C20)和家具制造业(C21),金属制品业(C34)和通用设备制造业(C35)形成同位模式。

由上述分析可知,运用集聚经济学中的理论可以合理解释得到的同位模式。

本节对 Sierra 等(2012)的同位模式发现方法进行了扩展,通过网络的骨架线划分来确定要素类间是否存在同现关系,进而通过设计统计指标来判断这些同现关系是否频繁到从统计意义上构成同位模式。对深圳市制造业公司的同位模式的挖掘验证了方法的有效性。本节采用骨架线划分用于网络空间剖分,对于同样的空间网络和点要素类可以得到确定性的结果,是对已有的网络样方法和线素法在参数选择和确定参数下结果的不确定性问题的改进。

§5.3　基于网络 Q 统计的酒店同位模式发现

酒店的区位选择对于酒店的建立与发展至关重要。影响酒店分布的因素通常有星级、配套实施、房间数、所有权、一定距离内其他类型的酒店、交通便利性、与旅游景点的距离、与商业服务的距离等(Yang et al,2012)。其中一定距离内其他类型的酒店是研究的一个重点问题(Kalnins et al,2004;Chung et al,2001;Egan et al,2000)。

传统区位理论认为多个提供相似商品或服务的企业相互邻近分布会增加竞争(Chung et al,2001)。然而,这种相似企业聚集的现象在现实中经常出现,并且企业会通过选择集聚区域内的位置而获益。这种由聚集产生收益的集聚效应(Yang et al,2012)常被用于解释存在竞争关系的企业为何存在空间同位现象。企业从集聚效应中获取的好处包括生产优势和需求优势(Canina et al,2005)。生产优势理论常见于制造业企业研究,因为集聚区内劳动力资源和知识交换可以提高生产力。而在酒店业中,需求优势则取代生产优势,成为集聚效应的主要影响因素。这是因为聚集的企业首先降低了客户的搜索成本,他们只要到访一个地区即可获得从大量同类企业中挑选的机会;另外,集聚区内部分企业对基础设施和环境的投资可以为区域内所有企业吸引更多的客户从而增加发展机会。

作为常见的集聚效应,酒店分布的集聚效应得到了一定关注。Kalnins 等(2004)提出了酒店分布的聚集效应原理,他们提出一系列的定性假设,并运用条件 logit 方法对假设进行了验证。该研究从经济学的角度,回答了在酒店选址时是否独立于周围已有的酒店。他们的研究表明高档酒店更倾向于进入一个同样是高档酒店存在的市场,低档酒店倾向于进入高档酒店存在的市场。Yang 等(2012)关于酒店区位选择的 logit 模型得到了类似的结论。

从数据挖掘的角度,上述酒店分布集聚效应的问题转化为:哪几种类型的酒店频繁地分布在一起,同类型酒店的分布趋于排斥还是相互吸引。本书运用网络 Q

统计进行酒店同位模式发现，并与已有的研究结论进行对照。

5.3.1 网络 Q 统计

Q 统计是针对定性变量的分析而开发的统计量，其理论基础源于符号动力学，Q 统计能检测给定空间分布的定性变量的空间关联模式(Ruiz et al,2010)。其基本的原理是：将空间定性变量的分布作为离散的空间过程，借用符号动力学定义空间过程的符号，即得该空间过程的符号熵。该空间过程下的符号熵与独立(或随机)过程下的符号熵的似然比即为 Q 统计。根据统计学理论，随机空间过程的 Q 统计近似服从卡方分布。因此，将其与相应自由度的卡方分布的值进行比较，即可从全局判断该空间过程在统计意义下是否具有关联。下面介绍其基本概念和定义，更为详尽的描述参见 Ruiz 等(2010)的研究。Ruiz 等(2010)将 Q 统计其用于快餐店的关联模式分析；Páez 等(2012)运用 Q 统计进行了城市人口聚群模式和暴露模式的分析。在这些研究中，距离测度均为平面欧氏距离。由于本节将距离测度定义为网络距离，所以称该 Q 统计是网络空间下的 Q 统计。

设分布于网络空间中的定性变量 Y，其取值范围是$\{a_1, a_2, \cdots, a_k\}$，其分布的位置为 $s_i(i = 1,2,\cdots,N)$，这些位置是固定的，则$\{Y_{s_i}\}$，$s_i \in s$ 是一个离散空间过程。如图 5.3 所示，分布在道路网的定性变量 Y，其取值范围为{black，white}，分布的位置为 s_i，$i=1,2,\cdots,11$。其中，定性变量取值数 k 为 2，black 出现了 5 次，其相对频率为 5/11；white 出现了 6 次，其相对频率为 6/11。

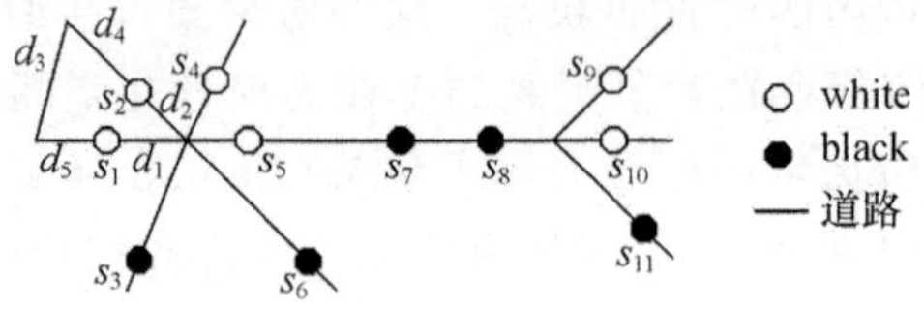

图 5.3 网络空间现象的分布示例

定义 1 网络空间现象的距离测度(distance measure of spatial network phenomena)：分布在网络上的两点间距离是两点沿着网络的最短路径，简称网络距离。

定义 2 m-环绕(m-surrounding)：某一位置 s_i 的值及其按由近及远顺序排列的 $m-1$ 个最近的邻居的值构成的 m 维空间称为 m-环绕。$m-1$ 个最近的邻居基于距离定义，如果存在两个等距离的邻居，则根据由 x 轴正方向逆时针旋转的角度为等距离的邻居排序。对于网络空间，s_i 的 $m-1$ 个最近的邻居是与 s_i 网络距离最小的 $m-1$ 个位置。

定义 3 标准符号(standard symbol)：由于一个 m-环绕包括 m 个位置，而每个位置可取 k 个值，所以一个 m-环绕具有 k^m 个可能的值。将每一个可能的值定义为一个标准符号，记作 σ_j，$j=1,\cdots,k^m$。记 $\Gamma=\{\sigma_1,\sigma_2,\cdots,\sigma_{k^m}\}$ 为所有的标准符号集合。在本节中，标准符号简称符号(symbol)。

定义 4　观察样本(observation)：定性变量 Y 出现的位置及其对应的值，其总数记为 N，图 5.3 中 N 为 11。

定义 5　符号化样本(symbolized observation)：考虑所有观察样本，由 m-环绕的定义必然出现重叠，这无法满足统计检验中的一些假设条件(Ruiz et al，2010；Páez et al，2012)。为了控制重叠，需要从所有观察样本中选取一部分位置，然后再进行符号化，符号化样本数记为 R。

定义 6　重叠度(overlapping degree)：对于任意两个位置 s_i 和 s_j，s_i 的 m-环绕与 s_j 的 m-环绕可能存在一定的重叠，将这两个位置间最近邻居重叠的最大重叠数称为重叠度，记为 r，且 $0\leqslant r<m$。

符号化样本数的最大值 $R_{\max}$ 与重叠度 r 的关系由式(5.7)给出，其中[·]为取整函数。

$$R_{\max}=\left[\frac{N-m}{m-r}\right]+1 \tag{5.7}$$

定义 7　符号的绝对频率(absolute frequency of symbol)：符号 σ_i 的绝对频率即为分布位置中符号为 σ_i 类型的位置总数，记作 n_{σ_i}。

定义 8　符号的相对频率(relative frequency of symbol)：符号 σ_i 的相对频率 p_{σ_i} 为该符号的绝对频率与符号化样本数之商，即 $p_{\sigma_i}=n_{\sigma_i}/R$。

定义 9　符号熵(symbolic entropy)：空间过程包含的信息量，记作 $h(m)$，计算公式为

$$h(m)=-\sum_{\sigma_j\in\Gamma}p\sigma_j\ln(p\sigma_j) \tag{5.8}$$

当某一符号类型占据主导地位时，符号熵 $h(m)$ 趋近于 0。若定性变量取值的相对频率相等，且每个符号出现的相对频率相等，则符号熵有最大值 $\ln(k^m)$，所以 $0<h(m)\leqslant\ln(k^m)$。

定义 10　Q 统计(Q statistic)：被观察的空间过程的符号熵与独立(随机)过程下的符号熵的似然比检验。独立过程下，若定性变量取值的相对频率相等，且每个符号出现的相对频率相等，符号熵的上界为 $\eta=\ln(k^m)$。然而实际中，由于定性变量取值的相对频率不一定相等，如图 5.3 中，black 为 5/11，white 为 6/11，所以独立过程中，在定性变量取值相对频率不等的情况下符号熵的上界 η 为

$$\eta=-\sum_{i=1}^{k^m}\frac{n\sigma_i}{R}\sum_{j=1}^{k}\alpha_{ij}\ln(q_j) \tag{5.9}$$

式中：α_{ij} 为 a_j 值在符号 σ_i 中出现的次数，q_j 为值 a_j 出现的相对频率。则 Q 统计为：

$$Q(m)=2R(\eta-h(m)) \tag{5.10}$$

如果空间过程是独立(随机)的,则 Q 统计近似服从自由度为 k^m-1 的卡方分布 $\chi^2_{k^m-1}$,其证明过程详见 Ruiz 等(2010)文献的附录,此处不再赘述。设 $0\leqslant\beta\leqslant 1$ 且 $\beta=\mathrm{P}(\chi^2_{k^m-1}>\chi^2_{k^m-1,\beta})$,置信水平 100 $(1-\beta)$%下拒绝空间独立的决策规则为:如果 $Q(m)>\chi^2_{k^m-1,\beta}$,则拒绝空间独立的假设,否则不拒绝空间独立的假设。

定义 11 等价符号(equivalent symbol):仅考虑 m-环绕中定性变量值出现的次数,不考虑出现的次序,所构成的符号称为等价符号。可能出现的等价符号总数为 $k(k+1)\cdots(k+m-1)\ /\ m!$。与标准符号相比,等价符号没有了拓扑信息,但是大大减少了符号的数量,这对于实际应用具有重要意义,因为随着 m 和 k 的增加,符号必然爆炸式地增加。

由上述定义可知,为了计算 Q 统计,需要确定一系列的参数。这些参数包括观察样本数 N、符号化样本数 R、定性变量类别数 k、m-环绕中的尺寸 m、重叠度 r,其他诸如符号的相对频率,定性变量类别的相对频率都可以从上述参数中导出。

观察样本数 N、定性变量类别数 k 由具体的问题和相应的实验决定,可以说是确定的。而 m-环绕中的尺寸 m、重叠度 r 是不确定的,需要根据实际情况设定。根据 Páez 等(2012)的指导性原则,由于实际中用到了卡方分布,所以要求符号化样本数 $R\geqslant 5k^m$。由于 $N>R\geqslant 5k^m$,则 $m<\ln(N/5)/\ln k$,所以,m 的取值范围是 $2\leqslant m<\ln(N/5)/\ln k$,且 m 为整数。当 m 确定后,可以根据式(5.7)确定重叠度 r。重叠度 r 越大,则保留的观察样本越多,这样会增加 Q 统计的效力,但同时会增加第一类错误的风险,即拒绝空间独立这一原假设的风险。有关本节实验参数的选择将在 5.3.4 小节中进行详细的介绍。

5.3.2 数据及其预处理

本节采用的酒店数据包含了经纬度、地址、电话号码、酒店星级等信息,道路网数据来自 OSM。在此案例中,定性变量即为分布在道路网周围的不同类型的酒店。本节选择北京、哈尔滨、广州、南宁、上海、南京、重庆、乌鲁木齐、武汉、郑州 10 个城市来探讨酒店的同位模式。这 10 个城市分别是中国北部、南部、东部、西部和中部的直辖市或省会城市,可以较好地代表我国的不同地区,又有足够数量的酒店以便开展分析。

不同的国家采用不同的酒店分类标准(Yang et al,2012;Fernández et al,2004)。本书参照 Yang 等(2012)的分类方法,将数据集中的酒店根据星级分为 3 类:低档酒店(budget hotel,B),包含 0～2 星酒店;中档酒店(middle hotel,M),包括 3 星酒店;高档酒店(luxery hotel,L),包含 4～5 星级酒店。本节所研究 10 个城市各类酒店的数量和比例见表 5.3,其中武汉市 926 家高中低档酒店的分布如图 5.4 所示。在各个城市中,低档酒店的比例总是最高,北京、上海、重庆 3 个直辖市的高档酒店比例明显高于其他城市。

表 5.3　10 个城市的三种类型酒店的数量

	城市	低档（B）	中档（M）	高档（L）	总计
北部	北京	1 132（55.41%）	436（21.34%）	475（23.25%）	2 043
	哈尔滨	682（81.29%）	86（10.25%）	71（8.46%）	839
南部	南宁	237（60.77%）	76（19.49%）	77（19.74%）	390
	广州	195（38.01%）	241（46.98%）	77（15.01%）	513
东部	上海	570（55.61%）	176（17.17%）	279（27.22%）	1 025
	南京	489（69.26%）	109（15.44%）	108（15.30%）	706
西部	重庆	312（51.23%）	157（25.78%）	140（22.99%）	609
	乌鲁木齐	262（60.09%）	100（22.94%）	74（16.97%）	436
中部	武汉	631（68.14%）	158（17.06%）	137（14.80%）	926
	郑州	830（78.13%）	147（13.78%）	90（8.43%）	1 067

注：广州仅含荔湾、越秀、海珠 3 个主要城区。

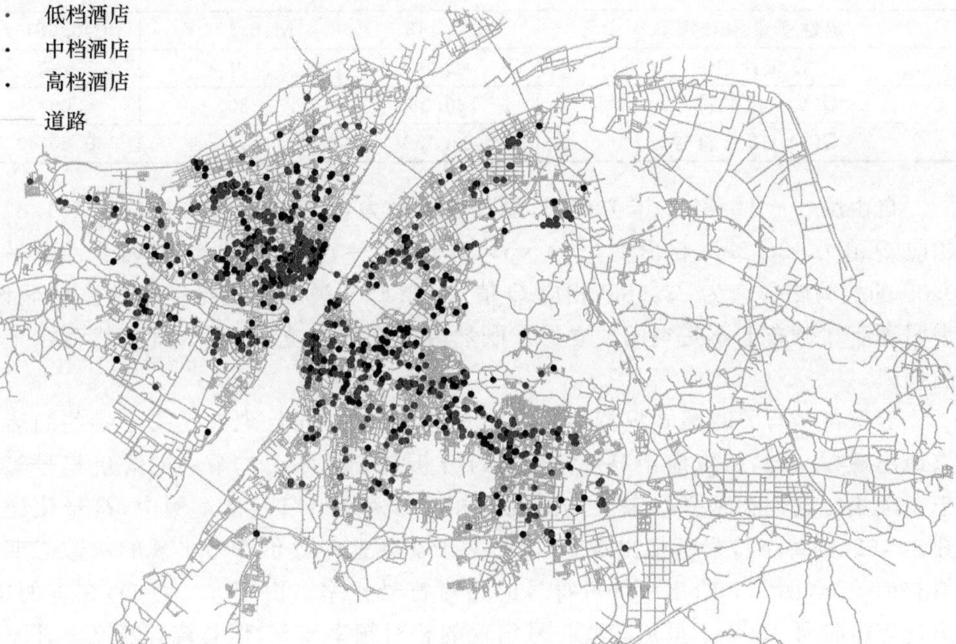

图 5.4　武汉市酒店分布

5.3.3　结果与分析

由于各个城市分析的过程和方法类似，仅以武汉为例对分析步骤做详细介绍，然后直接给出其他城市的实验结果。

对于武汉的情况，$N=926$，$k=3$，由 $\ln(N/5)$ / $\ln(k)=5.412\ 2$，可知 m-环绕的维数 m 可以为 5、4、3、2。由于符号化样本的数量 R 应不少于符号数 k^m 的 5 倍，同时考虑到观察到的样本总数，根据推荐应选取较小的重叠度，因此先设定 $m=4$ 和 $r=2$ 进行 Q 统计的计算，其他参数的设定和计算结果见表 5.4。

表 5.4 参数与计算结果

参数	计算结果		
观察样本数 N	926		
符号化样本数 R	462		
定性变量取值数 k	3		
m-环绕的维数 m	4		
重叠度 r	2		
标准符号数 k^m	81		
等价符号数 $k(k+1)\cdots(k+m-1)/m!$	15		
定性变量相对频率	L:0.148 0	M:0.170 6	B:0.681 4
Q 统计检验	Q 值	自由度	p 值
$Q(4)$（标准符号）	136.283	80	0.000 1
$Q(4)$（等价符号）	52.450	14	0.000 0

自由度 $3^4-1=80$ 的卡方分布，显著性水平为 0.05 的检验临界值为 101.879，相应 Q 值为 136.283，自由度 $3\times4\times5\times6/4!-1=14$ 的卡方分布，显著性水平为 0.05 的检验临界值为 23.685，相应 Q 值为 52.450，说明应拒绝空间独立的假设，表明酒店在分布上不是空间独立的。既然分布并非独立的，那么就必然存在一定的模式。

等价符号与关联模式挖掘中的项集具有相似性，而且现在仅关心哪些酒店频繁地出现在一起，所以应用等价符号进行分析是合理的。本节中的等价符号等同于 4 项集。它们在独立状态下其出现的相对频率是 1/15，在本例中，符号化样本数为 462，则每个符号近似出现 31 次。关于实际这些等价符号出现的次数与期望值有何差异，图 5.5 给出了等价符号的相对符号频率。由图 5.5 可知，在本例中，出现等价符号 15 个。虽然有些符号出现的相对频率较高，但是统计意义上并不显著，这可以由其在独立过程下的相对频率期望值及其置信区间来显示。

图 5.5 柱状图中的每一个柱的高度表示实际情况下每个等价符号出现的相对频率，点圈线表示独立过程下该符号出现的相对频率期望值及其 95% 的置信区间，置信区间的计算方法详见 Páez 等(2012)文献的附录。图 5.5 中，浅色填充的柱表示显著高于独立过程下期望相对频率的模式，深色填充的柱表示显著低于独立过程下期望相对频率的模式，无填充的柱表示不显著高于或低于独立过程下期望相对频率的模式。

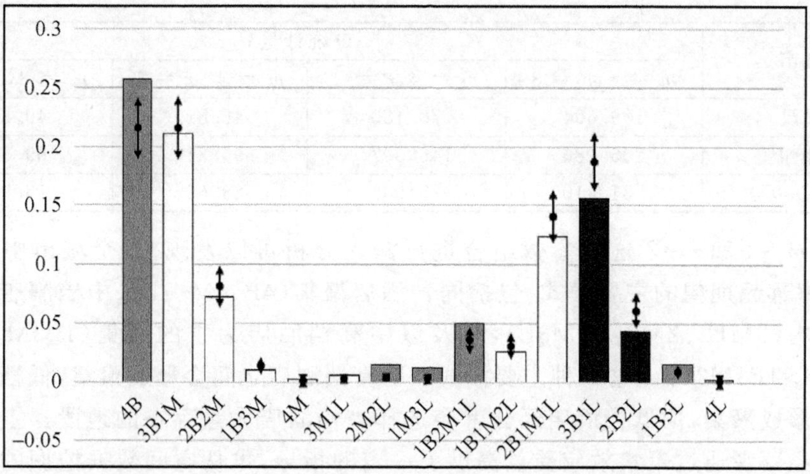

图 5.5 实际情况的等价符号相对频率和在独立过程下的期望相对频率

在本例中，武汉酒店 6 种等价符号显著高于独立过程下的期望相对频率，包括 4B、2M2L、1M3L、1B2M1L、1B3L、4L。4B 和 4L 分别表明低档酒店与低档酒店聚集、高档酒店和高档酒店聚集，反映了异质市场中的寻求资源的聚集效应。2M2L、1M3L 表明中档酒店倾向于同高档酒店毗邻，以获取高档酒店的溢出价。1B2M1L、1B3L 表明低档酒店倾向于同中高档酒店相邻。然而，2 种符号显著低于独立过程下的期望相对频率，包括 3B1L、2B2L，说明高档酒店与众多低档酒店聚集的现象无关，高档酒店经营者会主动寻求避免低档酒店聚集的地区。

类似地，运用同样方法可以得到其余 9 个城市采用 4 种不同参数组合下的结果。等价符号的 Q 统计如表 5.5 所示，除乌鲁木齐和广州在 $m=4$ 和 $r=1$ 的参数组合外，其余 Q 统计量的值均大于相应的显著性水平为 0.05 的卡方检验临界值。因此总体而言，所研究 10 个城市的酒店分布均不具有独立性，即存在同位模式。

表 5.5 不同参数组合下 10 个城市等价符号的 Q 统计量

城市	Q 统计量			
	$m=5, r=3$	$m=4, r=2$	$m=4, r=1$	$m=3, r=1$
北京	288.001	229.951	151.541	154.761
哈尔滨	201.458	134.306	76.173	84.818
南宁	97.5728	62.438	26.144	51.669
广州	33.855	28.871	18.099	21.849
上海	393.017	341.990	153.389	188.057
南京	63.094	37.218	30.304	36.636
重庆	72.160	41.867	30.745	24.252
乌鲁木齐	37.693	34.907	18.096	21.546

续表

城市	Q统计量			
	$m=5,r=3$	$m=4,r=2$	$m=4,r=1$	$m=3,r=1$
武汉	109.604	70.180	46.815	49.875
郑州	205.086	146.597	94.312	69.565
(α=0.05)	31.410	23.685	23.685	16.919

以m=4和r=2这一参数组合进行深入分析可以发现10个城市中均存在3种频率远超期望的主要模式，包括同种酒店聚集(4B、4M、4L)、中档酒店和高档酒店聚集(3M1L、2M2L、1M3L)，以及以中高档酒店为主的聚集(1B3M、1B3L、1B2M1L、1B1M2L)。这3种主要模式表明高档酒店之间会形成聚集，低档酒店之间也会形成聚集，但低档酒店经营者会选择高档酒店大量存在的地段。上述模式为酒店经营者通过聚集效应受益提供了一定的指导，也从空间数据挖掘的角度验证了Kalnins等(2004)的关于在异质市场中酒店区位选择的结论，说明Q统计在进行网络现象关联模式的分析上是有效的。

尽管空间邻近的同类型企业会形成竞争，但经济学研究也指出集聚效应也可以带来利润。形成此种模式是因为空间上的聚集可以方便消费者快速找到同类型的服务，酒店行业可以通过降低消费者的搜索成本来获取邻居的价值溢出。聚集效应还有助于共享服务设施来降低成本和吸引顾客。尽管互联网正在削弱搜索成本带来的聚集效应，但是由于网络信息存在片面和有限等不足之处，仍然有消费者会选择在实地进行考察对比后做出决定。

低档酒店经营者对大量高档酒店聚集区域的选择偏好，是因为在有限的投资条件下，在高档酒店周围可以享受同样的服务设施以及高档酒店品牌广告等带来的价值溢出。例如，高档酒店将顾客吸引到邻近区域，但有时会出现房源不足的情况，顾客被迫选择邻近的其他酒店。由于与周边高档酒店具有相近的服务设施，会有顾客转而选择价格更低且有空房的低档酒店。低档酒店投资较小，但可以从价值溢出获益，成为集聚效应的纯粹受益者。

上述总体趋势也存在个别例外，例如同种类型酒店聚集的情况下，等价符号4M在南京、武汉、郑州、乌鲁木齐并不显著，等价符号4L在哈尔滨、重庆、广州、乌鲁木齐也不显著。只有4B在各个城市均存在显著高于期望值的情况。

除了显著高出期望值的符号，还有一些符号显著低于期望值，例如3B1M、2B1M1L、3B1L、2B2L。这些符号内中高档酒店不构成4-环绕的主体，因为中高档酒店才是集聚效应中的利益提供者，只能由低档酒店通过与之集聚获取利益(Canina et al,2005)，反之则不成立。在这些显著低于期望值的同位模式中，没有足够的中高档酒店提供溢出价值，集聚效应的溢出价值不足以弥补其损失，因此中高档酒店经营者会回避此类模式。当然，此类现象也存在例外，在上海的 3B1M、乌鲁木齐的 2B1M1L、广州的 2B2L 等价符号频率高出期望值，反映了这些城市酒店分布的独特之处。

5.3.4　敏感性分析

为了验证结果的可靠性，本节仍以武汉为例说明其他几组可能的参数组合（$m=3,r=1;m=4,r=1;m=5,r=3$）用于同位模式分析时的情况，结果分别如表 5.6、表 5.7、表 5.8 所示，同位模式的频率分布则由图 5.6、图 5.7、图 5.8 给出。在这些参数组合下，主导的同位模式与上述 $m=4,r=2$ 时得出的结果一致。而 $m=4,r=1$ 时的结果显著性较上述主要结果更弱，这一现象也确认了 Ruiz 等（2010）指出的重叠度下降会降低符号化样本数，从而降低检验结果显著性的规律。

表 5.6　$m=3,r=1$ 时的 Q 统计结果

参数	统计结果		
观察样本数 N	926		
符号化样本数 R	462		
定性变量取值数 k	3		
m-环绕的维数 m	3		
重叠度 r	1		
标准符号数 k^m	27		
等价符号数 $k(k+1)\cdots(k+m-1)/m!$	10		
定性变量相对频率	L:0.148 0	M:0.170 6	B:0.681 4
Q 统计检验	Q 值	自由度	p 值
$Q(4)$（等价符号）	49.875	9	0.000 0

表 5.7　$m=4,r=1$ 时的 Q 统计结果

参数	统计结果		
观察样本数 N	926		
符号化样本数 R	308		
定性变量取值数 k	3		
m-环绕的维数 m	4		
重叠度 r	1		
标准符号数 k^m	81		
等价符号数 $k(k+1)\cdots(k+m-1)/m!$	15		
定性变量相对频率	L:0.148 0	M:0.170 6	B:0.681 4
Q 统计检验	Q 值	自由度	p 值
$Q(4)$（等价符号）	46.815	14	0.000 0

表 5.8 $m=5, r=3$ 时的 Q 统计结果

参数	统计结果		
观察样本数 N	926		
符号化样本数 R	461		
定性变量取值数 k	3		
m-环绕的维数 m	5		
重叠度 r	3		
标准符号数 k^m	243		
等价符号数 $k(k+1)\cdots(k+m-1)/m!$	21		
定性变量相对频率	L:0.148 0	M:0.170 6	B:0.681 4
Q 统计检验	Q 值	自由度	p 值
$Q(4)$（等价符号）	109.604	20	0.000 0

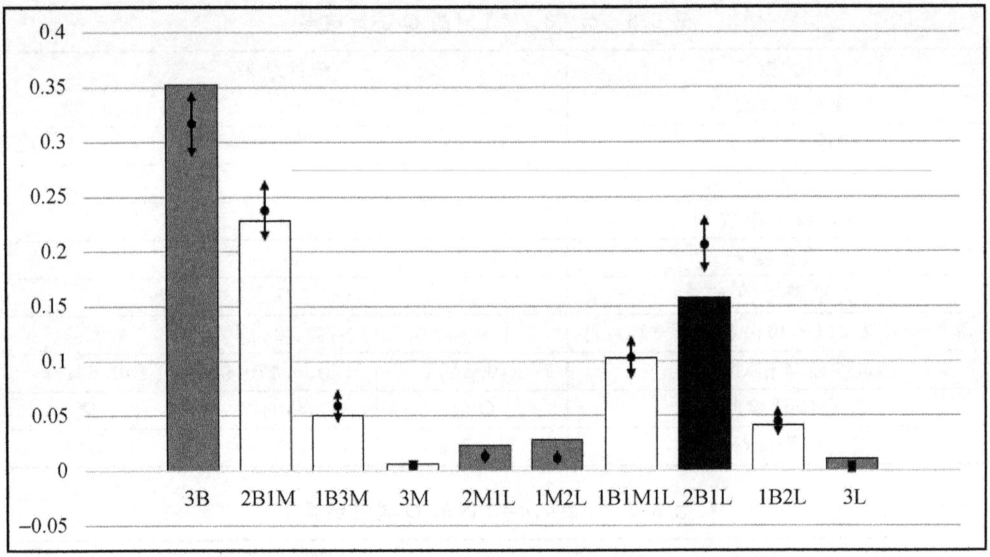

图 5.6 $m=3, r=1$ 时的酒店分布模式

本节介绍了 Q 统计的概念，将其距离测度定义为网络上的最短路径距离，扩展为网络空间下的 Q 统计。通过对中国 10 个城市酒店的同位模式进行挖掘，并运用经济学和市场学对研究结论进行解释，发现酒店的空间分布受周围其他酒店类型的影响，存在特定的同位模式。

对于个人而言，本节关于酒店同位模式的发现有助于其了解某个地区已有和潜在的就业或投资机会(Campos et al,2012)。对于酒店而言，地段选择很大程度上影响了其业绩，而迁址往往困难重重、代价较高，因此应慎重选址。本节所述有关不同类型酒店的同位模式有助于酒店评估不同备选方案进而合理选址，主动寻求集聚效

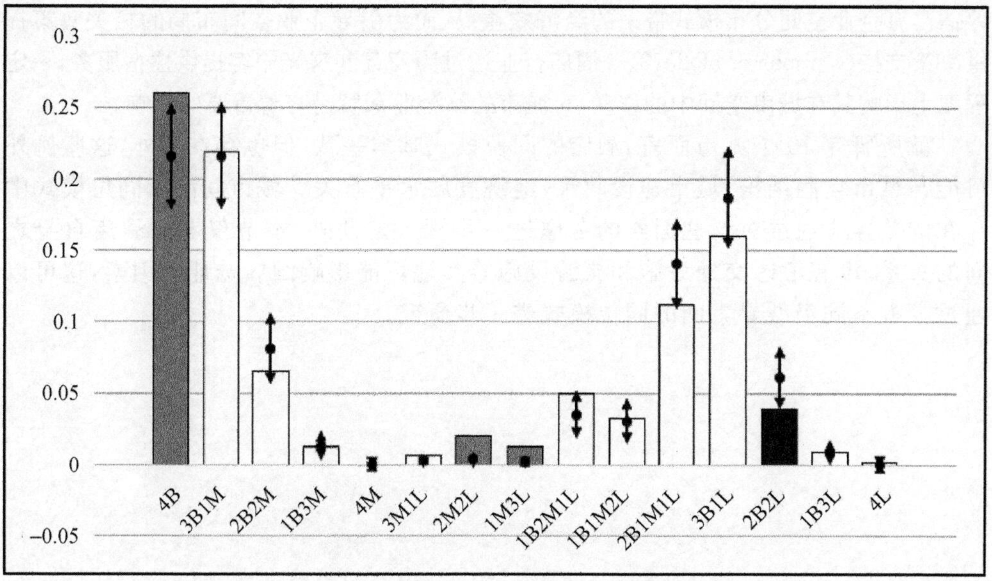

图 5.7　$m=4, r=1$ 时的酒店分布模式

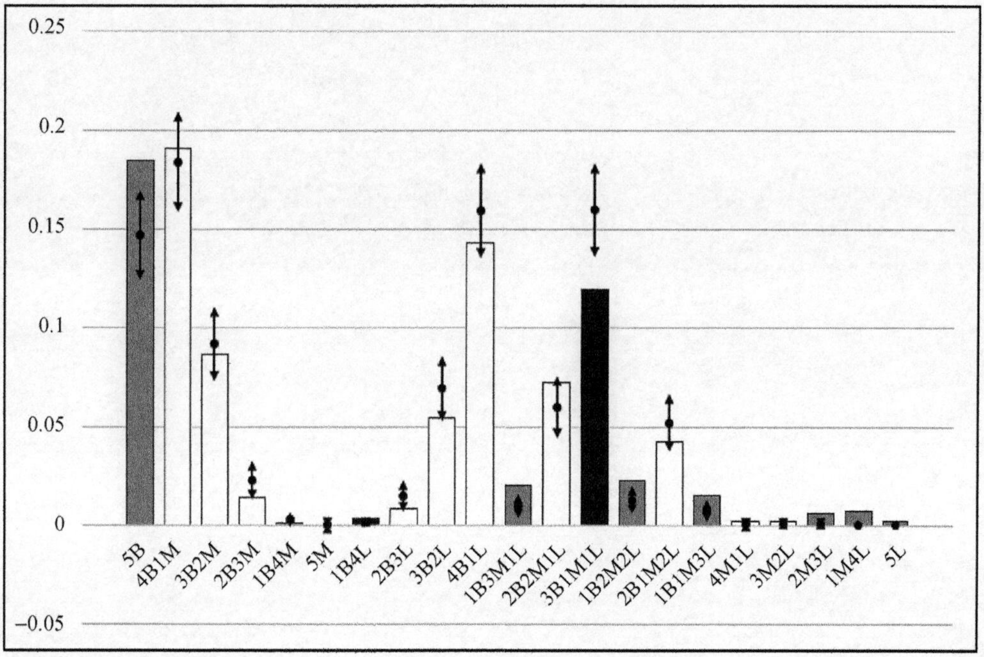

图 5.8　$m=5, r=3$ 时的酒店分布模式

应带来的利益，回避不利同位模式带来的不良影响。对于规划者而言，企业空间分布对城市人口、交通、经济发展的影响往往需要在规划时予以考虑。同位模式发现有助于

评估已有企业空间分布模式带来的经济效益，从而为引导企业空间布局的相关政策提供决策支持(Campos et al，2012)。酒店行业通过为商务和观光旅客提供住宿服务，一定程度上影响其在城市空间中的移动，对城市的旅游业和贸易有着重要的影响。

就所研究 10 个城市而言，酒店的同位模式基本一致，但也存在例外，这些例外可能与城市空间结构、城市建设政策、经济发展水平有关。城市间酒店同位模式中存在的差异应通过对这些因素的考虑进一步深入。此外，本节仅考虑酒店自身之间的关系，没有考虑交通设施和旅游设施等其他可能影响酒店选址的因素，这可以通过挖掘不同类型要素间的同位模式进一步研究。

第 6 章　派生模式提取

§6.1　概　述

随着测绘与地理信息技术的不断发展，矢量数据获取困难的问题已得到根本改善。然而无论是官方（如国家测绘部门）提供的数据，还是非官方（如OpenStreetMap，OSM）提供的数据，一般而言仅包含几何层次的点、线、面和一些专题信息，很少包含接近于人们思维以及适宜认知的高阶信息。例如，可以很轻易地得知几何上的面群目标代表建筑物群，然而该建筑物群代表工业区还是商业区不得而知。提供此类高阶信息有助于改善数据的可用性，满足用户的需求，更接近于朴素地理学的思想（Egenhofer et al，1995；Lüscher et al，2013）。地理信息科学领域的学者已经做了一些前沿研究，包括建筑物的排列模式识别（Regnauld，2001）、岛礁结构的识别（Steiniger et al，2006）、城市建筑物结构的分类（Steiniger et al，2008）、山区的界定（Chaudhry et al，2008a）、居民地边界（Chaudhry et al，2008b）和城市中心的提取（Lüscher et al，2013）等。然而，此类研究主要的难点在于高阶信息的定义具有较强的不确定性，由此带来的提取方法中各类信息的使用以及多种参数的设置具有较强的主观性。

本章主要关注高阶信息的提取，§6.2 提出一种基于 Gi* 和网络核密度的城市中心提取方法。

§6.2　城市中心的提取

6.2.1　城市中心的概念

城市中心是一类应用广泛的高阶信息。在 Thurstain-Goodwin 等（2000）对城市零售活动的监控研究以及 Makse 等（1995）对城市的发展研究中，城市中心都是必须要考虑的因素。

然而，城市中心的概念目前没有定论。城市的中心商务区（central business district，CBD）作为城市的经济社会中心，一般被认为是城市的中心（Thurstain-Goodwin et al，2000；Murphy et al，1954），如 Murphy 等（1954）将中心商务区描述为“城市的心脏”，在城市的商务和社会活动中具有核心作用。Jiang 等（2012）基于道路形成街区的边界数提出了拓扑中心的概念，拓扑中心为边界数最高的区域，它可用于寻找城市中心。Lüscher 等(2013)通过认知实验获取公众对城市中心的概念认知，如城市中心有哪些功能特点、与其他地区有哪些不同之处等，根据这些知识建立城市中心的模型来将“城市中心”这一概念进行量化表达。

6.2.2 已有提取方法

城市中心的提取方法可以大致分为四类。第一类通过道路网形成街区的拓扑结构来确定国家或城市的拓扑中心(Jiang et al，2012；Gao et al，2015)。第二类通过众包方式获取信息，并从中提炼出城市中心，如 Montello 等(2003)通过对城市居民进行调查来获取公众认知中的市中心，Hollenstein 等(2010)对 Flickr 图片分享网站上带有“城市中心”标签的图片进行分析，从而确定城市的中心。第三类利用城市中心具有特定的用地类型和设施的特点进行统计分析，来获取城市中心。如 Murphy 等(1954)根据城市商品零售点、营利服务点等典型设施所属土地利用类型的面积所占城市街区面积的比例来提取城市 CBD，以此作为城市的中心。又如 Yu 等(2015)采用了城市的关注点(point of interest，POI)数据，对其进行网络核密度分析计算出中心度，并提取一定标准差值的等值线区域作为城市中心商务区。第四类方法是第二类和第三类方法的有机结合。Lüscher 等(2013)首先通过问卷实验获取公众对城市中心的理解，并以此建立城市中心模型，运用该模型计算城市区域栅格化后像元的中心典型度，然后对不同类型的要素分别采用不同的方法计算典型度，根据城市中心模型进行加权计算得到中心典型性，最后通过区域增长算法得到城市中心。该方法通过对公众知识的形式化表达来定义城市中心，而不是简单地用中心商务区代替，得到的城市中心更贴合于公众的认知。然而，其案例数据仅限于英国城市，对不同区域的城市而言，由于地理和文化环境不同，人们对于城市中心的认知不同，模型需考虑的因素也会不同。有鉴于此，本节提出一种单纯利用城市道路网和特定类型的关注点来提取城市中心的新方法。

6.2.3 基于 Gi* 与网络核密度的城市中心提取

一般而言，对于城市中心的特征，有两条经验知识较为普遍，也能达成共识。第一，城市中心一般为道路网密集区；第二，城市中心包含达到一定密度的特定类型的设施(可抽象为关注点)。基于此，本小节首先运用空间自相关研究领域常用的 Gi* 指标探测道路网的密集区，确定包含城市中心的大致区域；然后针对该区域中特定类型的关注点，运用网络核密度缩小该区域的范围，提取精确的城市中心。

1. 基于 Gi* 的道路网密集区提取

由道路网构成的元胞反映了道路网的分布模式，道路网密集区对应于小面积元胞集聚区，道路网稀疏区对应于大面积元胞集聚区。Getis-Ord 的 Gi^* 是常用的描述局部空间自相关的统计量，用于挖掘具有统计显著性的局部高值与低值集聚的区域（Ord et al，1995；ESRI，2013；Truong et al，2011），其具体计算已经在 2.4.3 小节的式(2.12)给出。其计算结果体现为每个待分析要素属性值的 z 得分和 p 值，z 得分是变量观测值与期望值的偏差与变量标准差的比值，p 值表示由随机过程产生所观测到的变量模式的概率。如果 z 得分高且 p 值小，则表示存在高值的空间集聚，如果 z 得分低并为负数且 p 值小，则表示存在低值的空间集聚。z 得分绝对值越高，集聚程度就越大。如果 z 得分接近于 0，则表示不存在明显的空间集聚（ESRI，2013）。

权系数的设置方法涉及对空间中两点之间相互作用方式的不同建模，一般是空间距离的函数。常用的方式有固定距离法、反距离法、面邻接法、无差别区域法等，有关概念和对比分析在 6.2.5 敏感性分析这一小节中详细介绍。此处选择固定距离法，即与一个元胞一定距离内的其他元胞间的权重为 1，在距离之外的权重为 0。对于合适的距离阈值的确定，其原则如下（ESRI，2013；Truong et al，2011）：①使用足够大的距离范围，确保所有元胞都至少具有一个相邻元胞；②使用可反映最大空间自相关的距离范围，即根据不同距离阈值计算反映空间自相关的 Moran's I 值及其对应的 $z(I)$，选择 $z(I)$ 的峰值对应的距离作为距离阈值；③如果考察变量（本例中为元胞面积）呈现厚尾现象，在这种情况下每个要素需要 8 个邻居（Truong et al，2011）。根据上述原则，以本书研究中的城市 Liverpool 为例，其道路网元胞面积分布如图 6.1(a)所示，呈现厚尾现象，保证每个要素至少都有 8 个邻居的最小距离为 1 151 m。各个距离阈值下对应的 $z(I)$ 值如图 6.1(b)所示，$z(I)$ 的峰值为 10.49，对应距离阈值 1 851 m，因此选择 1 851 m 为距离阈值。

由于需要筛选出尽可能集中的道路网高密度区域，结合实验结果，将假设检验的显著性水平从通常的 0.05 降至 0.01。此时，Gi^* 值大于 2.58 且 p 值小于 0.01 的元胞对应于 99%置信度下的高值聚集单元，即热点，Gi^* 值小于 −2.58 且 p 值小于 0.01 的元胞对应于 99%置信度下的低值聚集单元，即冷点，对应于道路密集区，如图 6.2 所示。

2. 基于网络核密度的精确中心提取

核密度估计是一种由有限个样本估计该随机变量的概率密度函数的非参数方法。核密度估计方法不利用有关数据分布的先验知识，对数据分布不附加任何假定，是一种从数据样本本身出发研究数据分布特征的方法（李存华 等，2004）。核密度估计方法的优势在于其能够在整个研究区域的任意处计算点位强度（O'Sullivan et al，2010）。为了从有限的数据样本中估计任意点的密度，需要用到一个随距离递减或至少不递增的核函数。由于核函数递减的特性符合地理学第一

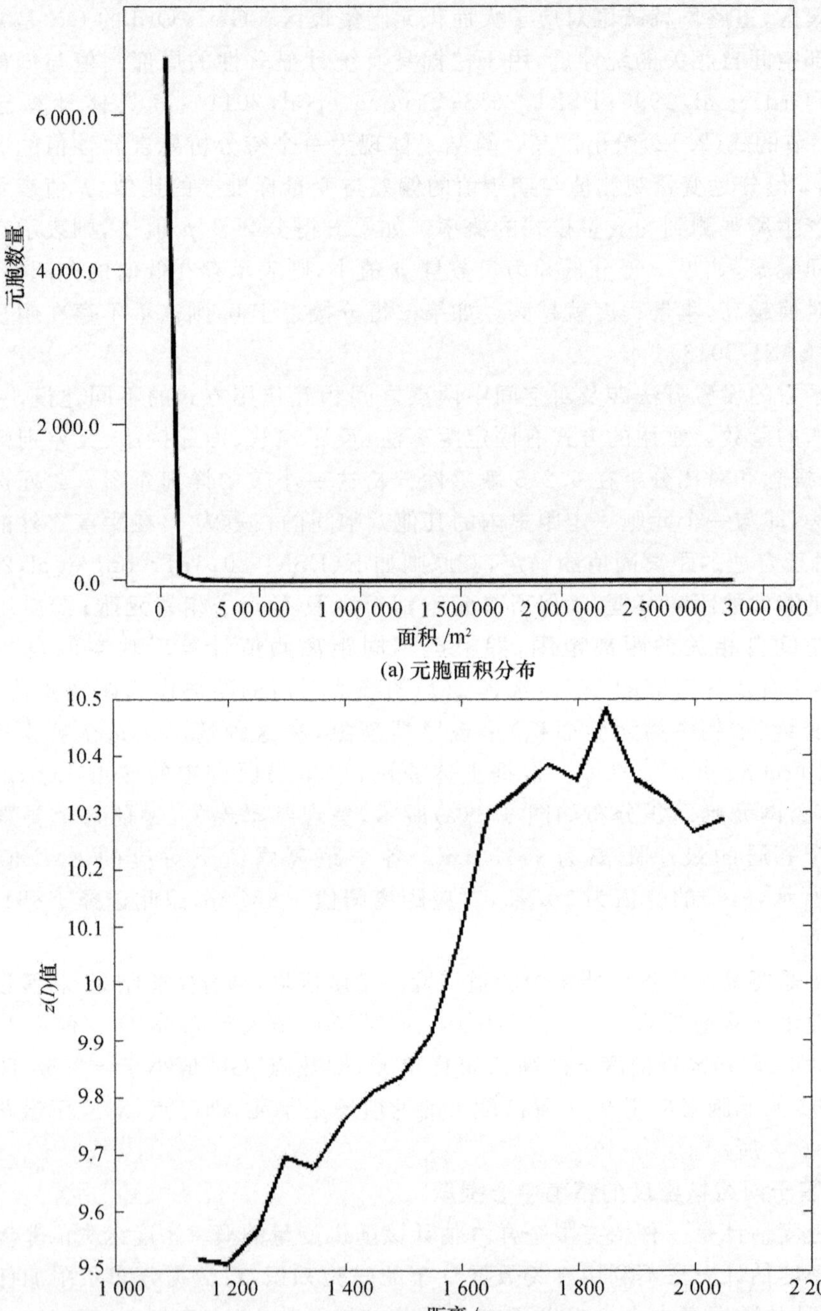

图 6.1　Liverpool 的元胞面积分布和元胞面积 $z(I)$ 值变化曲线

定律，因此核密度估计也适用于地理要素的空间分布。在点要素的空间分析中，其公式表达为：

$$f(s)=\sum_{i=1}^{n}\frac{1}{h^2}K\left(\frac{s-c_i}{h}\right) \tag{6.1}$$

式中：$f(s)$为空间位置 s 处的核密度估计值；h 为距离衰减参数，即所谓带宽，其取值在 6.2.5 小节敏感性分析中讨论；n 为在位置 s 的半径为 h 的邻域内样本点数量；$K(\cdot)$即核函数，有时又称为空间权重函数。

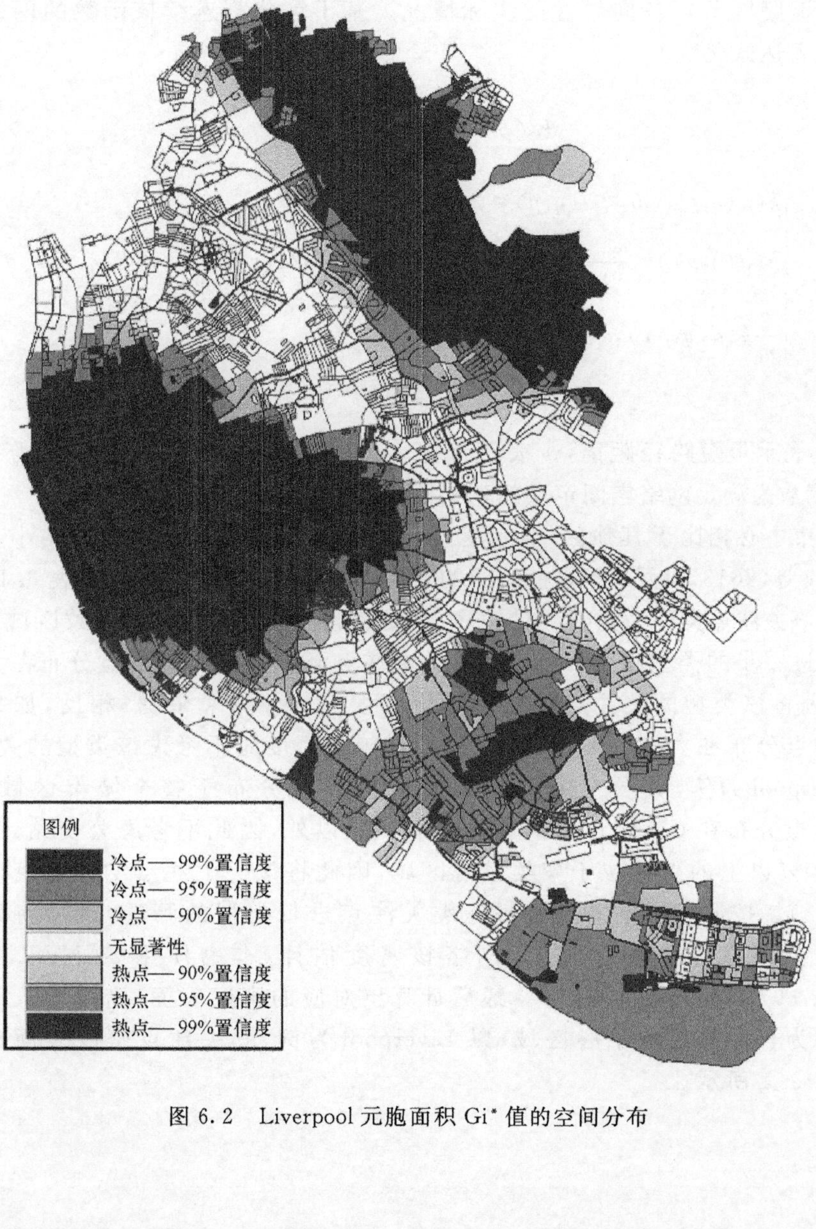

图 6.2　Liverpool 元胞面积 Gi* 值的空间分布

网络核密度即网络空间约束下的核密度估计，该方法基于网络的最短路径距离进行核密度分析，能够反映点要素在网络空间下沿路径的密度分布特征。在将核密度的概念由欧氏空间扩展为网络空间的过程中，直接将欧氏距离替换为网络最短路径距离会导致结果失去统计上的无偏性。因此在网络空间分析中，核函数比欧氏空间中常用的定义更为复杂，以便使核密度的定义适应网络空间的结构（Okabe et al，2009）。如 Okabe 等（2012）所提出的等分割核函数，包括等分割离散核函数和等分割连续核函数，其中等分割连续核函数更符合道路网节点各向异性的实际情况。基于等分割连续核函数的网络核密度计算表达式为：

$$K(p)=\frac{1}{n}\sum_{i=1}^{n}K_{p_i}(p) \tag{6.2}$$

$$K_q(p)=\begin{cases}k(d(q,p)),0\leqslant d(q,p)<2d(q,v_1)-h\\ k(d(q,p))-\dfrac{n_1-2}{n_1}k(2d(q,v_1)-d(q,p)),2d(q,v_1)-h\leqslant d(q,p)<d(q,v_1)\\ \dfrac{2}{n_1}k(d(q,p)),d(q,v_1)\leqslant d(q,p)<h\end{cases} \tag{6.3}$$

式中：d 表示最短路径距离，v_1 表示带宽 h 范围内的道路网节点（假设为一点），$k(\cdot)$函数为满足网络空间定义的基本核函数。

城市中心相比于其他区域，包含一定数量特定类型的设施点。本小节参考 Lüscher 等（2013）以及 Yu 等（2015）的研究选取特定类型的 POI，如表 6.1 所示，然后以该关注点类型为基础，根据 Gi* 所提取的包含城市中心的大致区域对关注点进行进一步的类型筛选。若某类型的关注点至少存在 70%的点分布在大致区域中，则将该类型的关注点作为设施核密度的部分计算依据；相反，如果超过 30%的点分布在大致区域以外，则计算设施核密度时不考虑该类型的关注点。以 Liverpool 为例，其公交站点类的关注点广泛分布于整个城市区域，超过 30%的点分布在 Gi* 统计下的聚类显著区域以外，因此不考虑公交站点，而咖啡馆 70%以上的点都位于聚类显著区域，因此将该类关注点纳入核密度计算（图 6.3）。按照相同的方法对每一类关注点进行类似的筛选，最后将筛选出的所有关注点作为整体，进行网络核密度估计，本书使用 SANET 工具箱（Okabe et al，2006）进行计算。最后计算出对应的密度表面，密度值大于 0 的区域即为合适的城市中心区域，以 Liverpool 为例，其关注点密度表面计算结果如图 6.4 所示。

表 6.1　城市中心提取相关的关注点类型

设施分类	关注点类型
住宿、餐饮	如餐馆、酒吧、咖啡馆
景点	如艺术中心
商业设施	如商店、银行
运动、娱乐	如剧院、电影院、夜店
公共交通	如公交站点

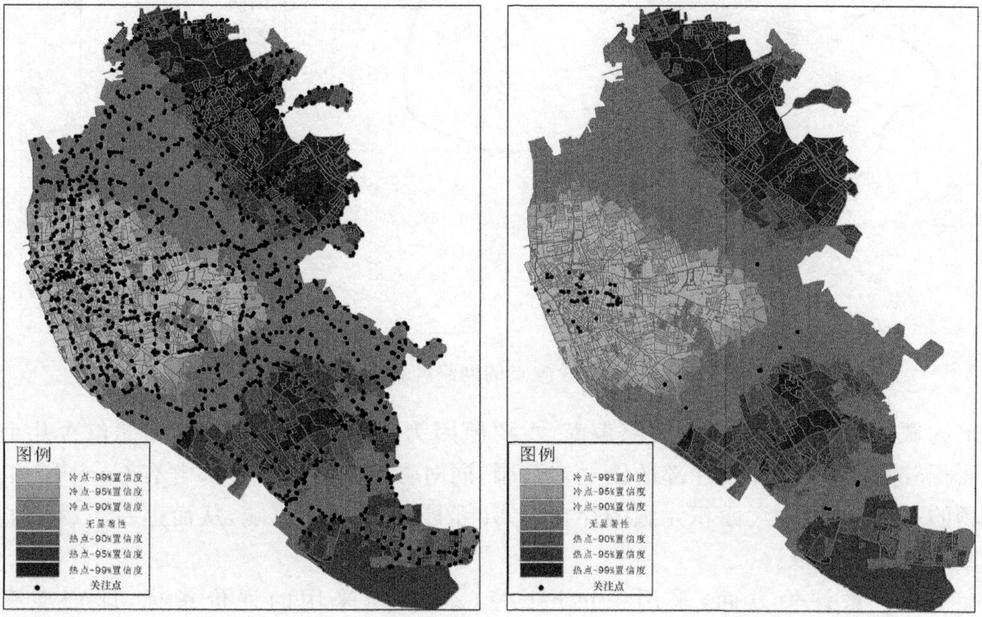

(a) 公交站点　(b) 咖啡馆

图 6.3　Liverpool 公交站点和咖啡馆的关注点分布

6.2.4　结果与评价

图 6.5 显示由本方法得到的城市中心与参考中心之间的对比。从视觉认知层面，计算出的城市中心与参考中心大致重合。其中 Liverpool 计算出的城市中心略小于参考中心，由于关注点类型的选择和参考中心的确定均参考 Lüscher 等(2013)的研究，因此提取的城市中心偏小的原因与之类似，即城市中心相关关注点的密度表面计算没有考虑居民地和工业区，而参考中心来源于旅游地图，因其含有旅游景点，包含了部分居民和工业区域，因而计算得到的城市中心略小。Toronto 计算得到的城市中心与参考中心相比略偏西，主要原因为参考中心东部为唐河，该河段两岸绿化程度较高，属于非商业区，因此含有关注点数量较少。Curitiba 计算

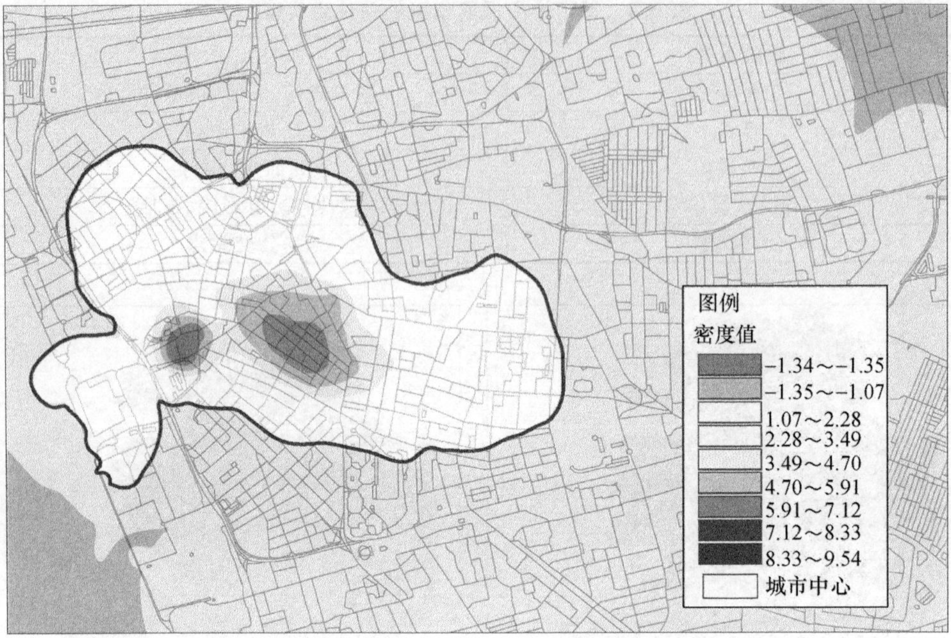

图 6.4　Liverpool 设施点的网络核密度(带宽＝600m)

出的城市中心较于参考中心略偏南，主要原因为参考中心西北部及北部包含几个面积较大的公园，如西北部的巴立吉公园，同时参考中心的东北部含有 Curitiba 机场的一部分，这些大面积元胞的存在对 Gi^* 的计算造成了影响，从而进一步影响了城市中心的提取。

在定量评价方面，采用 Lüscher 等(2013)所采用的评价指标，即查准率(precision)、查全率(recall)和 F_1 得分，其具体计算如下：

$$\text{precision} = \frac{a_{\text{overlap}}}{a_{\text{computed}}} \tag{6.4}$$

$$\text{recall} = \frac{a_{\text{overlap}}}{a_{\text{comparative}}} \tag{6.5}$$

$$F_1 = 2 \times \frac{\text{precision} \times \text{recall}}{\text{precision} + \text{recall}} \tag{6.6}$$

式中：a_{computed} 为计算出的城市中心面积，$a_{\text{comparative}}$ 为参考中心的面积，a_{overlap} 为计算中心与参考中心重合部分的面积。越高的 F_1 得分表示两个中心的重合度越高。对 3 个城市的城市中心进行定量评价的结果如表 6.2 所示，可见计算出的城市中心与参考中心之间的一致性比较高。

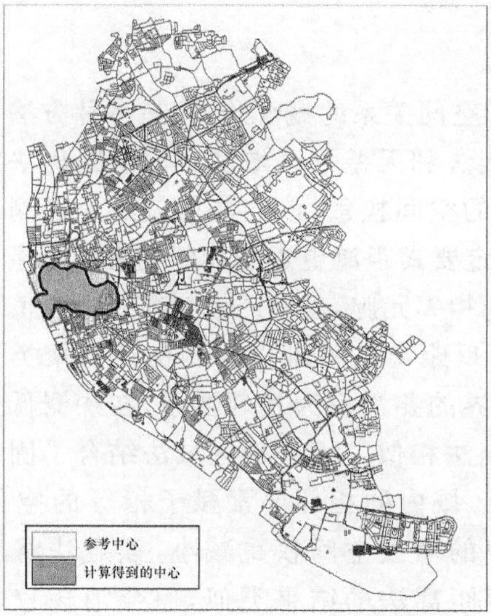

(a)Liverpool计算出的城市中心

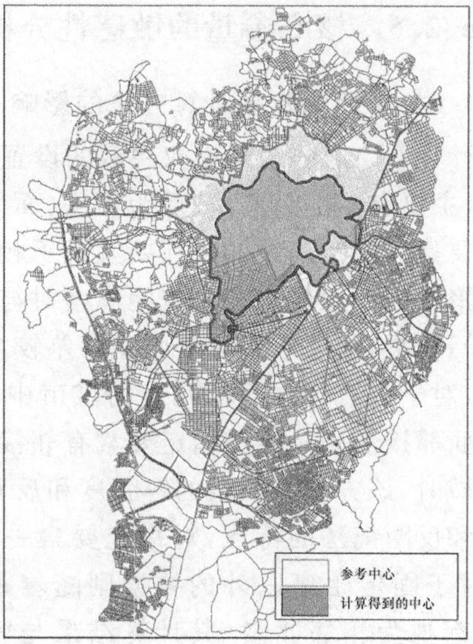

(b)Curitiba计算出的城市中心

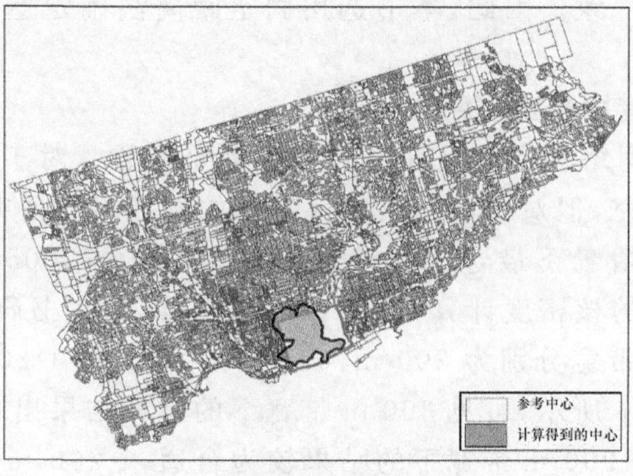

(b)Toronto计算出的城市中心

图 6.5　本方法得到的城市中心与参考中心的对比

表 6.2　计算得到的城市中心与参考中心重合度的比较

城市	带宽/m	参考中心		
		查准率	查全率	F_1得分
Liverpool	600	0.78	0.67	0.73
Toronto	900	0.80	0.63	0.71
Curitiba	600	0.74	0.53	0.61

6.2.5 核心参量的敏感性分析

1. Gi* 中距离权重计算方法的影响

计算 Gi* 值的过程中权系数的设置(即空间关系的概念化)存在多种方法可供选择,主要有固定距离法、反距离法、面邻接法和无差别区域法。固定距离法对距指定要素一定距离内的相邻要素赋予相等的空间权重,该方法能较好地探测出空间集聚区。反距离法在一定距离内对与指定要素距离更近的相邻要素会赋予更高的空间权重,这意味着对于面积相差较大的相邻元胞,其 Gi* 值将会对面积值十分敏感,对于含有较大面积元胞的城市中心,反距离法将难以探测出低值聚类显著区。面邻接法则只将与指定要素有邻接边界的要素视为相邻要素,在探测低值聚类区域时,该方法对高值的容忍度和反距离法相似。无差别区域法结合了固定距离法和反距离法的特点,对指定要素一定区域内的相邻要素赋予相等的空间权重,对于固定距离以外的要素则随着距离的增大空间权重减小,该方法将所有要素都视为相邻要素,其计算结果与固定距离法的结果类似,但会消耗较长的时间。图 6.6 所示为 Liverpool 在各种方法下 Gi* 值的计算结果对比,该结果与上述理论分析一致。因此,本书选用固定距离法确定空间要素的关系和权重具有其实用性。

2. 网络核密度中带宽的影响

带宽是计算网络核密度过程中的一个重要参数。对于平面核密度带宽的选择已有相应研究,但对于网络核密度带宽的选择目前研究较少,而且不同的数据特点和研究情景下最合适的带宽不一样(Batty,2005),因此本实验通过尝试多种带宽下的核密度计算,确定 600～900 m 为本书研究的适宜带宽。以 Toronto 为例,在带宽分别为 300 m、600 m、900 m 和 1 200 m 时的设施点网络核密度如图 6.7 所示,可见 300 m 带宽下的计算结果出现空洞现象,说明带宽过小,600 m 和 900 m 带宽下的结果较为合适,1 200 m 带宽下的结果区域较小,说明带宽过大。

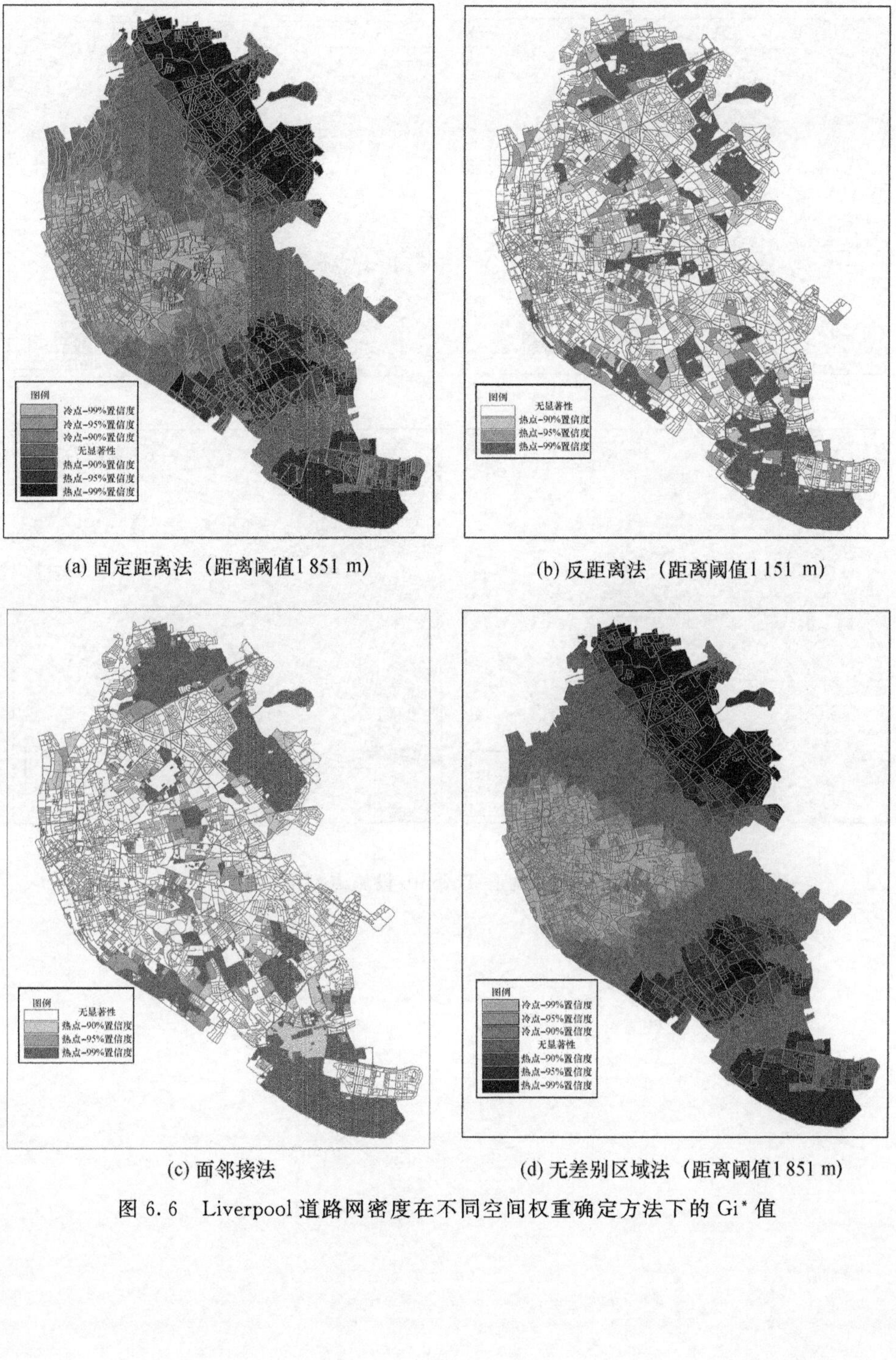

(a) 固定距离法（距离阈值1 851 m）　(b) 反距离法（距离阈值1 151 m）

(c) 面邻接法　(d) 无差别区域法（距离阈值1 851 m）

图 6.6　Liverpool 道路网密度在不同空间权重确定方法下的 Gi* 值

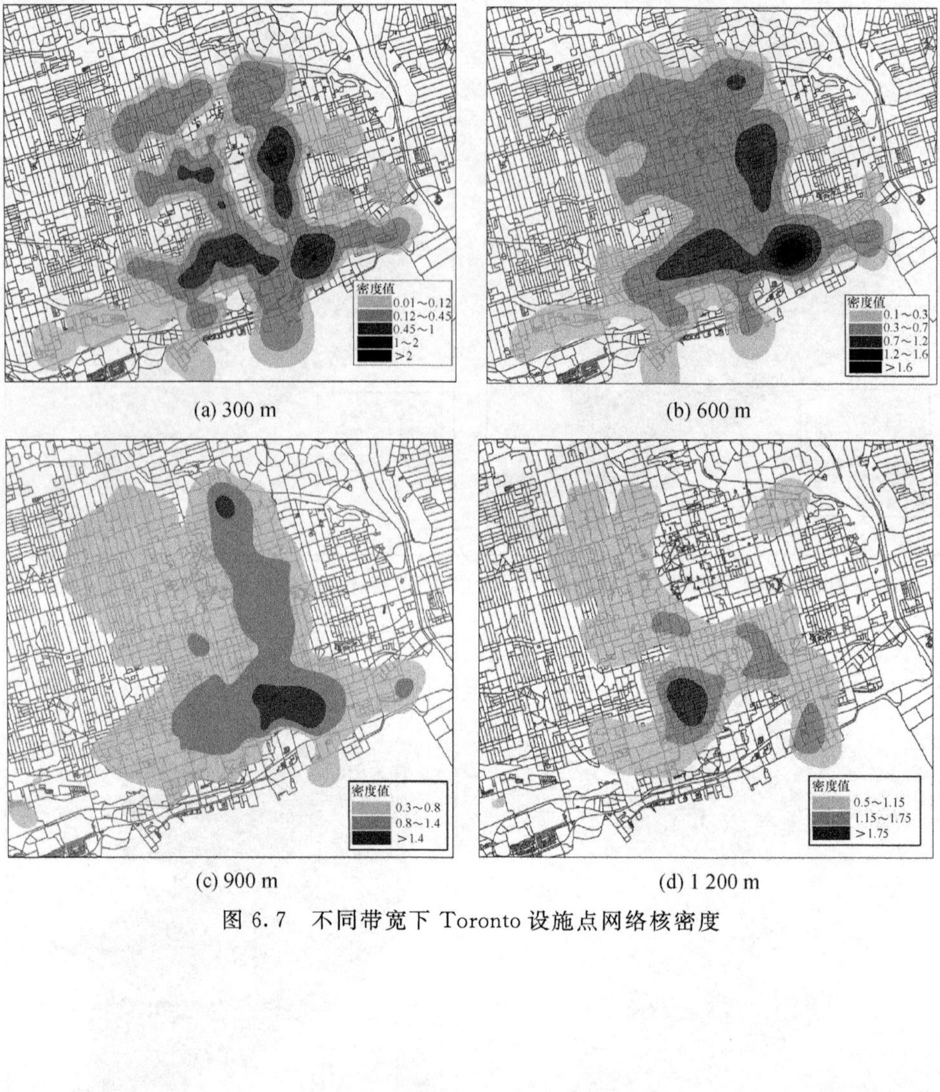

(a) 300 m (b) 600 m

(c) 900 m (d) 1 200 m

图 6.7 不同带宽下 Toronto 设施点网络核密度

参考文献

边馥苓，万幼，2009. k-邻近空间关系下的空间同位模式挖掘算法[J]. 武汉大学学报(信息科学版)，34(3)：331-334，338.

陈军，胡云岗，赵仁亮，等，2007. 道路数据缩编更新的自动综合方法研究[J]. 武汉大学学报(信息科学版)，32(11)：1022-1027.

董鉴泓，1991. 隋唐长安城与北宋东京(汴梁)城的比较研究[J]. 同济大学学报社会科学版(2)：1-9.

段德忠，刘承良，2013. 随机故障、蓄意攻击与城乡道路网空间稳定性——以武汉城市圈为例[J]. 长江流域资源与环境，22(9)：1123-1132.

高义，苏奋振，周成虎，等，2011. 基于分形的中国大陆海岸线尺度效应研究[J]. 地理学报，66(3)：331-339.

韩明安，1991. 模式[M]//韩明安. 新语词大词典. 哈尔滨：黑龙江人民出版社，329.

胡文华，李建民，胡振鹏，2002. 模式与设计模式[J]. 计算机与现代化(12)：12-15.

李存华，孙志挥，陈耿，等，2004. 核密度估计及其在聚类算法构造中的应用[J]. 计算机研究与发展，41(10)：1712-1719.

李德仁，钱新林，2010. 浅论自发地理信息的数据管理[J]. 武汉大学学报(信息科学版)，35(4)：379-383.

李德仁，邵振峰，2009. 论新地理信息时代[J]. 中国科学(信息科学)，39(6)：579-587.

李德仁，王树良，李德毅，2006. 空间数据挖掘理论与应用[M]. 北京：科学出版社.

李德仁，王树良，史文中，等，2001. 论空间数据挖掘和知识发现[J]. 武汉大学学报(信息科学版)，26(6)：491-499.

李合群，2005. 北宋东京布局研究[D]. 郑州：郑州大学.

李霖，吴凡，2005. 空间数据多尺度表达模型及其可视化[M]. 北京：科学出版社.

李永树，刘刚，张帅毅，2012. 基于 GIS 的多粒度复杂网络模型[J]. 西南交通大学学报，47(3)：406-412.

梁进社，2009. 地理学的十四大原理[J]. 地理科学，29(3)：307-315.

栾学晨，杨必胜，张云菲，2012. 城市道路复杂网络结构化等级分析[J]. 武汉大学学报(信息科学版)，37(6)：728-732.

孟斌，王劲峰，2005. 地理数据尺度转换方法研究进展[J]. 地理学报，60(2)：277-288.

秦颖，2008. 北京市典型区域交通流量空间分布特征的初步研究[D]. 北京：北京交通大学.

孙庆先，李茂堂，路京选，等，2007. 地理空间数据的尺度问题及其研究进展[J]. 地理与地理信息科学，23(4)：53-56，80.

王国红，2010. 知识溢出与产业集群中的企业学习研究[M]. 北京：科学出版社.

王家耀,1993.普通地图制图综合原理[M].北京:测绘出版社.

王明,李清泉,胡庆武,等,2013.面向众源开放街道地图空间数据的质量评价方法[J].武汉大学学报(信息科学版),38(12):1490-1494.

吴学花.2010.中国制造业区域集聚研究[M].北京:经济科学出版社.

徐柱,刘彩凤,张红,等,2012.基于路划网络功能评价的道路选取方法[J].测绘学报,41(5):769-776.

遥感学报编辑部,2014."遥感尺度效应和尺度转换"论坛简报[J].遥感学报,18(4).

张娜,2006.生态学中的尺度问题:内涵与分析方法[J].生态学报,26(7):2340-2355.

中华人民共和国国家质量监督检验检疫总局,2007.国家经济行业分类:GB/T 4754—2002[S].北京:中国标准出版社.

周文良,2010.制造业的集聚、扩散及其政策选择:基于广东省的分析[M].北京:经济科学出版社.

ALBERT R,JEONG H,BARABÀSI A,2000. Error and attack tolerance of complex networks[J]. Nature,406(6794):378-382.

ALFRED V,2014. Algorithms for finding patterns in strings[J]. Algorithms and Complexity,1:255-300.

Amiti M, 2005. Location of vertically linked industries: agglomeration versus comparative advantage[J]. European Economic Review,49(4):809-832.

ARBIA G,ESPA G,QUAH D,2008. A class of spatial econometric methods in the empirical analysis of clusters of firms in the space[J]. Empirical Economics,34(1):81-103.

BAFNA S,2003. Space Syntax: A Brief Introduction to Its Logic and Analytical Techniques[J]. Environment and Behavior,35(1):17-29.

BAILEY D,HERZOG F,AUGENSTEIN I,et al,2007. Thematic resolution matters: Indicators of landscape pattern for European agro-ecosystems[J]. Ecological Indicators,7(3):692-709.

BARABASI A L,ALBERT R,1999. Emergence of scaling in random networks[J]. Science,286(5439):509-512.

BARTHÉLEMY M,FLAMMINI A,2008. Modeling urban street patterns[J]. Physical Review Letters,100(13): 138702.

BATTY M,2005. Network geography: relations,interactions,scaling and spatial processes in GIS[M]//Fisher P. Re-presenting Geographical Information Systems. Chichester: John Wiley and Sons:149-170.

BATTY M,RANA S,2002. Reformulating space syntax: the automatic definition and generation of axial lines and axial maps[R]. London: Centre for Advanced Spatial Analysis,University College London.

BAUM J A,MEZIAS S J,1992. Localized competition and organizational failure in the Manhattan hotel industry,1898—1990[J]. Administrative Science Quarterly,37(4):580-604.

BEMBENIK R,RYBIŃSKI H,2009. FARICS: a method of mining spatial association rules and collocations using clustering and Delaunay diagrams[J]. Journal of Intelligent Information

Systems,33(1):41-64.

BENZ S A, WEIBEL R, 2014. Road network selection for medium scales using an extended stroke-mesh combination algorithm[J]. Cartography and Geographic Information Science, 41 (4): 323-339.

BOGUÑÁ M, PASTOR-SATORRAS R, 2002. Epidemic spreading in correlated complex networks[J]. Physical Review E,66(4):47104.

BORRUSO G,2008. Network Density Estimation: a GIS approach for analysing point patterns in a network space[J]. Transactions in GIS,12(3):377-402.

BRASSEL K E, WEIBEL R, 1988. A review and conceptual framework of automated map generalization[J]. International Journal of Geographical Information Science,2(3):229-244.

BUHL J,GAUTRAIS J,REEVES N,et al,2006. Topological patterns in street networks of self-organized urban settlements[J]. The European Physical Journal B,49(4):513-522.

CALDARELLI G, PASTOR-SATORRAS R, VESPIGNANI A, 2004. Structure of cycles and local ordering in complex networks[J]. The European Physical Journal B,38(2):183-186.

CAMPOS C,PROTHERO R. (2012-11-08)[2017-01-08]. The spatial distribution of industries [EB/OL]. http://webarchive. nationalarchives. gov. uk/20160105160709/http:/www. ons. gov. uk/ons/dcp171766_285278. pdf.

CANINA L,ENZ C A,HARRISON J S,2005. Agglomeration effects and strategic orientations: evidence from the U. S. lodging industry[J]. Academy of Management Journal, 48 (4): 565-581.

CHAN S H Y,DONNER R V,LÄMMER S,2011. Urban road networks-spatial networks with universal geometric features? [J]. The European Physical Journal B,84(4):563-577.

CHAUDHRY O, MACKANESS W A. (2006-05-19) [2006-05-19]. Rural and urban road network generalization deriving 1 : 250000 from OS MasterMap[EB/OL]. www. era. lib. ed. ac. uk/bitstream/1842/1137/1/ochaudry001. pdf.

CHAUDHRY O Z,MACKANESS W A,2008a. Creating mountains out of mole hills: automatic identification of hills and ranges using morphometric analysis[J]. Transactions in GIS,12(5): 567-589.

CHAUDHRY O, MACKANESS W A, 2008b. Automatic identification of urban settlement boundaries for multiple representation databases [J]. Computers Environment and Urban Systems,32(2):95-109.

CHEN J,HU Y,LI Z,et al,2009. Selective omission of road features based on mesh density for automatic map generalization[J]. International Journal of Geographical Information Science,23 (8):1013-1032.

CHEN Y,ZHANG Y,HU J,et al,2006. Pattern discovering of regional traffic status with self-organizing maps[C]// Intelligent Transportation Systems Conference. IEEE: 647-652.

CHUNG W, KALNINS A, 2001. Agglomeration effects and performance: a test of the texas lodging industry[J]. Strategic Management Journal,22(10):969-988.

CLAUSET A,SHALIZI C R,NEWMAN M E,2009. Power-law distributions in empirical data [J]. SIAM Review,51(4):661-703.

COLIZZA V, FLAMMINI A, SERRANO M A, et al, 2006. Detecting rich-club ordering in complex networks[J]. Nature Physics,2(2):110-115.

CRUCITTI P, LATORA V, MARCHIORI M, 2004. Model for cascading failures in complex networks[J]. Physical Review E,69(4):45104.

CRUCITTI P,LATORA V,PORTA S,2006. Centrality measures in spatial networks of urban streets[J]. Physical Review E,73(3):36125.

CUSHMAN S A, MCGARIGAL K, NEEL M C, 2008. Parsimony in landscape metrics: strength,universality,and consistency[J]. Ecological Indicators,8(5):691-703.

DE MONTIS A, BARTHÉLEMY M, CHESSA A, et al, 2007. The structure of interurban traffic: a weighted network analysis[J]. Environment and Planning B: Planning and Design,34(5):905-924.

DIAKOULAKI D,MAVROTAS G,PAPAYANNAKIS L,1995. Determining objective weights in multiple criteria problems: the critic method[J]. Computers and Operations Research,22(7):763-770.

DUAN Y,LU F,2014. Robustness of city road networks at different granularities[J]. Physica A: Statistical Mechanics and Its Applications,411:21-34.

DUAN Y,LU F,2013. Structural robustness of city road networks based on community[J]. Computers,Environment and Urban Systems,41:75-87.

EDWARDES A J,MACKANESS W A,2000. Intelligent generalisation of urban road networks [C]// Proceedings of GISRUK 2000 Conference. York: 1-85.

EGAN D J,NIELD K,2000. Towards a theory of intraurban hotel location[J]. Urban Studies,37(3):611-621.

EGENHOFER M J,MARK D M,1995. Naive geography[C]// Spatial Information Theory A Theoretical Basis for GIS. Berlin: Springer: 1-15.

ESRI. (2013-07-10)[2013-07-10]. ArcGIS Desktop 10. 0 Help[EB/OL]. http://www. esri. com.

FAN C,MYINT S,2014. A comparison of spatial autocorrelation indices and landscape metrics in measuring urban landscape fragmentation[J]. Landscape and Urban Planning,121:117-128.

FENG Y,LIU Y,2015. Fractal dimension as an indicator for quantifying the effects of changing spatial scales on landscape metrics[J]. Ecological Indicators,53:18-27.

FERNÁNDEZ M C L,BEDIA A M S,2004. Is the hotel classification system a good indicator of hotel quality?: an application in Spain[J]. Tourism Management,25(6):771-775.

FIGUEIREDO L,AMORIM L,2007. Decoding the urban grid: or why cities are neither trees nor perfect grids[C]// Proceedings of the 6th International Space Syntax Symposium,Istanbul 12-15 June 2007. Istanbul,Turkey: ITU Faculty of Architectur.

GAO L,MIAO Y,QIN Y,et al,2015. Finding topological center of a geographic space via road network[J]. Physica A: Statistical Mechanics and Its Applications,419:128-133.

GIRRES J, TOUYA G, 2010. Quality assessment of the French OpenStreetMap dataset[J]. Transactions in GIS, 14(4): 435-459.

GOETZ M, 2012. Using crowdsourced indoor geodata for the creation of a three-dimensional indoor routing web application[J]. Future Internet, 4(2): 575-591.

GOODCHILD M F, 2007. Citizens as sensors: the world of volunteered geography[J]. GeoJournal, 69(4): 211-221.

GRIFFITH J A, MARTINKO E A, PRICE K P, 2000. Landscape structure analysis of Kansas at three scales[J]. Landscape and Urban Planning, 52(1): 45-61.

GUO L, DU S, HAINING R, et al, 2013. Global and local indicators of spatial association between points and polygons: a study of land use change[J]. International Journal of Applied Earth Observation and Geoinformation, 21: 384-396.

HAGENAUER J, HELBICH M, 2012. Mining urban land-use patterns from volunteered geographic information by means of genetic algorithms and artificial neural networks[J]. International Journal of Geographical Information Science, 26(6): 963-982.

HAKLAY M, 2010. How good is volunteered geographical information? a comparative study of OpenStreetMap and Ordnance Survey datasets[J]. Environment and Planning B: Planning and Design, 37(4): 682-703.

HE Y, AI T, YU W, et al, 2017. A linear tessellation model to identify spatial pattern in urban street networks[J]. International Journal of Geographical Information Science, 31(8): 1541-1561.

HEINZLE F, ANDERS K H, 2007. Characterising space via pattern recognition techniques: Identifying patterns in road networks[M]//Generalisation of Geographic Information: Cartographic Modelling and Applications. Elsevier: 233-253.

HEINZLE F, ANDERS K H, SESTER M, 2005. Graph based approaches for recognition of patterns and implicit information in road networks[C]// Proc. 22nd International Cartographic Conference.

HEINZLE F, ANDERS K, SESTER M, 2006. Pattern recognition in road networks on the example of circular road detection[C]// Geographic Information Science. Heidelberg, Berlin: Springer: 153-167.

HEINZLE F, ANDERS K, SESTER M, 2007. Automatic detection of patterns in road networks-methods and evaluation[C]// ISPRS Joint Workshop "Visualization and Exploration of Geospatial Data". June 27-29, Stuttgart, Germany.

HILLIER B, 1996. Space is the machine: a configurational theory of architecture[M]. Cambridge, MA: Space Syntax.

HILLIER B, HANSON J, 1984. The social logic of space[M]. Cambridge, MA: Cambridge University Press.

HOLLENSTEIN L, PURVES R, 2010. Exploring place through user-generated content: using Flickr tags to describe city cores[J]. Journal of Spatial Information Science, 1(1): 21-48.

HOLME P, KIM B J, YOON C N, et al, 2002. Attack vulnerability of complex networks[J]. Physical Review E, 65(5): 056109.

HU W, 2008. Co-location Pattern Discovery[M]//Encyclopedia of GIS. US: Springer: 98-103.

HUANG J, LU XX, SELLERS J M, 2007. A global comparative analysis of urban form: Applying spatial metrics and remote sensing[J]. Landscape and Urban Planning, 82(4): 184-197.

HUANG Y, PEI J, XIONG H, 2006. Mining co-location patterns with rare events from spatial data sets[J]. Geoinformatica, 10(3): 239-260.

HUANG Y, SHEKHAR S, XIONG H, 2004. Discovering colocation patterns from spatial data sets: a general approach[J]. IEEE Transactions on Knowledge and Data Engineering, 16(12): 1472-1485.

JENELIUS E, PETERSEN T, MATTSSON L, 2006. Importance and exposure in road network vulnerability analysis [J]. Transportation Research Part A, 40: 537-560.

JI W, MA J, TWIBELL R W, et al, 2006. Characterizing urban sprawl using multi-stage remote sensing images and landscape metrics[J]. Computers, Environment and Urban Systems, 30(6): 861-879.

JIANG B, 2007. A topological pattern of urban street networks: universality and peculiarity[J]. Physica A: Statistical Mechanics and Its Applications, 384(2): 647-655.

JIANG B, 2009. Street hierarchies: a minority of streets account for a majority of traffic flow[J]. International Journal of Geographical Information Science, 23(8): 1033-1048.

JIANG B, CLARAMUNT C, 2004. Topological analysis of urban street networks [J]. Environment and Planning B: Planning and Design, 31(1): 151-162.

JIANG B, LIU C, 2009. Street-based topological representations and analyses for predicting traffic flow in GIS[J]. International Journal of Geographical Information Science, 23(9): 1119-1137.

JIANG B, LIU X, 2010. Automatic generation of the axial lines of urban environments to capture what we perceive[J]. International Journal of Geographical Information Science, 24(4): 545-558.

JIANG B, LIU X, 2012. Scaling of geographic space from the perspective of city and field blocks and using volunteered geographic information [J]. International Journal of Geographical Information Science, 26(2): 215-229.

JIANG B, ZHAO S, YIN J, 2008. Self-organized natural roads for predicting traffic flow: a sensitivity study [J]. Journal of Statistical Mechanics: Theory and Experiment, 2008(7): P7008.

JOFRE-MONSENY J, MARÍN-LÓPEZ R, VILADECANS-MARSAL E, 2011. The mechanisms of agglomeration: evidence from the effect of inter-industry relations on the location of new firms[J]. Journal of Urban Economics, 70(2/3): 61-74.

KALNINS A, CHUNG W, 2004. Resource-seeking agglomeration: a study of market entry in the lodging industry[J]. Strategic Management Journal, 25(7): 689-699.

KAZERANI A, WINTER S, 2009. Can betweenness centrality explain traffic flow[C]// Proceedings of the 12th AGILE International Conference on GIS.

KERNER B S, 2004. Spatiotemporal pattern formation in freeway traffic[M]//The Physics of Traffic. Heidelberg, Berlin: Springer: 13-61.

KIENAST F, FRICK J, VAN STRIEN M J, et al, 2015. The Swiss Landscape Monitoring Program-a comprehensive indicator set to measure landscape change[J]. Ecological Modelling, 295:136-150.

KLARQVIST B, 1993. A space syntax glossary[J]. Nordisk Arkitekturforskning(2):11-12.

KOPERSKI K, HAN J, 1995. Discovery of spatial association rules in geographic information databases[C]// Advances in Spatial Databases. US: Springer: 47-66.

LÄMMER S, GEHLSEN B, HELBING D, 2006. Scaling laws in the spatial structure of urban road networks[J]. Physica A: Statistical Mechanics and Its Applications, 363(1):89-95.

LAMB D S, DOWNS J A, LEE C, 2016. The network K-function in context: examining the effects of network structure on the network K-function[J]. Transactions in GIS, 20(3): 448-460.

LATORA V, MARCHIORI M, 2001. Efficient behavior of small-world networks[J]. Physical Review Letters, 87(19):198701.

LESLIE T F, KRONENFELD B J, 2011. The colocation quotient: a new measure of spatial association between categorical subsets of points [J]. Geographical Analysis, 43(3): 306-326.

LI Z, 2006. Algorithmic foundation of multi-scale spatial representation[M]. Boca Raton: CRC Press.

LI Z, DONG W, 2010. A stroke-based method for automated generation of schematic network maps[J]. International Journal of Geographical Information Science, 24(11):1631-1647.

LI Z, ZHOU Q, 2012. Integration of linear and areal hierarchies for continuous multi-scale representation of road networks[J]. International Journal of Geographical Information Science, 26(5):855-880.

LILLESAND T, KIEFER R W, CHIPMAN J, 2000. Remote sensing and image interpretation [M]. New York: John Wiley and Sons, 804.

LITVAK N, VAN DER HOFSTAD R, 2013. Uncovering disassortativity in large scale-free networks[J]. Physical Review E, 87(2):22801.

LIU Y, TANG W, HE J, et al, 2015. A land-use spatial optimization model based on genetic optimization and game theory[J]. Computers Environment and Urban Systems. 49:1-14.

LIU X, ZHAN F B, AI T, 2010. Road selection based on Voronoi diagrams and "strokes" in map generalization[J]. International Journal of Applied Earth Observation and Geoinformation, 12: S194-S202.

LIU X, JIANG B, 2012. Defining and generating axial lines from street center lines for better understanding of urban morphologies[J]. International Journal of Geographical Information

Science, 26(8): 1521-1532.

LOUF R, BARTHELEMY M, 2014. A typology of street patterns[J]. Journal of The Royal Society Interface, 11(101): 20140924.

LU Y, CHEN X, 2007. On the false alarm of planar K-function when analyzing urban crime distributed along streets[J]. Social Science Research, 36(2): 611-632.

LÜSCHER P, WEIBEL R, 2013. Exploiting empirical knowledge for automatic delineation of city centres from large-scale topographic databases [J]. Computers, Environment and Urban Systems, 37: 18-34.

MACKANESS W A, 2007. Understanding geographic space[M]//Generalisation of Geographic Information: Cartographic Modelling and Applications. Amsterdam: Elsevier Science: 1-10.

MAKSE H A, HAVLIN S, STANLEY H E, 1995. Modelling urban growth patterns[J]. Nature, 377(6550): 608-612.

MARSHALL S, 2005. Streets and patterns[M]. New York: Spon Press.

MASLOV S, SNEPPEN K, 2002. Specificity and stability in topology of protein networks[J]. Science, 296(5569): 910-913.

MASUCCI A P, SMITH D, CROOKS A, et al, 2009. Random planar graphs and the London street network[J]. The European Physical Journal B-Condensed Matter and Complex Systems, 71(2): 259-271.

MCGARIGAL K, CUSHMAN S A, ENE E, 2012. FRAGSTATS v4: spatial pattern analysis program for categorical and continuous maps[EB/OL]. http://www. umass. edu/landeco/research/fragstats/fragstats. html.

MISHRA S K, 2007. Construction of an index by maximization of the sum of its absolute correlation coefficients with the constituent variables[J/OL]. Ssrm Electronic Journal, 2007(3333). http://dx. doi. org/10. 2139/ssrn. 989088

MISHRA S K, 2009. The most representative composite rank ordering of multi-attribute objects by the particle swarm optimization[J/OL]. Ssrm Electronic Journal, 2009(2): 165-200. http://dx. doi. org/10. 2139/ssrn. 1326386

MONTELLO D R, GOODCHILD M F, GOTTSEGEN J, et al, 2003. Where's downtown?: behavioral methods for determining referents of vague spatial queries[J]. Spatial Cognition and Computation, 3(2/3): 185-204.

MOTTER A E, LAI Y, 2002. Cascade-based attacks on complex networks[J]. Physical Review E, 66(6): 65102.

MURPHY R E, VANCE JR J E, 1954. Delimiting the CBD[J]. Economic Geography, 30(3): 189-222.

NEWMAN M E, 2002. Assortative mixing in networks [J]. Physical Review Letters, 89(20): 208701.

NEWMAN M E, 2003. Mixing patterns in networks[J]. Physical Review E, 67(2): 26126.

NEWMAN M, BARABASI A, WATTS D J, 2006. The structure and dynamics of networks[M].

Princeton, New Jersey: Princeton University Press.

OKABE Y, KANEDA K, TOMITA Y, et al, 2000. Cluster analysis of the Ising model and universal finite-size scaling[J]. Physica A: Statistical Mechanics and Its Applications, 281(1): 233-241.

OKABE A, OKUNUKI K, SHIODE S, 2006. SANET: a toolbox for spatial analysis on a network [J]. Geographical Analysis, 38(1): 57-66.

OKABE A, SATOH T, SUGIHARA K, 2009. A kernel density estimation method for networks, its computational method and a GIS-based tool. [J]. International Journal of Geographical Information Science, 23(1): 7-32.

OKABE A, SUGIHARA K, 2012. Spatial analysis along networks: statistical and computational methods[M]. Chichester: John Wiley and Sons.

OKABE A, YAMADA I, 2001. The K-Function method on a network and its computational implementation[J]. Geographical Analysis, 33(3): 271-290.

OPENSTREETMAPWIKI. [2012-08-24]. Highway: international equivalence[EB/OL]. http://wiki.openstreetmap.org/w/index.php?title=Highway: International_equivalence&oldid=743028.

ORD J K, GETIS A, 1995. Local spatial autocorrelation statistics: distributional issues and an application[J]. Geographical Analysis, 27(4): 286-306.

O'SULLIVAN D, UNWIN D, 2010. Geographic information analysis[M]. Hoboken, NJ: John Wiley and Sons.

OYANA T J, JOHNSON S J, WANG G, 2014. Landscape metrics and change analysis of a national wildlife refuge at different spatial resolutions[J]. International Journal of Remote Sensing, 35(9): 3109-3134.

PÁEZ A, RUIZ M, LÓPEZ F, et al, 2012. Measuring ethnic clustering and exposure with the Q statistic: an exploratory analysis of Irish, Germans, and Yankees in 1880 Newark[J]. Annals of the Association of American Geographers, 102(1): 84-102.

PEPONIS J, WINEMAN J, BAFNA S, et al, 1998. On the generation of linear representations of spatial configuration[J]. Environment and Planning B: Planning and Design, 25(4): 559-576.

PEPONIS J, WINEMAN J, RASHID M, et al, 1997. On the description of shape and spatial configuration inside buildings: convex partitions and their local properties[J]. Environment and Planning B: Planning and Design, 24(5): 761-781.

PLEXIDA S G, SFOUGARIS A I, ISPIKOUDIS I P, et al, 2014. Selecting landscape metrics as indicators of spatial heterogeneity—a comparison among Greek landscapes[J]. International Journal of Applied Earth Observation and Geoinformation, 26: 26-35.

PORTA S, CRUCITTI P, LATORA V, 2006. The network analysis of urban streets: a dual approach[J]. Physica A: Statistical Mechanics and Its Applications, 369(2): 853-866.

QUINLAN J R, 1993. C4.5: Programs for machine learning[M]. CA: Morgan Kaufmann.

RAVASZ E, SOMERA A L, MONGRU D A, et al, 2002. Hierarchical organization of modularity in metabolic networks[J]. Science, 297(5586): 1551-1555.

RAY J, PINAR A, SESHADHRI C, 2012. Are we there yet? when to stop a Markov chain while generating random graphs[C]// Algorithms and Models for the Web Graph. Heidelberg, Berlin: Springer: 153-164.

REGNAULD N, 2001. Contextual building typification in automated map generalization[J]. Algorithmica, 30(2): 312-333.

REMPEL R S, KAUKINEN D, CARR A P, 2012. Patch analyst and patch grid[CP/OL]. http://www.cnfer.on.ca/SEP/patchanalyst/.

RIITTERS K H, O'NEILL R V, HUNSAKER C T, et al, 1995. A factor analysis of landscape pattern and structure metrics[J]. Landscape Ecology, 10(1): 23-39.

ROSIN P L, 1998. Determining local natural scales of curves[J]. Pattern Recognition Letters. 19(1): 63-75.

ROTH C, KANG S M, BATTY M, et al, 2011. Structure of urban movements: polycentric activity and entangled hierarchical flows[J]. PloS One, 6(1): e15923.

RUIZ M, LÓPEZ F, PÁEZ A, 2010. Testing for spatial association of qualitative data using symbolic dynamics[J]. Journal of Geographical Systems, 12(3): 281-309.

SAKAKIBARA H, KAJITANI Y, OKADA N, 2004. Road network robustness for avoiding functional isolation in disasters[J]. Journal of Transportation Engineering, 130(5): 560-567.

SCHINDLER S, POIRAZIDIS K, WRBKA T, 2008. Towards a core set of landscape metrics for biodiversity assessments: a case study from Dadia National Park, Greece[J]. Ecological Indicators, 8(5): 502-514.

SCHWARZ N, 2010. Urban form revisited-selecting indicators for characterising European cities[J]. Landscape and Urban Planning, 96(1): 29-47.

SHEKHAR S, Huang Y, 2001. Discovering spatial co-location patterns: a summary of results[C]// International Symposium on Spatial and Temporal Databases. Berlin: Springer: 236-256.

SHIODE S, 2008. Analysis of a distribution of point events using the network-based quadrat method[J]. Geographical Analysis, 40(4): 380-400.

SIERRA R, STEPHENS C R, 2012. Exploratory analysis of the interrelations between co-located Boolean spatial features using network graphs[J]. International Journal of Geographical Information Science, 26(3): 441-468.

ŠÍMOVÁ P, GDULOVÁ K, 2012. Landscape indices behavior: a review of scale effects[J]. Applied Geography, 34: 385-394.

SNELDER M, VAN ZUYLEN H J, IMMERS L H, 2012. A framework for robustness analysis of road networks for short term variations in supply[J]. Transportation Research Part A: Policy and Practice, 46(5): 828-842.

SPIESS E, 1988. Map compilation[M]// Anson R W. Basic cartography. London: Elsevier: 23-70.

STEINIGER S, BURGHARDT D, WEIBEL R, 2006. Recognition of island structures for map generalization[C]// GIS '06 Proceedings of the 14th Annual ACM International Symposium on Advances in Geographic Information Systems. New York: ACM: 67-74.

STEINIGER S, LANGE T, BURGHARDT D, et al, 2008. An approach for the classification of urban building structures based on discriminant analysis techniques[J]. Transactions in GIS, 12 (1): 31-59.

SULLIVAN J L, NOVAK D C, AULTMAN-HALL L, et al, 2010. Identifying critical road segments and measuring system-wide robustness in transportation networks with isolating links: a link-based capacity-reduction approach[J]. Transportation Research Part A: Policy and Practice, 44(5): 323-336.

THEODORIDS S, KOUTROUMBAS K, 2009. Chapter 1-Introduction[M]//Pattern Recognition. 4. Boston: Academic Press: 1-12.

THOMSON R C, RICHARDSON D E, 1999. The "Good Continuation" principle of perceptual organization applied to the generalization of road networks [C]// Proceedings of 19th International Cartographic Conference. Ottawa: ICA: 1215-1223.

THOMSON R C, 2003. Bending the axial line: smoothly continuous road centre-line segments as a basis for road network analysis[C]// Proceedings 4th International Space Syntax Symposium, London, UK. London, UK: University College London.

THURSTAIN-GOODWIN M, UNWIN D, 2000. Defining and delineating the central areas of towns for statistical monitoring using continuous surface representations[J]. Transactions in GIS, 4(4): 305-317.

TOMKO M, WINTER S, CLARAMUNT C, 2008. Experiential hierarchies of streets [J]. Computers, Environment and Urban Systems, 32(1): 41-52.

TOUYA G, 2010. A road network selection process based on data enrichment and structure detection[J]. Transactions in GIS, 14(5): 595-614.

TOUYA G, REIMER A, 2015. Inferring the scale of OpenStreetMap features [M]// OpenStreetMap in GIScience. Switzerland: Springer: 81-99.

TRUONG L T, SOMENAHALLI S V, 2011. Using GIS to identify pedestrian-vehicle crash hot spots and unsafe bus stops[J]. Journal of Public Transportation, 14(1): 99-114.

TURNER A, PENN A, HILLIER B, 2005. An algorithmic definition of the axial map [J]. Environment and Planning B: Planning and Design, 32(3): 425-444.

UUEMAA E, ROOSAARE J, MANDER Ü, 2007. Landscape metrics as indicators of river water quality at catchment scale[J]. Hydrology Research, 38(2): 125-138.

VAZ E, DE NORONHA T, NIJKAMP P, 2014. Exploratory landscape metrics for agricultural sustainability[J]. Agroecology and Sustainable Food Systems, 38(1): 92-108.

WALZ U, 2015. Indicators to monitor the structural diversity of landscapes [J]. Ecological Modelling, 295: 88-106.

WANG X, YOU S, WANG L, 2017. Classifying road network patterns using multinominal logit model[J]. Journal of Transport Geography,58(1):104-112.

WATTS D J,STROGATZ S H,1998. Collective dynamics of "small-world"networks[J]. Nature, 393(6684):440-442.

WERTHEIMER M, 1923. Laws of organization in perceptual forms[M]//A Source book of Gestalt Psychology. London: Routledge and Kegan Paul:71-88.

WIKIPEDIA. (2014-10-23)[2017-01-08]. Hierarchy of roads[EB/OL]. http://en. wikipedia. org/w/index. php? title=Hierarchy_of_roads&oldid=629419772.

WIKIPEDIA. (2015-12-16)[2017-01-08]. Pattern[EB/OL]. https://en. wikipedia. org/w/index. php? title=Pattern&oldid=695517362.

WIKIWIKIYAROU, (2007-05-31) [2016-05-03]. Heijokyo. [EB/OL]. https://commons. wikimedia. org/w/index. php? title=File:Heijokyo. jpg&oldid=118728073.

WITTEN I H,FRANK E,2005. 数据挖掘:实用机器学习技术[M]. 董琳,邱泉,于晓峰,等,译. 北京:机械工业出版社.

WU J, 2004. Effects of changing scale on landscape pattern analysis: scaling relations[J]. Landscape Ecology,19(2):125-138.

WU J,SHEN W,SUN W, et al, 2002. Empirical patterns of the effects of changing scale on landscape metrics[J]. Landscape Ecology,17(8):761-782.

WU X,KUMAR V,QUINLAN J R,et al,2008. Top 10 algorithms in data mining[J]. Knowledge and Information Systems,14(1):1-37.

XIE F, LEVINSON D, 2007. Measuring the structure of road networks[J]. Geographical Analysis,39(3):336-356.

XIE F,LEVINSON D,2009. Modeling the growth of transportation networks: a comprehensive review[J]. Networks and Spatial Economics,9(3):291-307.

XIE Z, YAN J, 2008. Kernel density estimation of traffic accidents in a network space[J]. Computers,Environment and Urban Systems,32(5):396-406.

XU X,ZHANG J,SUN J,et al,2009. Revising the simple measures of assortativity in complex networks[J]. Physical Review E,80(5):56106.

YAMADA I,THILL J,2004. Comparison of planar and network K-functions in traffic accident analysis[J]. Journal of Transport Geography,12(2):149-158.

YANG B,LUAN X,LI Q,2010. An adaptive method for identifying the spatial patterns in road networks[J]. Computers,Environment and Urban Systems,34(1):40-48.

YANG B, LUAN X, LI Q, 2011. Generating hierarchical strokes from urban street networks based on spatial pattern recognition[J]. International Journal of Geographical Information Science,25(12):2025-2050.

YANG Y, WONG KK, WANG T, 2012. How do hotels choose their location? evidence from hotels in Beijing[J]. International Journal of Hospitality Management,31(3):675-685.

YERRA B M,LEVINSON D M,2005. The emergence of hierarchy in transportation networks[J]. The Annals of Regional Science,39(3):541-553.

YU W, AI T, HE Y, et al, 2017. Spatial co-location pattern mining of facility points-of-interest improved by network neighborhood and distance decay effects[J]. International Journal of Geographical Information Science, 31(2): 280-296.

YU W, AI T, SHAO S, 2015. The analysis and delimitation of central business district using network kernel density estimation[J]. Journal of Transport Geography, 45: 32-47.

YUAN N J, ZHENG Y, XIE X, et al, 2015. Discovering urban functional zones using latent activity trajectories[J]. IEEE Transactions on Knowledge and Data Engineering, 27(3): 712-725.

YUE T X, HABER W, GROSSMANN W D, et al, 1998. Towards the satisfying models for biological diversity[J]. Ekologia, 17(Suppl 1): 129-141.

ZHANG H, LI Z, 2012. Fractality and self-similarity in the structure of road networks[J]. Annals of the Association of American Geographers, 102(2): 350-365.

ZHANG N, LI H, 2013. Sensitivity and effectiveness and of landscape metric scalograms in determining the characteristic scale of a hierarchically structured landscape[J]. Landscape Ecology, 28(2): 343-363.

ZHANG Q N, 2004a. Modeling structure and patterns in road network generalization[C]// ICA Workshop on Generalization and Multiple Representation. Leicester, UK: EuroSDR, University of Leicester

ZHANG Q N, 2004b. Road network generalization based on connection analysis[C]// Proceedings of 11th International Symposium on Spatial Data Handling. Berlin: Springer: 343-353.

ZHANG X, MAMOULIS N, CHEUNG D, et al, 2004. Fast mining of spatial collocations[C]// Proceedings of the ACM SIGKDD International Conference on Knowledge Discovery and Data Mining. New York, USA: ACM: 384-393.

ZHOU M, TIAN J, XIONG F, et al, 2016. Point grid map: a new type of thematic map for statistical data associated with geographic points[J]. Cartography and Geographic Information Science: 1-16.

ZHOU Q, LI Z, 2012. A comparative study of various strategies to concatenate road segments into strokes for map generalization[J]. International Journal of Geographical Information Science, 26(4): 691-715.

附录 A　OpenStreetMap 道路网数据的获取与处理

OpenStreetMap(OSM)数据的下载方式有很多，除了 OSM 官网(https://www.openstreetmap.org)，常用的 OSM 数据下载网站有 Mapzen 公司的 Metro Extracts(https://mapzen.com/data/metro-extracts)、自行车路线规划网站 bbbike 的 BBBike extracts(https://download.bbbike.org/osm/)、GeoFabrik 公司的 OpenStreetMap Data Extracts(https://download.geofabrik.de/)，以及 Overpass API(https://overpass-api.de/)。这些网站提供的数据格式、更新频率、区域大小、要素分层等各不相同，但数据源均来自 OSM。

由于 OSM 众源开放编辑的特性，下载的原始数据难以满足道路网模式分析的需要，往往要经过数据预处理。本书采用下列四个预处理步骤(图 A.1)：首先，检查数据一致性，对数据集中出现的重叠道路进行清理和删除。其次，进行数据增强(Touya,2010;Yang et al,2011)，发现数据集中的复杂交叉点、复式车行道、立交桥、环岛、道路辅助设施等不利于开展分析的道路模式。再次，对于上述模式进行典型化操作，将双线或多线表示的道路统一成单线表示，将复杂交叉点、立交桥、环岛等降维成适宜分析的图结构。最后，对数据集的拓扑正确性进行检查，同时删除花园小径、操场跑道以及其他与道路网主体不连通的部分。

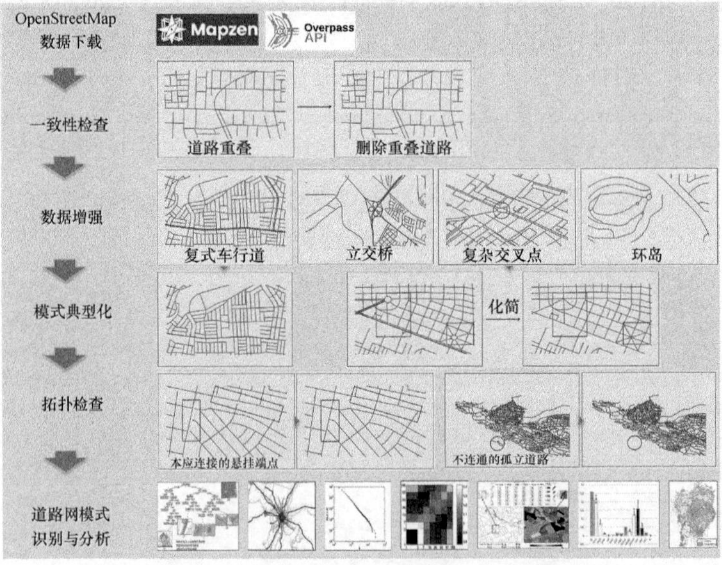

图 A.1　数据获取、预处理和分析流程

附录B 道路网基本信息与网络景观指数

表 B.1 给出了道路网基本信息。

表 B.1 道路网基本信息

英文名	中文名	国家	大洲	元胞总面积/km²	道路总长度/km	元胞总数	元胞类型数
Athens	雅典	希腊	欧洲	57.42	2 409.8	6 381	43
Atlanta	亚特兰大	美国	北美洲	420.48	5 294.7	5 119	52
Auckland	奥克兰	新西兰	大洋洲	1 257.97	10 173.8	7 421	57
Austin	奥斯汀	美国	北美洲	855.36	9 967.6	10 412	61
Baghdad	巴格达	伊拉克	亚洲	699.36	13 213.0	20 208	41
Bangalore	班加罗尔	印度	亚洲	1 116.37	14 461.8	25 279	58
Bangkok	曼谷	泰国	亚洲	1 239.71	8 897.9	8 617	61
Barcelona	巴塞罗那	西班牙	欧洲	149.04	3 556.8	5 433	46
Bejaia	贝贾亚	阿尔及利亚	非洲	42.38	361.6	299	17
Berlin	柏林	德国	欧洲	2 190.51	35 277.3	40 993	57
Birmingham	伯明翰	英国	欧洲	661.47	9 018.7	8 620	61
Bogota	波哥大	哥伦比亚	南美洲	444.96	11 345.9	28 104	59
Bordeaux	波尔多	法国	欧洲	77.16	1 585.4	2 463	46
Boston	波士顿	美国	北美洲	197.22	4 199.6	5 525	60
Brasilia	巴西利亚	巴西	南美洲	448.90	1 703.2	1 474	53
Brno	布尔诺	捷克	欧洲	437.90	5 647.9	6 376	57
Brussels	布鲁塞尔	比利时	欧洲	50.79	954.2	1 337	40
Budapest	布达佩斯	匈牙利	欧洲	967.54	14 821.2	16 847	53
Buenos Aires	布宜诺斯艾利斯	阿根廷	南美洲	290.29	7 471.9	12 947	32
Cardiff	加的夫	英国	欧洲	294.03	3 573.7	3 964	53
Charlotte	夏洛特	美国	北美洲	893.22	8 068.6	5 912	47
Chattanooga	查塔努加	美国	北美洲	400.70	4 089.3	3 641	54
Chennai	金奈	印度	亚洲	353.85	7 284.8	12 807	62
Chongqing	重庆	中国	亚洲	3 505.14	3 701.2	779	35
Cincinnati	辛辛那提	美国	北美洲	289.03	4 231.8	5 207	59
Cleveland	克利夫兰	美国	北美洲	257.26	4 515.1	4 585	56
Curitiba	库里蒂巴	巴西	南美洲	420.33	8 405.4	12 712	59

续表

英文名	中文名	国家	大洲	元胞总面积/km²	道路总长度/km	元胞总数	元胞类型数
Dar es Salaam	达累斯萨拉姆	坦桑尼亚	非洲	378.97	2 461.2	2 585	30
Delaware	特拉华	美国	北美洲	33.82	366.1	295	14
Denver	丹佛	美国	北美洲	436.05	9 571.4	12 967	59
Detroit	底特律	美国	北美洲	646.54	12 190.3	13 311	55
Edinburgh	爱丁堡	英国	欧洲	681.44	6 983.0	6 925	60
Edmonton	埃德蒙顿	加拿大	北美洲	1 509.85	14 550.1	11 829	57
Evansville	埃文斯维尔	美国	北美洲	139.62	2 047.6	2 307	27
Frankfurt	法兰克福	德国	欧洲	548.90	8 995.0	10 667	56
Gdansk	格但斯克	波兰	欧洲	525.92	5 259.9	4 791	42
Glasgow	格拉斯哥	英国	欧洲	460.14	7 447.7	8 384	58
Grand Rapids	大急流城	美国	北美洲	168.07	2 376.8	2 222	24
Hamburg	汉堡	德国	欧洲	1 705.11	21 294.8	23 243	58
Harare	哈拉雷	津巴布韦	非洲	545.95	3 712.6	2 576	20
Honolulu	火奴鲁鲁(檀香山)	美国	大洋洲	68.75	1 292.2	1 560	50
Islamabad	伊斯兰堡	巴基斯坦	亚洲	461.01	2 931.4	3 405	32
Kamloops	坎卢普斯	加拿大	北美洲	78.81	1 051.6	1 110	33
Karachi	卡拉奇	巴基斯坦	亚洲	972.47	8 896.7	12 499	43
Karlsruhe	卡尔斯鲁厄	德国	欧洲	359.61	6 259.5	7 748	57
Kirovohrad	基洛沃格勒	乌克兰	欧洲	87.37	1 163.4	1 129	29
Krakow	克拉科夫	波兰	欧洲	611.00	6 726.9	7 857	51
Kyiv	基辅	乌克兰	欧洲	1 434.79	11 974.3	10 717	61
Las Vegas	拉斯维加斯	美国	北美洲	391.42	6 401.3	5 502	42
Lawrence	劳伦斯	美国	北美洲	89.13	1 366.8	1 465	36
Lexington	列克星敦	美国	北美洲	822.35	4 115.0	2 329	38
Lille	里尔	法国	欧洲	67.99	1 372.7	1 944	54
London	伦敦	英国	欧洲	3 826.99	51 841.3	52 509	63
Lviv	利沃夫	乌克兰	欧洲	226.51	2 202.7	1 827	32
Lyon	里昂	法国	欧洲	84.13	1 816.1	2 842	58
Macon	梅肯	美国	北美洲	138.44	1 930.4	2 012	31
Madison	麦迪逊	美国	北美洲	383.92	4 723.2	4 576	53
Madrid	马德里	西班牙	欧洲	868.76	12 812.4	18 885	60
Manchester	曼彻斯特	英国	欧洲	277.49	4 306.0	4 892	63
Manila	马尼拉	菲律宾	亚洲	36.63	1 337.3	3 098	41
Marseille	马赛	法国	欧洲	338.82	4 455.5	4 892	58
Mexico City	墨西哥城	墨西哥	北美洲	919.93	17 840.2	31 482	62
Milan	米兰	意大利	欧洲	302.40	4 921.6	6 439	56
Mobile	莫比尔	美国	北美洲	267.26	3 790.2	4 423	37

续表

英文名	中文名	国家	大洲	元胞总面积/km²	道路总长度/km	元胞总数	元胞类型数
Monaco	摩纳哥	摩纳哥	欧洲	2.56	137.5	374	29
Montpellier	蒙彼利埃	法国	欧洲	90.96	1 869.3	2 739	45
Montreal	蒙特利尔	加拿大	北美洲	938.06	14 916.0	16 769	56
Munich	慕尼黑	德国	欧洲	644.39	13 359.2	20 031	55
Nairobi	内罗毕	肯尼亚	非洲	441.48	3 499.2	3 203	30
New Delhi	新德里	印度	亚洲	1 342.12	10 413.8	15 812	40
New York	纽约	美国	北美洲	1 122.50	22 584.1	30 724	62
Newcastle	纽卡斯尔	英国	欧洲	205.71	2 274.1	2 032	53
Nuremberg	纽伦堡	德国	欧洲	378.27	6 168.9	7 817	51
Odessa	敖德萨	乌克兰	欧洲	239.17	2 308.5	1 830	45
Osaka	大阪	日本	亚洲	320.98	9 053.6	19 843	59
Paris	巴黎	法国	欧洲	234.40	5 060.5	6 999	62
Pittsburgh	匹兹堡	美国	北美洲	193.86	4 413.0	6 236	55
Porto Alegre	阿雷格里港	巴西	南美洲	446.41	5 025.6	6 924	41
Reno	里诺	美国	北美洲	189.42	2 521.0	2 351	39
Reykjavik	雷克雅未克	冰岛	欧洲	332.25	4 185.6	4 610	52
Riga	里加	拉脱维亚	欧洲	658.09	6 746.8	6 911	59
Rotterdam	鹿特丹	荷兰	欧洲	267.33	5 066.3	6 574	48
San Diego	圣迭戈	美国	北美洲	828.18	11 627.4	13 889	56
Santander	桑坦德	西班牙	欧洲	56.35	1 104.3	1 778	49
Santo Domingo	圣多明各	多米尼加	北美洲	87.70	2 151.1	3 596	36
Seoul	首尔	韩国	亚洲	733.28	7 183.2	7 646	49
Shanghai	上海	中国	亚洲	5 952.45	17 463.4	10 044	63
Singapore	新加坡	新加坡	亚洲	555.65	5 949.3	6 124	62
St Louis	圣路易斯	美国	北美洲	242.78	5 873.9	8 402	52
State College	斯泰特科利奇	美国	北美洲	14.34	327.2	598	26
Strasbourg	斯特拉斯堡	法国	欧洲	133.39	2 118.8	2 747	49
Taipei	台北	中国	亚洲	253.12	4 201.9	6 916	55
Tel Aviv	特拉维夫	以色列	亚洲	64.21	1 797.2	3 379	36
Terre Haute	特雷霍特	美国	北美洲	97.96	1 361.1	1 609	18
Toronto	多伦多	加拿大	北美洲	1 178.98	18 658.8	21 229	30
Toulouse	图卢兹	法国	欧洲	184.85	3 746.0	5 528	50
Vancouver	温哥华	加拿大	北美洲	257.21	7 093.2	10 516	44
Warsaw	华沙	波兰	欧洲	1 222.32	13 685.4	13 579	55
Yerevan	埃里温	亚美尼亚	亚洲	354.41	3 199.9	2 402	52

表 B.2 给出了各城市的网络景观指数。

表 B.2　网络景观指数

城市	AREA_MN/m²	AREA_AM/m²	AREA_CV	LCI	ED	CD	NSI	SHAPE_MN	SHAPE_AM	SHAPE_CV	FRAC_MN	FRAC_AM	FRAC_CV	CIRCLE_MN	CIRCLE_AM	CIRCLE_CV	IJI	RCR	SHDI	SHEI	SIDI	SIEI	MSIDI	MSIEI
Athens	8 999.2	52 427.7	219.7	0.013	0.042	1.111	89.68	1.241	1.305	13.481	1.049	1.050	2.558	0.529	0.533	22.309	29.932	0.683	2.505	0.666	0.858	0.878	1.952	0.519
Atlanta	82 141.8	744 895.7	284.0	0.012	0.013	0.122	72.81	1.292	1.464	16.926	1.049	1.056	2.816	0.552	0.594	23.324	29.855	0.825	2.044	0.517	0.765	0.780	1.448	0.366
Auckland	169 515.4	9 581 757.2	745.1	0.071	0.008	0.059	80.89	1.314	1.644	16.968	1.050	1.062	2.709	0.560	0.575	22.121	47.376	0.905	2.942	0.728	0.922	0.939	2.556	0.632
Austin	82 151.5	2 765 237.2	571.5	0.032	0.012	0.122	96.11	1.320	1.645	16.833	1.055	1.067	2.821	0.575	0.602	21.682	40.508	0.968	2.956	0.719	0.906	0.921	2.364	0.575
Baghdad	34 607.8	2 102 387.4	773.0	0.022	0.019	0.289	140.90	1.322	1.595	14.752	1.057	1.068	2.273	0.600	0.626	19.253	19.104	0.651	2.259	0.608	0.776	0.796	1.497	0.403
Bangkok	143 867.5	10 519 423.3	849.2	0.056	0.007	0.070	71.27	1.370	1.639	19.933	1.062	1.062	2.923	0.603	0.586	22.617	33.200	0.921	2.753	0.678	0.897	0.913	2.278	0.561
Barcelona	27 433.3	175 221.4	232.1	0.011	0.024	0.365	82.16	1.311	1.479	20.862	1.055	1.061	3.477	0.557	0.576	25.834	40.085	0.730	2.593	0.677	0.877	0.896	2.095	0.547
Bejaia	141 752.3	3 701 984.1	501.2	0.239	0.009	0.071	15.66	1.414	1.700	22.932	1.065	1.072	4.071	0.609	0.679	23.010	33.343	0.270	1.731	0.611	0.758	0.805	1.418	0.501
Bangalore	44 162.0	2 597 128.9	760.3	0.018	0.013	0.226	122.06	1.339	1.455	14.133	1.064	1.055	2.603	0.610	0.568	20.350	32.669	0.968	2.857	0.695	0.893	0.907	2.231	0.543
Berlin	53 436.2	787 483.7	370.6	0.013	0.016	0.187	212.56	1.320	1.429	17.948	1.055	1.054	3.028	0.580	0.592	22.963	40.896	0.905	2.791	0.690	0.912	0.928	2.426	0.600
Birmingham	76 736.5	408 716.9	208.0	0.006	0.014	0.130	98.89	1.321	1.394	16.407	1.053	1.052	2.768	0.579	0.593	22.255	48.101	0.968	3.117	0.758	0.929	0.944	2.642	0.643
Bogota	15 832.8	2 410 237.7	1 229.8	0.050	0.025	0.632	151.68	1.265	1.524	11.944	1.054	1.063	2.294	0.554	0.570	20.551	30.525	0.937	2.869	0.704	0.902	0.918	2.323	0.570
Bordeaux	31 327.5	427 735.5	355.7	0.043	0.021	0.319	50.90	1.298	1.373	16.338	1.054	1.051	2.902	0.573	0.569	21.639	39.987	0.476	2.419	0.711	0.845	0.874	1.861	0.547
Boston	35 695.7	356 860.6	300.0	0.029	0.021	0.280	84.33	1.309	1.446	15.534	1.053	1.060	2.552	0.585	0.604	21.226	33.799	0.952	2.646	0.646	0.833	0.847	1.791	0.437
Brasilia	304 548.1	38 389 682.8	1118.3	0.201	0.004	0.033	22.67	1.389	1.618	19.784	1.067	1.054	3.540	0.613	0.613	23.794	43.012	0.841	2.101	0.529	0.761	0.775	1.430	0.360
Brno	68 678.9	1 020 046.5	372.2	0.015	0.013	0.146	76.11	1.385	1.517	20.597	1.066	1.062	3.648	0.613	0.621	23.139	44.437	0.492	2.430	0.708	0.880	0.909	2.116	0.616
Brussels	37 987.2	681 337.4	411.5	0.091	0.019	0.263	37.76	1.294	1.434	15.178	1.053	1.055	2.684	0.570	0.583	22.109	43.209	0.413	2.642	0.811	0.909	0.946	2.401	0.737
Budapest	57 431.2	755 297.0	348.6	0.009	0.015	0.174	134.37	1.323	1.415	18.136	1.055	1.053	3.145	0.585	0.597	23.022	41.456	0.492	2.622	0.764	0.892	0.921	2.223	0.647
Buenos Aires	22 421.7	167 735.3	254.6	0.011	0.026	0.446	123.67	1.215	1.244	13.201	1.040	1.038	2.444	0.494	0.495	24.708	21.240	0.508	1.852	0.534	0.724	0.748	1.289	0.372
Cardiff	74 175.7	1 543 698.0	445.1	0.028	0.012	0.135	58.77	1.351	1.482	19.101	1.060	1.058	3.200	0.595	0.603	22.459	51.790	0.492	2.768	0.806	0.920	0.951	2.525	0.735

Charlotte	151 085.1	1 669 916.3	317.1	0.010	0.009	0.066	76.13	1.313	1.616	18.914	1.050	1.065	3.015	0.562	0.582	22.839	33.168	0.746	2.285	0.593	0.838	0.856	1.820	0.473
Chattanooga	110 051.4	2 021 311.7	416.7	0.036	0.010	0.091	57.61	1.317	1.686	19.567	1.053	1.070	3.331	0.555	0.626	25.474	37.351	0.857	2.913	0.730	0.908	0.926	2.390	0.599
Chennai	27 629.7	1 037 593.2	604.6	0.026	0.021	0.362	109.21	1.318	1.492	15.045	1.059	1.062	2.680	0.581	0.587	21.668	41.036	0.984	3.354	0.813	0.948	0.963	2.949	0.715
Chongqing	4 499 538.3	198 187 325.0	656.1	0.182	0.001	0.002	17.63	1.346	1.483	21.152	1.047	1.043	2.804	0.562	0.548	24.689	40.368	0.556	1.891	0.532	0.777	0.800	1.502	0.422
Cincinnati	55 508.4	840 315.4	376.0	0.017	0.015	0.180	70.19	1.334	1.489	18.559	1.060	1.060	3.881	0.583	0.603	23.823	44.568	0.937	3.010	0.738	0.921	0.937	2.538	0.622
Cleveland	56 108.6	279 255.0	199.4	0.010	0.018	0.178	79.38	1.329	1.428	15.341	1.054	1.058	2.584	0.601	0.624	20.994	27.455	0.889	2.332	0.579	0.825	0.840	1.741	0.432
Curitiba	33 066.0	588 904.5	410.0	0.018	0.020	0.302	115.61	1.247	1.344	13.434	1.045	1.048	2.485	0.531	0.545	23.143	25.647	0.937	2.313	0.567	0.806	0.819	1.638	0.402
Dar es Salaam	146 604.0	11 499 052.9	880.0	0.126	0.006	0.068	35.65	1.312	1.537	15.130	1.057	1.055	2.777	0.570	0.552	21.922	34.950	0.476	2.503	0.736	0.898	0.929	2.283	0.671
Delaware	114 657.8	856 229.5	254.3	0.076	0.011	0.087	17.75	1.264	1.442	14.527	1.041	1.053	2.111	0.526	0.582	24.023	31.229	0.222	2.034	0.771	0.840	0.904	1.830	0.693
Denver	33 627.3	331 439.7	297.6	0.016	0.022	0.297	129.26	1.321	1.384	16.046	1.056	1.054	2.911	0.585	0.583	22.303	29.728	0.937	2.708	0.664	0.868	0.883	2.024	0.496
Detroit	48 572.2	212 246.5	183.6	0.005	0.019	0.206	135.20	1.261	1.302	10.259	1.044	1.045	1.673	0.557	0.569	17.943	19.776	0.873	1.894	0.473	0.738	0.752	1.340	0.334
Edinburgh	98 402.8	2 405 988.0	484.3	0.026	0.010	0.102	75.44	1.357	1.471	19.858	1.060	1.055	3.440	0.590	0.602	23.176	56.083	0.492	2.911	0.848	0.928	0.959	2.631	0.766
Edmonton	127 639.3	4 105 814.5	558.3	0.020	0.010	0.078	105.60	1.353	1.553	18.753	1.055	1.059	2.679	0.592	0.591	20.854	38.978	0.905	2.892	0.715	0.910	0.926	2.406	0.595
Evansville	60 519.1	726 694.0	331.8	0.035	0.015	0.165	48.87	1.238	1.392	12.176	1.040	1.050	1.842	0.510	0.547	22.808	26.917	0.429	1.905	0.578	0.745	0.774	1.368	0.415
Frankfurt	51 458.1	865 230.8	397.7	0.033	0.016	0.194	108.27	1.324	1.425	20.819	1.055	1.055	3.254	0.576	0.609	23.503	43.988	0.508	2.623	0.757	0.902	0.931	2.324	0.671
Gdansk	109 771.8	1 437 462.7	347.8	0.021	0.010	0.091	64.68	1.364	1.512	18.453	1.061	1.059	3.241	0.605	0.613	22.067	45.812	0.444	2.584	0.775	0.903	0.937	2.335	0.701
Glasgow	54 883.0	496 962.1	283.8	0.010	0.016	0.182	97.91	1.341	1.474	19.018	1.057	1.060	3.153	0.587	0.605	22.901	52.524	0.492	2.872	0.836	0.926	0.957	2.601	0.757
Grand Rapids	75 639.1	379 539.0	200.4	0.011	0.014	0.132	51.70	1.257	1.343	11.229	1.041	1.047	1.724	0.544	0.567	20.865	19.677	0.381	1.511	0.475	0.647	0.676	1.042	0.328
Hamburg	73 360.2	2 378 517.7	560.6	0.015	0.012	0.136	145.43	1.317	1.491	16.945	1.054	1.056	2.826	0.578	0.605	22.373	42.282	0.921	2.850	0.702	0.910	0.926	2.413	0.594
Harare	211 937.0	5 649 379.1	506.5	0.048	0.007	0.047	44.81	1.307	1.457	18.023	1.048	1.049	2.608	0.563	0.587	21.768	27.766	0.317	1.866	0.623	0.777	0.818	1.502	0.501
Honolulu	44 071.7	464 581.4	308.9	0.048	0.019	0.227	43.95	1.306	1.479	17.219	1.051	1.061	2.866	0.568	0.586	23.070	30.400	0.794	2.767	0.707	0.904	0.922	2.339	0.598
Islamabad	135 391.8	31 321 083.4	1 517.7	0.214	0.006	0.074	38.50	1.286	1.436	16.127	1.050	1.046	2.434	0.544	0.542	23.981	40.086	0.508	2.428	0.701	0.865	0.893	2.001	0.577

续表

城市	AREA_MN/m²	AREA_AM/m²	AREA_CV	LCI	ED	CD	NSI	SHAPE_MN	SHAPE_AM	SHAPE_CV	FRAC_MN	FRAC_AM	FRAC_CV	CIRCLE_MN	CIRCLE_AM	CIRCLE_CV	IJI	RCR	SHDI	SHEI	SIDI	SIEI	MSIDI	MSIEI
Kamloops	70 996.9	2 131 643.7	538.7	0.124	0.013	0.141	33.40	1.430	1.742	24.154	1.071	1.080	3.554	0.634	0.670	21.647	43.533	0.524	2.641	0.755	0.892	0.920	2.223	0.636
Karachi	77 804.0	15 094 848.8	1 389.3	0.063	0.009	0.129	80.45	1.312	1.431	15.607	1.056	1.048	2.727	0.583	0.571	22.778	30.340	0.683	2.596	0.690	0.893	0.914	2.232	0.594
Karlsruhe	46 413.8	340 839.1	251.9	0.012	0.017	0.215	93.08	1.343	1.445	20.131	1.059	1.058	3.253	0.591	0.615	23.454	42.306	0.905	2.850	0.705	0.907	0.923	2.376	0.588
Kirovograd	77 388.3	1 196 485.2	380.3	0.079	0.013	0.129	35.10	1.324	1.368	14.364	1.053	1.049	2.417	0.598	0.593	20.319	36.633	0.460	2.706	0.804	0.903	0.935	2.328	0.691
Krakow	77 764.5	1 659 814.6	451.0	0.026	0.011	0.129	76.74	1.345	1.501	18.873	1.062	1.058	3.438	0.592	0.605	22.836	49.570	0.810	2.949	0.750	0.922	0.940	2.549	0.648
Kyiv	133 880.0	3 390 679.0	493.2	0.015	0.008	0.075	89.15	1.355	1.502	20.006	1.060	1.055	3.241	0.597	0.589	22.700	48.117	0.968	3.327	0.809	0.948	0.964	2.961	0.720
Las Vegas	71 141.4	636 432.3	281.9	0.024	0.016	0.141	91.24	1.399	1.676	25.849	1.059	1.075	3.417	0.586	0.605	23.187	26.211	0.667	1.984	0.531	0.764	0.782	1.442	0.386
Lawrence	60 840.8	497 835.1	268.0	0.031	0.015	0.164	40.83	1.325	1.469	14.615	1.055	1.059	2.620	0.583	0.562	21.308	41.054	0.571	2.694	0.752	0.905	0.930	2.349	0.656
Lexington	353 092.0	7 944 242.8	463.7	0.027	0.005	0.028	40.47	1.344	1.475	20.390	1.051	1.049	2.779	0.581	0.578	21.625	37.476	0.603	2.454	0.675	0.879	0.902	2.109	0.580
Lille	34 976.2	167 969.1	195.0	0.021	0.020	0.286	46.94	1.308	1.337	16.459	1.056	1.049	3.166	0.580	0.567	22.477	36.234	0.857	2.758	0.691	0.869	0.885	2.029	0.509
London	72 882.6	954 605.5	347.8	0.008	0.014	0.137	236.32	1.328	1.451	16.849	1.055	1.056	2.891	0.583	0.596	21.874	53.987	1.000	3.339	0.806	0.951	0.966	3.013	0.727
Lviv	123 977.5	3 292 297.1	505.5	0.076	0.010	0.081	41.27	1.362	1.574	18.482	1.058	1.061	3.133	0.601	0.602	22.679	53.552	0.508	2.997	0.865	0.935	0.965	2.726	0.787
Lyon	29 603.3	164 044.2	213.1	0.018	0.022	0.338	55.84	1.308	1.334	19.998	1.058	1.049	4.143	0.566	0.570	25.313	38.431	0.921	2.914	0.718	0.910	0.926	2.408	0.593
Macon	68 809.3	760 268.4	317.0	0.038	0.014	0.145	46.27	1.267	1.474	14.298	1.044	1.058	2.235	0.535	0.590	23.383	25.022	0.492	2.040	0.594	0.805	0.832	1.634	0.476
Madison	83 898.7	2 833 033.7	572.4	0.074	0.012	0.119	67.98	1.326	1.492	18.768	1.054	1.058	3.080	0.574	0.581	22.553	37.914	0.841	2.754	0.694	0.903	0.921	2.337	0.589
Madrid	46 002.7	3 139 128.1	820.0	0.021	0.015	0.217	122.58	1.316	1.498	19.865	1.056	1.058	3.273	0.568	0.625	24.557	40.602	0.952	3.188	0.779	0.938	0.954	2.782	0.679
Manchester	56 722.6	356 979.5	230.1	0.009	0.016	0.176	72.90	1.297	1.401	16.819	1.051	1.053	2.844	0.554	0.564	23.018	42.822	1.000	3.069	0.741	0.925	0.940	2.591	0.625
Manila	11 823.6	128 329.7	313.9	0.037	0.037	0.846	62.31	1.323	1.401	13.942	1.062	1.062	2.613	0.602	0.600	20.860	35.964	0.651	2.747	0.740	0.891	0.913	2.212	0.596
Marseille	69 259.4	1 684 735.7	483.0	0.049	0.013	0.144	68.26	1.367	1.649	19.220	1.063	1.072	3.353	0.598	0.602	22.396	43.544	0.921	2.954	0.728	0.926	0.942	2.606	0.642
Mexico City	29 220.9	4 994 671.1	1 303.6	0.040	0.019	0.342	165.87	1.301	1.542	14.898	1.056	1.062	2.662	0.583	0.588	21.380	22.738	0.984	2.556	0.619	0.868	0.882	2.026	0.491

Milan	46 963.3	586 990.2	339.1	0.019	0.016	0.213	79.81	1.297	1.362	17.233	1.054	1.049	3.343	0.563	0.563	23.612	39.440	0.889	2.854	0.709	0.906	0.922	2.364	0.587
Milwaukee	50 936.7	492 996.8	294.6	0.012	0.017	0.196	93.49	1.281	1.346	16.423	1.048	1.047	2.797	0.555	0.560	21.419	25.275	0.746	2.085	0.542	0.770	0.786	1.468	0.381
Mobile	60425.9	1256893.7	445.0	0.032	0.014	0.165	65.38	1.295	1.660	18.985	1.051	1.071	2.881	0.542	0.598	23.676	28.206	0.587	2.069	0.573	0.811	0.833	1.665	0.461
Monaco	6 852.6	21 290.5	145.2	0.029	0.054	1.459	24.23	1.514	1.548	24.798	1.102	1.086	5.590	0.675	0.665	23.390	43.882	0.460	2.834	0.842	0.919	0.952	2.519	0.748
Montpellier	33 209.2	189 927.0	217.2	0.011	0.021	0.301	55.27	1.351	1.462	18.827	1.063	1.062	3.455	0.589	0.592	22.831	45.555	0.714	2.911	0.765	0.920	0.941	2.532	0.665
Montreal	55 940.3	2 126 300.1	608.4	0.030	0.016	0.179	137.34	1.355	1.529	17.909	1.059	1.063	2.961	0.605	0.622	21.790	33.214	0.889	2.751	0.683	0.886	0.902	2.169	0.539
Munich	32 169.5	218 525.3	240.7	0.004	0.021	0.311	148.41	1.319	1.395	19.011	1.058	1.054	3.341	0.574	0.586	24.017	39.304	0.873	2.798	0.698	0.903	0.919	2.329	0.581
Nairobi	137 834.1	5 079 073.4	598.7	0.067	0.008	0.073	46.96	1.339	1.675	18.452	1.057	1.068	2.936	0.583	0.637	22.683	35.802	0.476	2.382	0.700	0.841	0.870	1.841	0.541
New Delhi	84 880.1	8 080 085.2	970.5	0.033	0.008	0.118	80.16	1.351	1.460	17.665	1.066	1.049	3.335	0.595	0.564	24.206	31.250	0.635	2.518	0.683	0.845	0.866	1.861	0.505
New York	36 535.1	7 914 055.2	1 468.4	0.070	0.020	0.274	190.09	1.285	1.471	14.250	1.050	1.056	2.523	0.576	0.581	19.017	27.075	0.984	2.639	0.639	0.867	0.881	2.015	0.488
Newcastle	101 234.1	1 675 014.0	394.3	0.045	0.011	0.099	44.71	1.367	1.583	20.296	1.059	1.064	3.211	0.600	0.601	22.760	46.429	0.841	2.909	0.733	0.916	0.934	2.478	0.624
Nuremberg	48 390.8	477 761.4	297.9	0.014	0.016	0.207	89.44	1.311	1.417	17.740	1.055	1.054	3.011	0.572	0.596	22.816	44.945	0.810	2.892	0.736	0.919	0.938	2.518	0.640
Odessa	130 691.7	3 016 859.6	469.9	0.091	0.010	0.077	42.09	1.290	1.406	14.584	1.046	1.047	2.331	0.563	0.582	22.606	34.567	0.714	2.838	0.746	0.908	0.928	2.384	0.626
Osaka	16 176.0	856 460.4	720.7	0.032	0.028	0.618	142.51	1.248	1.358	13.164	1.048	1.051	2.409	0.533	0.551	21.920	29.822	0.937	2.763	0.678	0.876	0.892	2.091	0.513
Paris	33 490.1	125 013.7	165.3	0.005	0.022	0.299	93.21	1.293	1.306	13.807	1.052	1.047	2.539	0.580	0.578	21.565	42.328	0.984	3.034	0.735	0.913	0.928	2.439	0.591
Pittsburg	31 086.6	388 162.1	338.9	0.023	0.023	0.322	89.38	1.345	1.643	18.240	1.059	1.077	2.771	0.603	0.657	21.876	35.659	0.873	2.880	0.719	0.905	0.922	2.357	0.588
Porto Alegre	64 473.5	5 819 932.0	1 023.6	0.090	0.011	0.155	67.08	1.302	1.466	16.793	1.056	1.053	3.534	0.573	0.540	22.688	38.229	0.651	2.384	0.642	0.852	0.873	1.912	0.515
Reno	80 570.5	1 316 461.6	391.7	0.053	0.013	0.124	51.66	1.337	1.653	20.187	1.055	1.071	3.195	0.572	0.621	23.714	35.329	0.619	2.471	0.675	0.854	0.876	1.923	0.525
Reykjavik	72 070.8	1 699 825.2	475.2	0.030	0.013	0.139	64.76	1.317	1.443	17.001	1.054	1.054	2.832	0.577	0.599	22.668	39.906	0.825	2.843	0.719	0.909	0.927	2.397	0.607
Riga	95 224.0	13 432 771.9	1 183.5	0.126	0.010	0.105	74.17	1.349	1.617	17.154	1.060	1.062	3.131	0.598	0.605	21.852	48.386	0.937	3.068	0.752	0.930	0.946	2.655	0.651
Rotterdam	40 664.2	935 827.2	469.2	0.032	0.019	0.246	87.38	1.356	1.523	20.670	1.060	1.064	3.529	0.594	0.603	23.947	36.887	0.762	2.630	0.679	0.889	0.908	2.195	0.567
San Diego	59 628.4	2 972 150.9	698.9	0.029	0.014	0.168	113.94	1.374	1.896	20.087	1.065	1.086	3.255	0.606	0.657	22.460	42.868	0.889	2.981	0.740	0.925	0.942	2.590	0.643

续表

城市	AREA_MN/m²	AREA_AM/m²	AREA_CV	LCI	ED	CD	NSI	SHAPE_MN	SHAPE_AM	SHAPE_CV	FRAC_MN	FRAC_AM	FRAC_CV	CIRCLE_MN	CIRCLE_AM	CIRCLE_CV	IJI	RCR	SHDI	SHEI	SIDI	SIEI	MSIDI	MSIEI
Santander	31 695.5	326 887.2	305.2	0.026	0.020	0.316	41.48	1.337	1.489	19.939	1.062	1.062	3.454	0.584	0.619	24.110	43.259	0.778	2.836	0.729	0.903	0.921	2.329	0.598
Santo Domingo	24 388.8	356 606.6	369.1	0.045	0.025	0.410	64.78	1.274	1.592	15.522	1.050	1.069	2.483	0.544	0.602	23.679	25.045	0.571	2.144	0.598	0.803	0.826	1.627	0.454
Seoul	95 904.0	1 472 004.7	378.8	0.015	0.010	0.104	74.81	1.299	1.394	16.880	1.052	1.047	2.570	0.571	0.571	21.590	33.519	0.778	2.736	0.703	0.886	0.905	2.172	0.558
Shanghai	592 637.6	32 696 686.0	736.0	0.025	0.003	0.017	63.83	1.266	1.334	15.967	1.046	1.035	2.970	0.532	0.545	22.937	47.260	1.000	2.761	0.666	0.897	0.911	2.273	0.549
Singapore	90 733.8	3 380 473.3	602.1	0.047	0.011	0.110	71.17	1.372	1.669	19.970	1.065	1.070	3.666	0.592	0.603	23.012	58.345	0.984	3.496	0.847	0.957	0.972	3.140	0.761
St Louis	28 895.9	423 774.3	369.7	0.027	0.024	0.346	106.31	1.340	1.443	15.422	1.058	1.060	2.589	0.607	0.622	22.071	30.966	0.825	2.617	0.662	0.891	0.909	2.219	0.562
State College	23 986.4	161 657.0	239.6	0.070	0.023	0.417	24.37	1.280	1.317	14.009	1.056	1.048	3.255	0.550	0.564	22.349	37.956	0.413	2.566	0.788	0.896	0.931	2.259	0.693
Strasbourg	48 559.3	686 525.5	362.5	0.035	0.016	0.206	51.74	1.342	1.444	20.568	1.060	1.056	3.762	0.588	0.606	23.290	42.660	0.778	2.843	0.730	0.918	0.937	2.499	0.642
Taipei	36 598.6	1 349 713.9	599.0	0.023	0.017	0.273	74.48	1.279	1.619	15.371	1.052	1.069	2.504	0.555	0.603	21.074	36.075	0.873	3.042	0.759	0.927	0.944	2.621	0.654
Tel Aviv	19 003.6	132 480.7	244.4	0.029	0.028	0.526	63.25	1.301	1.429	16.905	1.057	1.061	3.167	0.566	0.591	22.370	38.122	0.571	2.544	0.710	0.881	0.907	2.132	0.595
Terre Haute	60 884.6	1 209 333.2	434.3	0.055	0.014	0.164	38.78	1.195	1.333	10.377	1.034	1.043	1.608	0.463	0.495	21.830	18.756	0.286	1.586	0.549	0.710	0.752	1.239	0.429
Toronto	55 536.5	630 031.1	321.6	0.007	0.016	0.180	153.24	1.335	1.531	17.995	1.058	1.064	3.153	0.580	0.602	21.552	47.429	0.476	2.454	0.722	0.874	0.905	2.075	0.610
Toulouse	33 439.3	244 007.3	250.9	0.012	0.020	0.299	77.70	1.386	1.507	22.801	1.070	1.065	4.068	0.610	0.613	22.819	44.601	0.794	2.853	0.729	0.911	0.930	2.419	0.618
Vancouver	24 458.5	107 250.4	184.0	0.008	0.028	0.409	124.72	1.324	1.371	13.347	1.056	1.057	2.305	0.604	0.610	18.665	28.991	0.698	2.268	0.599	0.824	0.843	1.736	0.459
Warsaw	90 015.5	1 348 223.4	373.9	0.009	0.011	0.111	110.39	1.323	1.465	17.536	1.055	1.055	2.979	0.576	0.592	23.560	46.403	0.873	2.954	0.737	0.920	0.937	2.528	0.631
Yerevan	147 547.2	4 106 963.1	518.0	0.071	0.009	0.068	47.93	1.351	1.590	18.168	1.054	1.063	2.657	0.587	0.605	22.478	47.757	0.825	3.068	0.776	0.932	0.951	2.693	0.681

注：表中指数计算均以 m 或 m² 为基本单位。